성경에 나타난 공간과 시간,
어떻게 설교할 것인가?

성경에 나타난 공간과 시간, 어떻게 설교할 것인가?

초판 1쇄 인쇄 2022년 4월 20일
초판 1쇄 발행 2022년 4월 27일

지은이 한국동남성경연구원
펴낸이 유동휘
펴낸곳 SFC출판부
등록 제104-95-65000
주소 (06593) 서울특별시 서초구 고무래로 10-5 2층 SFC출판부
Tel (02)596-8493
Fax 0505-300-5437
홈페이지 www.sfcbooks.com
이메일 sfcbooks@sfcbooks.com
기획·편집 편집부
디자인편집 최건호
ISBN 979-11-87942-65-8 (03230)
값 15,000원

성경에
나타난

공간과
시간,

어떻게 설교할 것인가?

김하연
문장환
송재영
신득일
김명일
김성진
최윤갑
송영목
강화구

SFC

목차

서문

 한국동남성경연구원은 지난 15년간 계시역사에 근거한 성경본문연구를 통해서 바른 신학과 설교의 방향을 제시하려고 노력해왔습니다. 특히 2012년 겨울세미나부터는 매년 한 가지의 주제를 선정하여 구약의 모세오경, 역사서, 시가서, 예언서, 그리고 신약의 공관복음, 요한문헌, 바울서신, 사도행전과 일반서신 등 8개 분야에서 연구 및 발표를 해왔는데, 지금까지 구원, 종말, 교회, 성령, 하나님나라, 기독교 윤리, 칭의와 성화, 영성, 고난, 선교 등의 주제를 다루었습니다. 이제 그동안 쌓여온 연구결과들을 새롭게 출판할 계획을 가지고 있습니다.

 이 주제들은 신학적으로 중요하거나, 교회나 신자의 삶에서 시급하거나, 사회적으로 꼭 다루어야 하거나 하는 것들이기 때문에 선정되었습니다. 그런데 이번에 선정된 "성경에 나타난 공간과 시간"이라는 주제는 겨울세미나 참여자들에게 많은 유익을 줄 것이라는 점과 우리 연구원의 교수들이 이 주제에 강점이 있다는 점에서 선정되었습니다. 김하연 목사의 경우는 오랫동안 이스라엘에서 유학하였고, 다른 교수들 역시 나름대로 이 분야에 많은 관심을 가지고 연구해왔었습니다. 이번 세미나의 또 하나의 특징은 지금까지는 주제를 성경의 분야별로 연구했다면, 이번에는 성경 전체를 주제의 분야별로 연구했다는 것입니다. 덕분에 신약학자들이 구약을 넘겨다보기도 하고, 구약학자들이 신약을 손대기도 하였습니다.

그렇다고 이번 주제가 단지 흥미 중심으로 선정되었다는 것은 아닙니다. 성경해석에서 간과할 수 없는 분야가 지리적, 시간적 간본문intertexture이기 때문입니다. 인간은 시공간 속에 살고 있고, 시공간은 인간의 정체성을 결정하는 데도 절대적인 영향을 미칩니다. 하나님의 계시와 역사도, 인간의 반응과 신앙도, 시공간 속에서 이루어집니다. 그런데 그동안 성경해석과 신학에서 지리학과 시간적 정황에 충분한 관심을 두었는지 의문이 듭니다. 단지 성경의 배경 정도가 아니라 간본문의 요소로서 공간과 시간을 연구하고, 더 나아가 공간 신학과 시간 신학까지 다룰 필요가 있습니다.

이러한 연구의 결과로 성경을 더욱 깊이 있게 이해하는 것은 물론이고, 시간과 공간이라는 것이 어떻게 하나님의 역사에 쓰임을 받는지를 알게 되며, 지금 우리가 존재하는 공간과 시간이 갖는 의미와 목적을 새롭게 도출할 수 있습니다. 이런 점에서 이번 주제는 성경해석이나 성경신학, 그리고 2020년대의 한국교회에도 매우 소중한 것입니다. 그리고 장소와 시간의 다름other-ness을 존중하고 연구하는 것은 성경연구자로 하여금 자연스럽게 자기중심적 사고에서 벗어나게 합니다.

이 책에서는 먼저 기조 강연으로 오랫동안 팔레스타인에서 지냈던 김하연 목사가 팔레스타인의 지정학적 의미를 다룹니다. 문장환 목사는 하늘과 바다와 강을, 송재영 교수는 산과 동산을, 신득일 교수는 도시와 제국을, 김명일 교수는 광야와 농어산촌을 다룹니다. 김성진 교수는 천상 공간을, 최윤갑 교수는 구약의 시간을, 송영목 교수는 신약의 시간을, 그리고 강화구 목사는 성경에 나오는 절기를 다룹니다.

지난 2월에 발표된 이 연구들은 듣는 이들에게 큰 즐거움과 유익을 주었습니다. 항상 그렇듯이 연구자들이 많은 에너지와 시간을 드려 이룬 연구들이지만, 눈에 보이는 보상은 크지 않습니다. 그래서 교수들에게 감사의 마음과 더불어서 미안한 마음을 갖지 않을 수 없습니다. 그러나 이번에 책으로 출판되어 많은 사람들에게 유익을 준다면, 그것으로 보람과 격려가 조금은 되리라고 생각합니다. 이 연구에 참여한 교수들, 겨울세미나에 참여하거나 수고한 분들, 본 연구원을 한결같이 후원해주는 교회와 성도들, 출판을 맡아준 SFC출판사, 그리고 출판 책임을 맡아 수고를 많이 한 최윤갑 교수에게 감사를 드리고, 오직 하나님께 영광을 돌립니다.

2022년 4월
한국동남성경연구원 원장
문장환 목사

1장-기조강연
팔레스타인의 지정학적 의미

김하연

1. 들어가면서: 우리는 왜 성경지리를 공부해야 하는가?

　성경은 고대 근동의 역사와 지리에 깊이 뿌리하고 그것을 배경으로 하고 있다. 하나님의 모든 구원역사와 오묘하신 섭리는 천사들과 신비한 방법으로만 전달된 것이 아니라, 이 땅과 이 땅에서의 역사와 그곳에 거주하던 사람들을 통해서, 그들의 삶과 순종과 불순종을 통해서, 우리에게 그분의 섭리와 그분의 성품과 능력을 나타내 보여주신 것이다. 그러므로 우리가 성경에 좀 더 깊은 관심을 가지고 성경을 잘 이해하려면, 성경의 배경을 무시해서는 결코 안 된다. 그럴 경우 우리는 하나님의 말씀을 깊이 이해할 수 없다. 그 시대와 그 땅, 그 백성이 바로 하나님께서 주신 말씀의 이유가 되기 때문이다.

　"왜 하나님께서 이런 말씀을 하셨을까?" 만일 우리가 하나님의 어떤 말씀을 놓고 생각할 때 그 말씀하신 이유를 안다면, 우리는 하나님의 뜻을 좀 더 잘 이해하고 순종하며 기쁘게 살아갈 수 있다. 여러 가지 성경의 종합적인 해석을 통해, 특히 문맥을 잘 이해하는 것을 통해, 우리는 소기의 목적을 얻을 수가 있다. 이런 일들을 위해 우리 교계에 귀납적 성경공부 등이 널리 보급되고 있는 것은 매우 고무적인 일이라고 할 수 있다. 그러나 우리가 성경의 역사적, 지리적 배경을 입체적으로 더 많이 이해할 때, 좀 더 직접적이고 가슴에 와 닿는 감정이입 내지는 감동이 더해질 것은 틀림이 없다. 이런 취지에서, 즉 지리적 배경을 앎으로 좀 더 성경을 이해하고 해석하는 데 도움을 주려는 뜻에서, 이 글을 준비했다. 먼저 두 가지 예를 살펴보자.

(1) 이방의 땅 갈릴리

"12 예수께서 요한이 잡혔음을 들으시고 갈릴리로 물러가셨다가 13 나사렛을 떠나 스불론과 납달리 지경 해변에 있는 가버나움에 가서 사시니 14 이는 선지자 이사야를 통하여 하신 말씀을 이루려 하심이라 일렀으되 15 스불론 땅과 납달리 땅과 요단 강 저편 해변 길과 이방의 갈릴리여 16 흑암에 앉은 백성이 큰 빛을 보았고 사망의 땅과 그늘에 앉은 자들에게 빛이 비치었도다 하였느니라"마4:12~16

특별히 위 본문에서 밑줄 친 부분을 유의해서 보기로 하자. 왜 성경은 "스불론 땅과 납달리 땅과 요단강 저편 해변 길과 이방의 갈릴리" 사람들을 흑암에 앉은 백성으로 취급하는가? 또 특히 갈릴리 땅을 "이방의 갈릴리"라고 표현하는가? 그냥 이사야 선지자가 이사야 9장 1~2절에서 무조건 이방 땅이라고 했으니까 그렇게 말하는 것이라고 보기엔 조금 무리가 있는 것 같다. 어엿이 여호수아 시대에나 또 그 이전 모세에게 약속하신 대로 하나님께서 이스라엘에게 약속의 땅으로 주실 때 그 땅들도 약속의 땅들이 아니었던가신11:24; 대하9:26; 수19:10~16, 32~39?

하나님께서 약속의 땅으로 정하셨다가 포기하신 것도 아닐진대, 이사야 선지자는 왜 그렇게 표현했고, 또 마태는 그렇게 인용하는 것일까? 문맥상으로 볼 때, 이 본문 주변에 무슨 억지나 맹신 같은 요소는 보이지 않고 지극히 자연스럽게 표현된다. 따라서 이는 당시의 사람들에게 매우 자연스럽게 들렸을 것으로 보인다.

갈릴리 지역은 고대의 해안국제도로Interantional Coastal Highway 선상에 놓여 있는 지역이었다. 고대의 열강들이 영토 확장과 세계 패권을 목적으로 서로를 공격할 때, 즉 메소포타미아 지역의 열강이 애굽을 공격할 때나 애굽이 메소포타미아 지역을 공격할 때, 갈릴리 지역은 항상 희생제물이 되어 도로를 제공해야만 했다. 왜냐하면 지리적으로 갈릴리 지역을 지나가고 해변의 길로 지나가는 것이, 지금도 그렇지만 고대에서는 더욱, 가장 빠르고 좋은 길이었기 때문이다. 그러므로 당연히 그들은 전쟁이 날 때마다 잡혀가고, 죽고, 여자들은 능욕을 당하고, 지역 자체가 오랜 세월을 지내면서 자연히 혼혈이 되고, 또 종교적 혼합도 일어날 수밖에 없었다. 그러므로 종교적 열심과 유대 민족의 순수성, 우수성을 주장하는 팔레스타인의 유대인들에게 그곳은 당연히 이방인의 땅이요, 버림받은 땅이라고 인정할 수밖에 없었다.

우리는 예수님 당시의 나다나엘이 빌립에게 한 말을 다시 한 번 생각해 볼 수 있다. "나사렛에서 무슨 선한 것이 날 수 있느냐"요1:46. 종교적으로 결코 탁월할 수 없는 갈릴리 지방의 나사렛에서 유대인이 오랫동안 기다리고 인류에게 복된 소식이 될 메시아가 날 수 있다는 것은 그의 상식으로 도저히 용납될 수 없는 것이었다. 이는 성경의 지리를 살필 경우 충분히 이해할 수 있는 부분이다.

그런데 예수님께서는 인간적, 종교적, 사회적, 그리고 인종적으로 가장 버림받은 이 지역에서 공생애 사역을 시작하셨을 뿐 아니라 3년의 공생애 기간 중 2년 이상을 이곳에서 보내셨다. 이 얼마나 은혜로운 일이 아닌가?

(2) 여리고로 내려가다가

> "29 그 사람이 자기를 옳게 보이려고 예수께 여짜오되 그러면 내 이웃이 누구니이까 30 예수께서 대답하여 이르시되 어떤 사람이 예루살렘에서 여리고로 내려가다가 강도를 만나매 강도들이 그 옷을 벗기고 때려 거의 죽은 것을 버리고 갔더라 31 마침 한 제사장이 그 길로 내려가다가 그를 보고 피하여 지나가고 32 또 이와 같이 한 레위인도 그 곳에 이르러 그를 보고 피하여 지나가되 33 어떤 사마리아 사람은 여행하는 중 거기 이르러 그를 보고 불쌍히 여겨 34 가까이 가서 기름과 포도주를 그 상처에 붓고 싸매고 자기 짐승에 태워 주막으로 데리고 가서 돌보아 주니라 35 그 이튿날 그가 주막 주인에게 데나리온 둘을 내어 주며 이르되 이 사람을 돌보아 주라 비용이 더 들면 내가 돌아올 때에 갚으리라 하였으니"눅10:29~35

"어떤 사람이 예루살렘에서 여리고로 내려가다가 ……" 오리겐 이후 많은 전통적인 해석은 이 구절을 해석할 때, 예루살렘에서 여리고로 **내려간다**는 것은 그 사람이 영적으로 타락했기 때문이라고 했다. 왜냐하면 이방의 땅인 여리고로 내려간다는 것은 그의 신앙생활이 내려가는 것을 의미한다고 보았기 때문이다. 이런 해석을 풍유적인 해석Allegorical이라고 한다. 그런데 이런 식으로 해석하다 보면, 나중에는 심지어 사마리아인을 예수님으로, 기름과 포도주를 성령님으로, 데나리온 둘을 신구약 성경으로, 주막을 교회로, 사마리아인이 다시 오는 것을 예수님의 재림으로 해석하는 데까지 나아가게 된다.

그러나 우선 문맥상으로도 그런 해석은 옳지 않다. 이 본문은 어떤 율법사가 "내 이웃이 누구니이까"29절라고 물은 질문에 예수님께서 "가서 너도 이와 같이 하라"37절고 대답하시는 것으로, 문맥은 진정한 이웃이 될 수 있는 길에 대해 말씀해주시는 예수님의 가르침인 것이지, 여기서 어떤 교회론이나 기독론, 종말론을 찾아 해석할 필요는 없다.

또한 성경의 지리를 살핌으로써 이런 해석의 오류를 막을 수도 있다. 여리고가 이방의 땅이긴 해도 헤롯 왕 등은 그곳에 겨울 궁전을 만들어 놓고 항상 겨울만 되면 그곳에서 시간을 보냈다. 그곳은 푸르름의 도시이며, 유대 광야 바로 옆에 위치한 예루살렘과는 완연히 대조되는 도시였다. 예수님 당시 유대인들은 여리고로 지나다니기를 조금도 꺼리지 않았으며, 그곳은 사마리아 지역을 지나다니기 싫어하는 유대인들의 유일한 통로이기도 했다. 즉 그들은 여리고를 지나서 갈릴리 지역으로 갈 수 있었다. 예수님께서도 여리고를 지나 갈릴리로 가시다가 삭개오를 부르셨다눅19장.

사실 여리고는 요단강의 중간 끝아라바 광야는 크게 세부분으로 나눌 수 있다, 곧 사해 가까운 지역에 있던 도시였다. 그러므로 요단강 계곡이 모두 그렇듯이, 여리고 또한 해저 300미터에 위치했다. 예루살렘에서 여리고까지는 걸어서 하룻길인데, 예루살렘이 해발 800미터에 위치했기 때문에 예루살렘에서 여리고로 가려면 1000미터 정도를 내려가야 했다. 따라서 당시에 살던 사람들은 예수님께서 이 비유를 들면서 "어떤 이가 예루살렘에서 여리고로 내려가다가"하셨을 때 어떤 의문도 갖지 않았을 것이다. 갈릴리로 가려면 예루살렘에서 여리고를 거쳐 자연스럽게 요단 계곡으로 **내려가야** 했기 때문이다. 그런데 이렇게 사람들이 자주 통행하는 길목이다 보니 강도들이 자주 출몰하는 곳이기도 했다.

이런 점에서 성경을 무조건 영적으로 해석하는 것은 오히려 성경을 어둡게 할 뿐 아니라, 심지어 잘못 이해하게 만들 수도 있음에 주의해야 한다. 이 구절 역시 당시 어떤 여행자의 지극히 평범한 여행로를 설명한 것일 뿐이지 여기서 어떤 영적인 타락과 같은 해석을 찾을 필요는 없다. 성도가 영적으로 타락하게 되면 불필요한 곤경을 당하거나 징계의 채찍을 맞기도 하지만, 이 본문이 그것을 말하고 있는 것은 아니다.

이상의 두 가지 예는 성경의 지리와 배경을 입체적으로 알게 될 때, 성경 이해에 많은 도움을 얻게 되고, 나아가 성경의 사건들을 좀 더 생생하고 올바르게 해석하고 적용할 수 있음을 보여준다.

2. 약속의 땅

(1) 사이에 낀 땅The Land Between

① 지정학적 교량

이스라엘 땅은 예로부터 여러 가지 이름으로 불려왔다. 곧 에레츠 이스라엘, 팔레스타인, The Land of the Bible, The Land Between사이에 낀 땅이란 의미에서, 약속의 땅, 젖과 꿀이 흐르는 땅 등이다. 다양한 이름만큼이나 이 땅엔 언제나 여러 다양한 사람들의 관심으로 넘쳐났다. 이 땅은 지정학적인Geopolitical 입장에서 세계를 제패하려는 열강들이 항상 노려온 땅이었다. 실제로 이스라엘은 세 개의 대륙, 곧 아시아와 유럽, 아프리카를 잇는 주요한 길목이었다. 유럽 쪽에서는 헬라제국의 알렉산더나 로마제국의 황제들이 아시아나 아프리카를 정복하려고 했을 때 이 땅을 지나가야만 했다. 마찬가지로 메소포타미아 지역에 있던 앗수르제국의 산헤립이나 바벨론제국의 느부갓네살이 애굽이나 아프리카를 정복하려고 했을 때도 이 땅을 지나가야만 했다.

기원전 15~6세기에는 애굽의 투트모스 3세Thutmose Ⅲ나 그의 아들 아멘호텝 2세Amenhotep Ⅱ가 북방의 미타니 왕국Kingdom of Mitanni을 정벌하고자 가나안 땅을 지나가야만 했다. 바로 느고Neco 때에도 앗수르를 공격한다는 이유로 요시야 왕BC 640~609에게 길을 비키라고 요구했으나, 요시야는 길을 비키지 않고 끝까지 애굽에 맞서 싸우다가 므깃도에서 전사했다. 이렇듯 제국들에게서 이 땅과 이 땅에 있는 길들은 어떤 대가를 치르고서라도 반드시 얻어내야만 했던 곳이었다. 그래서 이 땅을 교량의 땅Bridge Land 또는 사이의 땅The Land Between 도표 참조 등으로 불렀던 것이다.

② 종교적 교량

이곳은 비단 열강들의 영토 확장을 위한 교량의 역할만 했던 것은 아니다. 사실 많은 사람들, 특히 종교적인 사람들의 많은 관심 속에서 교량의 역할을 하기도 했다. 이스라엘은 기독교와 유대교, 이슬람교의 성지가 됨으로써 자연히 많은 종교인들의 관심의 대상이 되었고, 그로 말미암아 종교전쟁 가운데서 수많은 사람의 피를 흘린 역사가 있기도 한다. 헬라시대 안티오쿠스 에피파네스 때에 있었던 유대교와 이교도들의 싸움, 십자군 원정 이후 계속된 이슬람교와 기독교의 전쟁의 가장 큰 명목은 종교적 성지를 찾고 싶은 열망이었다. 오늘날 유대교 국가인 이스라엘 땅에는 유대교의 많은 회당들과 통곡의 벽, 이슬람교의 바위성전과 많은 모스크들이슬람교의 사원, 그리고 기독교의 많은 기념 교회들과 성경의 유적지가 있어서 매년 수많은 순례객들이 찾아온다.

③ 인종적인 교량

또한 인종적으로도 이스라엘은 여러 가지 교량의 역할을 한다고 볼 수 있다. 인종의 분포와 민족의 기원을 정확하게 말할 수는 없어도, 창세기 10장의 족보를 좀 더 유심히 살펴보면 그것의 윤곽적인 분포를 어느 정도 알 수 있다 .

(2) 하나님께서 택하신 약속의 땅

하나님께서는 이 땅에 관심이 많으셨다. 한번 예를 들어보자. 아브라함은 셈의 후손이었고창11:10~32, 그의 고향은 먼 동방 유프라테스 강의 하류인 갈대아 우르Ur 지방이었다. 갈대아 우르에서 가나안 땅까지는 굉장히 먼 거리이다. 우르 지역에서 시작해 거대한 초생달 모양의 비옥한 땅The Fertile Crescent이 형성되지만, 사실 가나안 땅은 어떤 큰 민족이나 문명을 일으키기엔 그렇게 좋은 자연적 요건이 아니었다. 오히려 메소포타미아 문명의 발상지인 티그리스 강과 유프라테스 강 사이에 있는 거대하고 비옥한 땅과 풍족한 물이 훨씬 좋은 곳이었다. 그러나 하나님께서는 아브라함이 가나안 땅으로 가기를 원하셨다.

이후로도 하나님께서는 계속해서 가나안 땅을 고집하셨는데, 몇 가지 예를 들어보면 다음과 같다.

첫째, 아브라함이 가나안에서 기근을 만나 애굽으로 내려간 적이 있었다창12:10 이하. 하지만 하나님께서는 기어이 그 풍요의 땅인 애굽에서 아브라함을 다시 인도하여 가나안 땅으로 올리셨다. 둘째, 이삭의 때에도 기근이 들어 애굽으로 내려가려고 했을 때창26:1~2, 하나님께서는 그를 말리셨을 뿐 아니라 순종한 이삭에게 100배의 결실을 맺는 축복을 주셨다. 셋째, 야곱이 요셉의 인도에 따라 애굽으로 내려갔을 때도 그의 시신만큼은 가나안의 헤브론 막벨라 굴에 장사케 하셨고, 이는 요셉도 마찬가지였다. 그리고 이후 이스라엘이 애굽에서 큰 민족이 되자 하나님께서는 모세를 세우셔서 그들을 다시 가나안으로 올리셨다.

넷째, 이스라엘의 왕정이 영적으로 타락했을 때, 하나님께서는 그들을 심판하시어 이방의 땅인 바벨론과 앗수르로 흩으셨지만, 결국 그곳에서도 다시 인도하여 내셨다. 곧 여호수아와 스룹바벨을 통해 1차 포로귀환BC 536을, 에스라를 통해 2차 포로귀환BC 458을, 그리고 느헤미야를 통해 3차 포로귀환BC 445을 하게 하셨다. 마지막 다섯째로, 로마 시대 이후 전 세계로 흩어져 나라 없는 백성이 되었던 이스라엘을 다시 모으시어 마침내 1948년, 가나안 땅에서 국가를 회복하게 하셨다.

이스라엘 역사상 이 넓은 지역을 다 차지했을 때는 유일하게 솔로몬이 다스릴 때뿐이었다. 솔로몬은 하나님의 성전을 완공하고 봉헌식을 할 때, "하맛 어귀에서부터 애굽 강까지의 온 이스라엘의 큰 회중이 모여 그와 함께 하였더니……"왕상8:65라고 했는데, 이때 비로소 하나님께서 약속한 땅이 완전히 이스라엘의 소유가 되었다고 할 수 있다. 그 이전에든, 그 이후에든, 이스라엘이 이렇게 넓은 땅을 소유한 적이 없었다.

한편 이스라엘은 그들의 범죄로 말미암아 역사적으로 여러 번 이 땅을 잃었는데도, 오늘날 여전히 이 땅은 이스라엘의 소유로 있다. 이스라엘은 약 40세기에 걸쳐 외국의 침략을 많이 당했는데, 그로 말미암아 어떤 때는 나라와 땅을 잃은 채로 수백 년을 지내기도 했다. 즉 이스라엘은 이 땅의 주인으로 안정되게 있었다기보다는 늘 민족의 생존이 위협받는 상황에 있었다고 할 수 있다. 그들이 이 땅에서 국가적인 형태로 주인 행세를 한 것은 여호수아의 정복 전쟁 이후, 왕국 시대BC 1050년, 사울의 통치부터 BC 586년, 시드기야까지 약 460여 년와 마카비 시대BC 167년부터 약 100년간, 그리고 1948년 이후 현재의 이스라엘 국가 때뿐이다.

이 세 번의 독립국가 시기는 그들이 하나님께 가장 신실한 백성으로 있었을 때이다. 그렇지 않고 그들이 영적으로 배신하고 죄악 가운데 있을 때는 이 땅에 대한 주인의 권한을 잃었다. 심지어 그들은 여러 번 민족적 위기도 겪었다. 4000년의 역사에서 이 땅의 주인으로 행세한 것은 고작 600년 정도에 불과하다. 3400년 동안은 하나님의 약속에도 불구하고 이 땅의 주인으로 있지 못했다. 그러나 이런 가운데서도 하나님께서는 늘 신실하셨다. 이스라엘이 범죄했던 수많은 날들에도 불구하고, 하나님께서는 여전히 이스라엘에게 관심을 두셨고, 그들을 주목하셨으며, 그들을 사랑하셨다. 그렇기 때문에 독생자 예수 그리스도를 보내셨을 뿐 아니라 **그 땅을 주시겠다는 하나님의 약속**창15:8, 창17:7-8도 신실하게 지키셨다.

3. 젖과 꿀이 흐르는 땅

"내가 내려가서 그들을 애굽인의 손에서 건져내고 그들을 그 땅에서 인도하여 아
름답고 광대한 땅, **젖과 꿀이 흐르는 땅** 곧 가나안 족속, 헷 족속, 아모리 족속, 브리
스 족속, 히위 족속, 여부스 족속의 지방에 데려가려 하노라"출3:8

"또 여호와께서 너희의 조상들에게 맹세하여 그들과 그들의 후손에게 주리라고 하
신 땅 곧 **젖과 꿀이 흐르는 땅**에서 너희의 날이 장구하리라"신11:9

(1) 자연환경 개략

위의 성경 구절에서 말씀하는 바와 같이, 이스라엘은 젖과 꿀이 흐르는 땅으
로 불렸다. 얼핏 보기에는 그런 곳이라면 정말로 낙원이겠다는 생각이 든다. 그
런데 과연 가나안 땅이 정말로 젖과 꿀이 흐르는 땅이었을까?

사무엘상 14장 26절에 보면, 사울과 요나단과 이스라엘 백성이 크게 승리
한 다음 피곤하도록 적군을 추격하는 상황에서 "백성이 수풀로 들어갈 때에 꿀
이 흐르는 것을 보고도 그들이 맹세를 두려워하여 손을 그 입에 대는 자가 없
었으나"라는 기록이 나온다. 또 모세의 명령을 받고 40일간 가나안 땅을 두루
탐지한 열두 명의 정탐꾼들이 에스골 골짜기에 이르렀을 때, "거기서 포도송이
가 달린 가지를 베어 둘이 막대기에 꿰어 메고 또 석류와 무화과를 따니라"민
13:23고 기록한다. 이런 기록들을 보면, 그 땅이 정말로 풍요와 꿈의 세계인 것
처럼 보인다.

그러나 실제로 이 땅의 자연적 환경은 그렇게 좋지는 않았다. 지금으로부터
3000여 년 전의 이스라엘의 기후와 농사의 환경이 어떠했는지 정확히 말할 수
는 없지만, 적어도 아브라함 때에 이 땅에 큰 기근이 들어 애굽으로 내려갈 수

밖에 없었고창13장, 또 이삭의 때에도 기근 때문에 애굽으로 내려가려다가 하나님께서 만류하시어 그랄 땅에 머물렀다창26장. 뿐만 아니라 야곱 때에도 기근이 들어 결국 야곱과 그의 후손 70명이 애굽으로 내려가지 않았던가창43~46장? 이렇듯 기근만 들면 그때마다 애굽으로 내려가는 모습을 보면, 적어도 자연환경적으로는 애굽이 훨씬 풍요로운 땅이었음을 말해준다. 그럼에도 불구하고 성경은 가나안 땅을 "젖과 꿀이 흐르는 땅"으로 일컫는다. 이 난해한 역설의 해답은 신명기 11장 7~12절에 있다. 즉 환경적으로는 그렇게 좋은 땅이 아니더라도, 하나님의 눈이 세초부터 세말까지 함께하시기 때문에 그 나라 그 땅이 젖과 꿀이 흐르는 땅이 된다는 것이다.

(2) 물

이스라엘의 물 사정도 결코 그렇게 좋지만은 않았다. 이삭이 그랄 땅에 있을 때 그랄 왕 아비멜렉의 사람들과 이삭의 사람들이 우물 때문에 자주 다투었고창26:14~24, 요셉도 물 없는 우물에 갇혔었다. 오늘까지도 이스라엘은 비가 충분치 않아 물 때문에 고생하고 있다. 농사에는 담수가 필요하기 때문에 이스라엘은 갈릴리 호수의 물을 전국의 기브츠와 모샤브, 농장에 보내고 있는데, 종종 비가 너무 안 올 때는 갈릴리 호수의 수면이 너무 내려가-210m 이하 지중해 바닷물의 유입이 우려되어 소출이 적은 기브츠 등에는 담수 제한 조치를 취할 정도이다. 이렇듯 애굽보다 비옥하지도, 물이 풍부하지도 않은 곳인데도 성경은 이곳을 젖과 꿀이 흐르는 땅이라고 말한다. 하나님께서도 아주 빈번하게 애굽환경적으로 풍요한(?)을 떠나 젖과 꿀이 흐르는 이스라엘로 가라고 말씀하신다.

(3) 기후

이스라엘의 기후는 지중해와 요르단 동쪽에 있는 큰 사막의 영향을 크게 받는다. 그래서 겨울에는 서쪽 바다에서 비바람이 몰려오고, 반대로 여름에는 사막의 뜨거운 동풍욘4:8이 불어온다. 봄과 가을은 여름과 겨울이 바뀔 때 잠시 지날 뿐, 거의 느끼지도 못한다. 우기에 해당하는 겨울은 보통 10~11월에서 3월 말까지 진행되고, 들의 꽃은 2~3월에 핀다. 3월 말, 뜨거운 사막의 바람함신: *Chamsin*과 함께 여름이 시작된다. 이 바람은 며칠 또는 일주일 이상 계속되는데, 주로 4~5월과 9~10월에 분다. 이 바람으로 인해 2~3월에 잠깐 핀 꽃은 금방 시들고 만다. 여름은 4~9월의 기간으로, 이때에는 비가 거의 오지 않는다. 온도는 30~40°C이상을 넘나들지만, 건조한 기후 때문에 해변의 지역들 외에는 몸에 땀이 거의 맺히지 않는다는 것은 그나마 다행한 일이다.

이스라엘에는 강우량도 그리 많지 않다. 뿐만 아니라 좁고 긴 국토라서 지역에 따라 그 양도 상당히 다르다. 수도인 예루살렘과 텔아비브는 연평균 500~550mm의 비가 내리지만, 여리고는 100~150mm, 사해와 신광야 쪽은 겨우 50mm정도가 내릴 뿐이다. 한편 갈릴리 지역과 요단 동쪽의 지역들은 700~1000mm 정도의 높은 강우량을 지닌다. 나라가 좁고 길어서 다양한 기후가 나타난다.

(4) 농사

좁은 땅 안에도 갈릴리의 이스르엘 평원과 같이 밀, 보리, 해바라기 등을 재배하는 기름진 농토가 있는가 하면Fertile Crescent: 기름진 초생달 모양의 벨트의 제일 끝에 위치한 이스라엘을 생각하라, 유대 광야나 아라바 광야와 같이 아무것도 키울 수 없는 황폐한 땅도 있다. 유대 산지나 골짜기들, 길르앗 지역에서는 적절한 강우량 덕분에 목초지가 많고 양봉에 유리한 아카시아 나무나 포도, 올리브 등을 재배할 수도 있다. 아마도 자연환경으로만 보자면, 젖과 꿀이 흐르는 땅은 양봉과 목축을 하기에 좋은 땅과 기후임을 말하는 것이라고 할 수도 있다.

(5) 이스라엘의 지형 지질

갈릴리 호수의 주변으로 북쪽, 북동쪽, 동쪽에 있는 골란 고원 등의 지역들은 화산암현무암 등의 아주 단단한 반석들로 이루어진 돌산들로 되어 있다. 베드로의 수위권 기념교회나 옛 고라신의 폐허 마을과 회당 등은 모두 검은 현무암의 돌산 위에 건축되었는데, 이런 단단한 현무암 지대는 남쪽의 시내 반도와 아라바 광야 등에서도 많이 볼 수 있다. 낮은 갈릴리갈릴리의 남쪽부분, 갈멜 산지, 유대 산지, 사마리아 산지 등은 단단한 석회암 지대이다Hard Limestone. 이 지역들에서는 건축재료도 단단한 석회암을 사용했다. 그러나 유대 광야나 광야의 계곡에 지은 집들은 사정이 좀 달랐다. 지반은 모래 언덕이고, 건축 재료는 회반죽을 사용했다.

대부분이 건천나하르(Nahar) 혹은 와디(Wadi)인 이스라엘의 강들은 많은 문제들을 일으킨다. 여름철엔 강 밑바닥까지 드러내어 사막으로 변하는데 반해, 한번 폭우가 쏟아지면 깊은 계곡까지 물이 넘쳐난다. 물이 넘칠 땐 언제 그 강이 건천이었는지 상상하기도 힘들 정도이다. 요즘도 그런 현상이 자주 일어나는데, 1987년에는 브엘세바 도시 전체가 물에 잠긴 적도 있었다. 평소엔 건천이었던 나하르 브엘세바Nahar Beer-sheba; 브엘세바 강가 홍수로 넘쳐서 온 도시를 덮쳤던 것이다. 이런 홍수가 발생하는 것은 남부의 네게브 지역이 물을 흡수하지 않는 땅이기 때문이다.

시편 126편 4절에서 "여호와여 우리의 포로를 남방의 시내같이 돌리소서"라고 노래하는데, 이는 기대할 수 없는 절망스런 환경에서 마치 남방의 시내가 졸지에 창일하고 풍성해짐과 같이 하나님께서 기적 같은 방법으로 회복시키실 것을 소원하며 찬양하는1-3절 것이다.

(6) 지리적 개관

"그 날에 여호와께서 아브람과 더불어 언약을 세워 이르시되 내가 이 땅을 애굽 강
에서부터 그 큰 강 유브라데까지 네 자손에게 주노니"창15:18

"솔로몬이 유브라데 강에서부터 블레셋 땅과 애굽 지경까지의 모든 왕을 다스렸
으며"대하9:26

오늘날 이스라엘 땅은 길이가 약 350마일약 579.3km이고, 넓이는 평균 약 60
마일약 96.5km인 좁고 긴 모습을 하고 있다. 물론 이 경계는 구약 시대의 경계와
는 많이 다르다. 창세기 15장 18절에서는 "애굽 강에서부터 그 큰 강 유브라데
까지"라고 기록한다. 민수기 34장 1~12절에서는 좀 더 구체적으로 남쪽은 신 광
야, 북쪽은 호르 산 하맛 어귀, 동쪽은 갈릴리 호수와 사해의 동쪽 지경들, 그리
고 서쪽은 지중해대해로 정하고 있다. 이 경계들은 여호수아 12장 1절, 13장 5절
등에서도 언급된다. 이스라엘 역사상 이렇게 넓은 지역을 다 차지했을 때는 솔
로몬 때가 유일했는데, 열왕기서는 솔로몬의 성전 봉헌식 때 "하맛 어귀에서부
터 애굽 강까지의 온 이스라엘의 큰 회중이 모여 그와 함께 하였더니"왕상8:65
라고 기록한다.

(7) 이스라엘 지역구분

"이와 같이 여호수아가 그 온 땅 곧 산지와 네겝과 평지와 경사지와 그 모든 왕을
쳐서 하나도 남기지 아니하고 호흡이 있는 모든 자는 다 진멸하여 바쳤으니 이스
라엘의 하나님 여호와께서 명령하신 것과 같았더라"수10:40

성경은 이스라엘의 지형들의 특징들을 여러 가지 이름으로 보여준다. 곧 산지, 남방네게브, 평지, 경사지, 골짜기, 해변, 광야 등의 명칭들이 언급되며수10:40; 12:8; 17:16; 신1:7; 삿1:9, 또한 긴네렛 지역왕상15:20, 요단 계곡렘49:19; 민33:49; 아1:14; 창18~19장, 이스르엘 골짜기호1:5; 수17:16, 갈릴리사9:1; 마4:15; 26:32; 28:10 등의 명칭들도 언급된다.

고대에는 해가 뜨는 동쪽을 앞쪽 또는 위쪽으로 놓은 지도들이 많았는데, 특히 히브리인들에 의해 그려진 지도들은 더욱 그렇다. 그래서 개정개역 성경의 창세기 28장 14절에서는 "네 자손이 땅의 티끌 같이 되어 네가 서쪽과 동쪽과 북쪽과 남쪽으로 퍼져나갈지며⋯⋯"라고 되어 있는데, 이 구절의 히브리어 성경은 '야마바다 쪽이라는 뜻: 서쪽', '케드마앞쪽이라는 뜻: 동쪽', '쯔포나북쪽', '네게바남쪽'로 기록한다. 즉 동쪽이 앞쪽이 되는 것이다.

1) 해안의 평야지대Coastal Plain

고대의 국제 해안도로International Coastal Highway, 해변 길; 사9:1; 마4:15를 포함하고 있는 이 지역은 도로의 정치성 때문에 고대 국가들이 군사적으로 분쟁할 때마다 전쟁터로 변한 지역이었다. 많은 열국의 왕들이 이 지역을 다스리길 원했는데, 블레셋의 주요 도시들이 이 도로의 주변에 있었다. 아벡Apeck; 수19:30; 12:18; 삿1:31; 삼상4:1 등은 이 해안 평야지대의 중간지점이며, 아벡과 갈멜산Mt. Carmel range 사이에는 샤론 평야가 있다아2:1.

2) 유대 산지Hill Country of Judah, 눅1:65

유다 지파와 에브라임 지파의 주거지역이었던수15~16장 유대 산지는 해발 2000~3000피트약 600~900m의 지역이다. 예루살렘은 유대 산지와 유대 광야의 경계지역이 되며, 이 지역은 요새화하기에 좋은 지역들이었다.

3) 유대 광야Judean Wilderness, 막1:3; 사40:3

세례 요한의 주 사역지이며, 예수님께서 시험을 받으신 곳이다. 예루살렘이 약 500~550mm의 강우량인데 비해, 유대 광야는 일 년에 겨우 100mm정도의 비가 내릴 뿐이다. 한편 유대 광야는 역사적으로 은둔지역으로 많이 사용되었다. 예를 들어, 다윗의 엔게디 피신삼상24:1, 시드기야의 피신렘52:8이 유명하다. 헤롯도 유대인의 반란이나 안토니우스와 클레오파트라의 미움을 받을 것을 두려워하여 이곳에 헤로디움과 마사다 같은 피신처를 만들었다.

4) 요단 계곡Jordan Rift Valley

이 지역은 보통 '아라바 광야'로도 불린다신1:2, 수12:3 등. 평균 16km의 넓이에 해저 약 690~1300피트210-396m에 이르는 지역이다. '요르단히, *yarden*'은 내려간다는 뜻이다. 이 길은 주로 유다와 갈릴리를 잇는 남북 주요도로로 사용되었으며, 예수님 당시에는 나사렛에서 예루살렘까지 5일 길이었다. 매우 건조한 지역이며, 이 계곡 건너편으로 왕의 대로가 있었다. 요단 계곡은 크게 세 부분, 곧 갈릴리 호수 북쪽, 갈릴리 호수와 사해 사이, 그리고 사해에서 아카바 만까지로 나뉜다.

5) 경사지Shephela: 쉬펠라, 히브리말로 천하고 보잘것없다는 뜻, humble, 신1:2

이는 유대 산지와 해안의 평지 사이를 완만하게 잇는 경사지이다 해발은 약 90~450m정도이며, 해안의 평야지대 및 국제 해안도로에서 유대 산지로 통하는 주요 교통로로 사용되었다. 이 지역은 우리말 번역에서 '평지'로 자주 오역된다신1:7; 수9:1; 10:40; 렘17:26 등. 우리에게 익숙한 주요한 골짜기들이 여기 있으며, 북쪽에서부터 아얄론, 소렉, 엘라, 구브린, 라기스가 그 골짜기들이다. 성경은 이런 골짜기들에서 일어난 많은 역사적 사건들을 기록하고 있다.

6) 네게브 Negev, 우리말 성경에 보통 '남방'이라고 번역되어 있음, 창13:1, 3; 20:1 등

성경에서는 신 광야, 바란 광야 등으로 불리기도 하는데, 이 지역의 중심도시는 브엘세바였다. 유대 산지에서 애굽으로 가려면 이곳을 지나야 했다. 이삭이 그랄 왕에게 갈 때나 다윗이 시글락으로 사울을 피해 갔을 때 네게브로 향했다.

7) 사마리아 Samaria, 왕상18:2; 21:1; 왕하23:19; 요4:4 등

사마리아 지역은 주요한 동서 교통로 중의 하나였다. 이곳은 북왕국 이스라엘의 땅이었으며, 남왕국 유다보다 130년이나 먼저 멸망했다. 이는 우상숭배의 범죄가 가장 큰 이유였지만, 지정학적으로 볼 때 사마리아는 유다 왕국의 예루살렘보다 지리적으로 좀 더 개방된open place 지역이었다. 북왕국은 아홉 번이나 피비린내 나는 찬탈을 통해 왕조가 바뀌었고, 수도도 네 번이나 옮겼으며, 열려진 길들 때문에 북방의 페니키아의 우상문물을 이세벨과 함께 보다 쉽게 받을 수 있었다. 이에 반해 유대 산지의 예루살렘은 좀 더 격리된secluded 지역이었다.

8) 이스르엘 골짜기 Jezreel valley, 수15:56; 19:18; 삿6:33; 삼하2:2 등

전략적 중심지로서 당시 모든 길은 이스르엘 골짜기로 연결되었다. 아시아와 아프리카를 잇는 중심지이기도 했다. 이 지역이 매우 중요했기 때문에 이 계곡에서 역사적으로 유명한 전쟁들이 많이 일어났다왕하23:29.

9) 갈릴리 Galilee

스불론과 납달리의 땅이었던 갈릴리는 예수님의 주된 사역지였다요7:10; 14:37. 갈릴리의 나사렛에서 예수님께서는 어린 시절을 보내셨고, 이곳의 가버나움을 중심으로 2년 이상이나 사역하셨다. 마태는 가버나움의 세금 징수원이었고마4:12, 갈릴리는 지리적 여건 때문에국제 해변도로가 통과한다 역사적으로 환란을 많

이 겪었던 지역이고, 유대인들에게 이방 땅이라고 불렸던 곳이다.

4. 이스라엘의 길들

(1) 남북을 가로지르는 길들

성경시대에 약속의 땅에서 가장 중요한 길들은 '해변길'과 '왕의 길'이었다. 이 도로를 따라 역사적으로 주요한 도시들이 항상 존재했으며, 이 길을 따라서 대상들과 전령들의 말굽 소리들과 열왕들의 군사원정이 있어왔다. 이 길들을 빼앗는 것은 곧 주변의 모든 땅들을 빼앗는 것과 같았으므로 이 길들에 대한 주도권을 잡기 위해 싸움들이 치열할 수밖에 없었다.

1) 해변길International Coastal Highway

해변길사9:1은 출애굽 당시엔 **"블레셋 사람의 땅의 길"**출13:17로 불렸는데, 오늘날 학자들에겐 라틴어 성경에서 따온 Via Maris란 이름으로 많이 사용된다. 고대의 애굽인들은 이 길을 '호루스의 길The Way of Horus' '바로의 길'이란 뜻이라고 부르기도 했다. 애굽의 군대가 북진할 때 사용한 길이었기 때문이다. 이 길은 애굽에서 가나안과 다메섹을 지나 메소포타미아 지역으로 가는 가장 빠르고 좋은 길이었다. 출애굽 때에도 이 길로 갈 수 있었지만, 하나님께서는 이 길로 가지 말라고 하셨다. 왜냐하면 이스라엘 백성들이 전쟁을 보면 금방 후회하고 애굽으로 돌아갈 수 있었기 때문이다출3:17. 하나님께서는 그들을 단계적으로 훈련시키기를 원하셨고, 그래서 이스라엘 백성들로 하여금 홍해 길로 돌아가게 하셨던 것이다.

해변길은 남쪽으로부터 가자Gaza와 아스글론Ashkelon, 그리고 욥바Joppa를 거쳐 아벡에 이르고, 남쪽에서 오는 좀 더 내륙 쪽의 또 다른 평행한 길은 가자에 서 에그론Eglon과 라기스Lachish, 게젤Gezer 등을 우편으로 끼고 아벡에서 합류하는 길이다. 아벡수12:18; 삼상4:1~11; 29:1~11; 행23:31~32은 야르콘 강Yarkon river과 '로쉬 하 아인샘의 머리'을 끼고 있어 전략적으로 아주 중요한 위치였다수12:18; 삼상4~6장; 4:1; 29:1. 그래서 아벡에 대한 블레셋의 집착은 대단했다. 해변길로 계속 북향하면 이스르엘 평원Jezereel Valley-계곡이라고 하기엔 너무 넓어 평원이라고 부른다에 이르게 되는데, 그 사이에 갈멜 산지Carmel Range가 있다. 해변길이 지나는 샤론 평야에서 이 갈멜 산지를 넘는 데는 세 개의 통로Paths가 있다. 하나는 욕느암Jokneam을 지나고, 가운데는 므깃도Megiddo를 지나고, 다른 하나는 다아낙Taanach을 지나는데, 그중에서 므깃도수12:21; 17:11~13; 왕상9:15~22; 왕하9:27~28; 23:28~30; 계16:16를 지나는 길이 가장 중요하다. 해변길은 대 이스르엘 평원을 지나 동북쪽으로 갈릴리호수를 끼고 하솔Hazor; 수11:1~15; 삿4:1~5, 17; 왕상9:15~22; 왕하15:27~29을 거쳐 다메섹으로 향하게 된다.

요셉의 형들은 도단에서 요셉을 팔았는데, 이스마엘 사람들은 요셉을 데리고 애굽으로 갈 때 도단에서 아벡을 거쳐 해변길로 애굽에 내려갔을 것이다. 요시아 왕은 앗수르를 치려고 올라가는 바로 느고를 므깃도에서 저지하다가 죽임을 당했다. 이 해변길은 애굽인들이 '호루스의 길'이라고 불렀던 만큼 군사원정에 많이 사용되었다. 주전 15세기, 애굽 왕 투트모스 3세는 미타니 제국을 정복하기 위해 가나안을 정복했는데, 그는 가나안의 중요한 지역을 모두 정복했다고 그 지명들과 함께 이집트 룩소의 카르낙 신전에 기록해 놓았다.

주전 730년대, 앗수르 왕 디글랏 빌레셀Tiglath-Pileser 3은 다메섹을 점령한 후 하솔과 갈릴리 온 지경과 납달리의 온 지경을 다 점령했다. "이스라엘 왕 베가 때에 앗수르 왕 디글랏 빌레셀이 와서 이욘과 아벨벳마아가와 야노아와 게데스와 하솔과 길르앗과 갈릴리와 납달리 온땅을 취하고 백성을 사로잡아 앗수르로

옳겼더라"왕하15:29. 그는 해변길을 내려오며 중요한 모든 도시를 파괴했다. 앗수르의 이러한 공격은 그 다음의 살만에셀 5세Shalmaneser 5, 사르곤 2세Sargon 2 때에도 계속된다왕하17; 18:9~12 등. 갈릴리가 이방의 갈릴리가 되고 납달리가 어둠의 땅이 된 것사9:1~2은 바로 그 지역이 해변길에 위치했기 때문이다.

2) 왕의 길The King's Highway

> "청컨대 우리로 당신의 땅을 통과하게 하소서 우리가 밭으로나 포도원으로나 통과하지 아니하고 우물물도 공히 마시지 아니하고 우리가 왕의 대로로만 통과하고 당신의 지경에서 나가기까지 좌편으로나 우편으로나 치우치지 아니하리이다 한다 하라 하였더니"민20:17

팔레스타인을 종단하는 두 번째 중요한 길은 '왕의 길'이다민20:17; 21:22. 왕의 길은 트랜스 요르단을 종단하는 길인데, 트랜스 요르단요단 건너편으로부터 요단 강으로 내려오는 강들 때문에 여행하는 데 어려움이 있는 길이다. 얍복 강Jabbok, 야르묵 강Yarmuk, 아르논 강Arnon 그리고 세렛 강Zeret 등이 요단으로 내려온다. 이 깊은 계곡들은 천연적으로 국가나 지파 등의 경계선이 되어왔다. 왕의 길은 성경에 기록된 것보다 남부 아라비아의 향료 상인들에 의해서 더 많이 사용되었다. 출애굽 때 이스라엘은 가데스 바네아에서 여리고의 맞은편 모압 평지에 이르려고 에돔 왕에게 통과 허가를 받고자 간청했지만 거절되고 만다. 에돔 땅을 둘러 가면 너무 멀고 길이 험했기 때문이다.

그러나 신명기 2장 4~6절에 이른 것처럼, 야곱의 형제인 에서의 후손인 에돔 족속을 치는 것이 허락되지 않았기 때문에 이스라엘은 돌아가야만 했다. 때로 하나님의 말씀에 순종하는 것은 매우 힘든 일이다. 하나님께서는 에서에게도 기업을 주셨다. 이스라엘이 강력해서 에돔 족속을 칠 수 있었더라도 치지 말아야 했다. 형제의 소유였기 때문이다. 목적을 위해 수단과 방법을 가리지 않는 것은 하나님께서 용납하지 않으신다. 형제의 기업을 부수고라도 자신의 목적을 이루려는 것은 하나님께서 결코 허락지 않으신다. 아무리 좋은 목적이라도 하나님께서는 과정과 수단을 유의하여 보신다. 하지만 이스라엘은 그것이 못마땅하여 불평했다가 그 유명한 불뱀 사건을 만나게 된다.

(2) 동서를 가로지르는 길들

동서를 가로지르는 길은 크게 네 가지로 나눌 수가 있다. 첫째, 가장 단거리이면서 좋은 길은 갈릴리 지역의 이스르엘 평원을 지나 벳산Beth-shan으로 지나는 길이고, 둘째는 사마리아, 세겜, 디르사Tirzah, 아담Adam으로 나가는 길이고, 셋째는 네게브 지역의 해변길에서 브엘세바를 거쳐 왕의 길로 올라가는 길, 그리고 마지막 네 번째 길은 해변길의 게젤에서 벤쟈민 평원을 지나 여리고를 통해 가는 길이다.

(3) 시온으로 가는 길Jerusalem Approach

시온으로 가는 길은 그렇게 쉬운 길이 아니었다. 유대인의 역사에서 보더라도 이곳은 정말로 자주 열방의 전쟁터가 되었던, 피의 역사로 얼룩진 곳이었다. 또한 이곳을 약속의 땅으로 받은 이스라엘 백성은, 정작 그들이 이곳을 지키지 못하고 쫓겨났을 때 비로소 이곳을 더욱 사모하게 되었다시42~43장; 느1:3~5. 그러나 이곳은 분명 하나님의 약속의 장소요, 오래전 아브라함 때부터 하나님께서 정하신 곳이었다창22장의 모리아산은 지금의 예루살렘의 성전 산을 의미한다.

1) 동쪽에서

유대 산지에서 동쪽 요단 계곡 방향으로는 급경사지인 유대 광야가 자리하고 있다. 그러므로 요단 계곡에 있는 여리고에서 예루살렘으로 올라가는 길은 그리 녹녹한 길이 아니다. 깊게 패인 와디Wadi(건조지역에서 볼 수 있는 물이 없는 강)들이 몇 개 있는데, 대표적인 것들로는 와디 우자W. Auja, 와디 스웨닛W. Sweinit, 와디 킬트W. Quilt, 그리고 예루살렘 성전 산Temple Mount과 감람산Mt.Olive 사이 기드론 골짜기에서 시작해 사해까지 연결되는 와디 기드론W. Kidron 등이다. 이 깊은 와디들은 남북으로의 교통을 어렵게 했다.

여리고에서 예루살렘으로 올라가는 길은 두 가지가 있다.

① 여리고에서 와디 스웨닛을 따라 올라가는 길: 이 길은 아이Ai; 창12:8~9; 수7:2~8:29를 지나 라마와 기브아 등을 경유하여 예루살렘으로 돌아가는 길인데, 중간에 믹마스Michmash와 게바Geba; 삼상13:1~14:46; 사10:28~32 통로를 지날 경우 옛 기브온 족속의 왕도인 기브온Gibeon에 가장 빠르게 도달할 수 있다. 길갈에서 여호수아가 하룻밤에 기브온에 도달하여 그곳을 둘러싼 다섯 왕을 공격할 때 이 길을 사용했을 것이다수10:9.

② 와디 킬트를 따라 올라가는 길: 이 길은 언덕길 아둠밈으로 올라가는 길 Ascent of Adumim이다. 이 길은 예루살렘 동쪽의 감람산 뒷 기슭으로 바로 연결되며, 또 그 기슭에 있는 베다니마21:17; 26:6~13; 막11:1~11; 요11:1~44로 거의 일직선상으로 연결된다. 예수님께서 예루살렘으로 올라가실 때 이 길을 즐겨 사용하셨으며, 그래서 예루살렘에서 가까운 베다니의 나사로 집에 머물기를 좋아하셨던 것으로 보인다. 또한 예루살렘에 입성하실 때마21:1~11; 눅19:29~40 예수님께서는 벳바게에서 시작하셨는데마21:1, 여기서 감람산을 넘어 내려오면 예수님께서 기도하고 유다에게 배신당하신 곳인 겟세마네 동산마26:30~56;막14:26~52; 눅21:7~38에 이르게 되고, 기드론 시내를 건너면 곧바로 성전 산 동쪽 문이 나온다. 감람산은

예루살렘 동쪽에서 예루살렘을 한눈에 내려다보기에 아주 좋은 곳이다. 때문에 예수님께서는 감람산에서 예루살렘을 내려다보시고 우셨던 것이다눅19:40~41.

2) 서쪽에서

예루살렘으로 올라가는 서쪽의 길들은 큰 계곡들, 특히 아얄론 골짜기Ajalon valley와 소렉 골짜기Sorek valley를 통해서 올라가게 된다.

① 아얄론 골짜기를 통한 길: 이 길은 엠마오로마시대의에서 벧호른 언덕길을 통해 기브온으로 올라간 뒤 거기서 예루살렘으로 연결되는 길이다. 벧호른 언덕길은 특히 여호수아의 승전 사건과 깊은 연관이 있다.

② 소렉 골짜기를 통한 길: 이 길은 소렉 골짜기의 벧세메스에서 기럇여아림Kiriath Jearim으로 올라가 기브온에 이르는 길, 아니면 르바임 골짜기로 올라가 예루살렘 뒷 언덕길로 바로 연결되는 길이다. 이 길들을 잘 알고 있던 블레셋 사람들은 이 길들로 자주 이스라엘을 습격했고, 또 잔꾀를 부리기도 했다삼상6:9. 예를 들어, 다윗이 예루살렘에서 기름부음을 받을 때 이 축제의 분위기를 타서 블레셋 사람들은 교묘히 르바임 골짜기로 숨어들어와 두 번이나 기습했다삼하5:17~25. 이에 관해 다윗은 하나님께 물었고, 결국 하나님의 도우심으로 승리했다.

3) 북쪽에서

북쪽에서 시온으로 가는 길은 산의 능선을 타고 내려오는 길이다. 유대 산지의 가장 윗부분으로 난 길들이 오히려 계곡과 강들을 피할 수 있는 길이다. 그중에도 실로Shiloh, 벧엘Bethel, 미스바Mispah, 라마Ramah, 예루살렘Jerusalem으로 연결되는 길이 좋은 길인데, 이 길을 배경으로 족장시대 이후 역사적으로 많은 사건들이 일어났다. 아브라함은 하란에서 처음으로 가나안 땅으로 들어올 때 세겜과 벧엘에서 단을 쌓았다창12:6~8. 이후 그는 남방으로 내려갔는데, 거기서 기근이 들어 이 유대 산지 길로 내려가 네게브의 브엘세바를 거쳐 애굽에 이르렀다. 또한 야곱이 헤브론에서 에서를 피해 하란으로 도망갈 때창28, 32~35장 이 길을 사용했고, 히스기야가 앗수르 왕 산헤립과 맞설 때BC 705~701도 이 길을 사용했다. 한편 이사야 선지자는 산헤립이 믹마스, 게바, 기브아를 거쳐 예루살렘에 오는 길을 이용할 것이라 예언하기도 했다사10:28~34. 이 길은 특히 이스라엘이 남북으로 분열할 때, 북이스라엘과 남유다가 서로 대결하는 각축장이 될 만큼대하16:1~6; 라마, 게바, 미스바 전략적으로 중요한 곳이었다.

4) 남쪽에서

남쪽에서 예루살렘으로 올라가는 길은 헤브론Hebron, 에담Etham, 베들레헴Bethlehem, 예루살렘Jerusalem으로 이어진다. 사실 세계 역사의 중심은 아테네와 로마가 아니라 베들레헴과 예루살렘이었다. 예루살렘과 베들레헴은 불과 8km밖에 떨어지지 않았지만, 그리스도의 성육신과 십자가에서 죽으심, 그리고 부활하심은 세계 모든 사람들의 인생과 세계의 역사를 송두리째 바꾸었다. 엔게디-드고아-베들레헴-예루살렘으로 이어지는 길은 유대 광야를 다룰 때 다시 생각하기로 하고, 여기선 먼저 헤브론-예루살렘으로 이어지는 길의 성경적 배경을 살피겠다. 요셉은 헤브론에서 도단까지 형님들을 만나려고 갔는데창 37장, 그때 이 길이 이용되었다. 당시 17세의 요셉에게 이 길은 결코 가까운 거리가 아니었다대략 100km가 훨씬 넘는 길이었다. 그럼에도 요셉은 아버지 야곱의 명령에 순종했다.

사무엘하 5장 6~10절에서 다윗이 여부스 족을 공격할 때, 그리고 사사기 19장에서 에브라임 산지의 어떤 레위인이 베들레헴에서 첩을 찾아 돌아오는 길에 기브아에서 비류들에게 그 첩이 죽게 된 일로 베냐민 지파와 이스라엘의 열한 지파간의 전쟁Civil War이 일어나게 되었을 때, 이 길이 그 배경이 되었다. 이 외에도 이 길을 배경으로 복잡한 사건들이 많았다.

5. 쉬펠라경사지, The Low Rolling Hills

"1 너희는 여호와의 말씀을 들을지어다 너는 일어나서 산을 향하여 변론하여 작은 산들이 네 목소리를 듣게 하라 하셨나니 2 너희 산들과 땅의 견고한 지대들아 너희는 여호와의 변론을 들으라 여호와께서 자기 백성과 변론하시며 이스라엘과 변론하실 것이라"미6:1~2

"왕이 예루살렘에서 은을 돌 같이 흔하게 하고 백향목을 평지의 뽕나무 같이 많게 하였더라"왕상10:27; Sycamore-fig tree in the foothills: NIV

(1) 개략

'쉬펠라'[1]는 남북으로 약 43km가량 뻗어있고, 동서로는 약 16km정도의 간격이다. 높이는 95~365m정도이며, 백악층chalk과 석회석으로 되어 있어 수많은 (인공) 동굴이 파여 있기도 한다. 예루살렘에서 볼 때, 이 지역은 낮은 땅Low Land이어서 '평지사실상 오역'라고도 표현되었다. 이곳은 동-서 방향으로 뻗은 몇 개의 큰 계곡들이 있고, 그 안에 도시들이 형성되어 있다. 그리고 북쪽으로부터 아얄론 골짜기Aijelon valley, 소렉 골짜기Sorek valley, 엘라 골짜기Elah valley, 구브린 골짜기Guvrin valley, 라기스 골짜기Lachish valley, 아도라임 골짜기 등으로 되

---

1. 히. '낮은 땅'; humble - 우리말 개역성경에는 경사지, 평지, 작은 산들 등으로 표현됨. 히브리어는 명사로도 쓰이지만, 성경에서는 대개 '쉬펠라'라는 지명으로 등장함. 렘17:26; 32:44; 33:13; 대하28:18 등

어 있다.

(2) 교통 전략의 요충지

쉬펠라 지역은 유대 산지와 해변길, 해변 평야지대를 잇는 완충 경사지이다수 10:40. 유대 산지보다는 좀 더 부드러운 석회암Eocene Limestone으로 되어 있으며, 특히 감람나무Olive tree와 야생 무화과나무Sycamore tree 등이 많다.

> "게델 사람 바알하난은 평야의 감람나무와 뽕나무를 맡았고 요아스는 기름 곳간
> 을 맡았고"대상27:28

남북을 잇는 도로보다는 동-서 방향으로 길게 뻗은 계곡들을 통해 동-서를 잇는 도로로 더 많이 사용되었다. 서쪽에서 예루살렘으로 올라오는 주된 길은 주로 아얄론 골짜기Ajalon valley와 소렉 골짜기Sorek valley를 통해서 올라왔다. 아얄론 골짜기로는 엠마오로마시대의에서 벧호른 언덕길을 거쳐 기브온으로 올라오고 여기서 예루살렘으로 연결되는 길이 있었다. 이 지역에서 자주 전쟁이 있었던 것도 어떤 면에선 피할 수 없는 일들이었다. 왜냐하면 국제 해변길International Coastal Highway을 달리는 열강들이 예루살렘을 포위하려고 할 때면 이곳부터 점령해야 했기 때문이다. 반면 이스라엘 쪽에서는 예루살렘을 보호하기 위해 우선적으로 이 지역을 방비해야 했기 때문에 이스라엘의 열왕들은 이 지역의 도시들을 자주 요새화하였다.

> "5 르호보암이 예루살렘에 살면서 유다 땅에 방비하는 성읍들을 건축하였으니 6
> 곧 베들레헴과 에담과 드고아와 7 벧술과 소고와 아둘람과 8 가드와 마레사와 십
> 과 9 아도라임과 라기스와 아세가와 10 소라와 아얄론과 헤브론이니 다 유다와 베

냐민 땅에 있어 견고한 성읍들이라"대하11:5~10

1) 아얄론 골짜기Aijelon valley

아얄론 골짜기는 교통로서 벧호른을 거쳐 유대 산지로 올라오는 길을 제공했다.

첫째, 이곳은 현재 예루살렘에서 벤구리온 공항, 텔아비브 시로 내려가는 고속도로를 제공하는데, 성경시대에도 유대 산지에서부터 해안 평야까지 동-서의 교통로서 가장 중요한 구실을 했다. 당시에 이곳을 통해 서쪽의 지중해로 빠져나가면 욥바를 만나게 되는데, 욥바는 항구도시였다. 둘째, 솔로몬 때에도 레바논의 백향목 등이 욥바까지 수로로 운반된 뒤, 다시 욥바에서 육로인 아얄론 골짜기를 통해 예루살렘으로 운반되어 성전건축에 사용되었다대하2:16. 셋째, 요나가 하나님의 명령을 어기고 앗수르의 니느웨와 정반대 방향인 다시스Tarshish로 가려고 했을 때, 유대 산지에서부터 벌써 반대 방향으로 발걸음을 재촉하며 "욥바로 내려갔더니"욘1:3라고 했는데, 그때도 이 계곡을 지나갔을 것이다.

넷째, 벧호른 언덕길은 특히 여호수아의 승전 사건과 깊은 연관이 있다.

"태양아 너는 기브온 위에 머무르라 달아 너도 아얄론 골짜기에서 그리할지어다"
수10:12

여호수아가 기브온을 공격한 다섯 왕수10:5~6을 칠 때, 벧호른으로 올라가는 비탈길에서 그들을 추격하고, 또 그 비탈에서 내려갈 때 여호와께서 큰 덩이의 우박을 내려 승전케 하신 역사가 성경에 기록되어 있다수10:9~13. 여호수아는 기브온을 뒤로 하고 아얄론 골짜기를 앞에 두고 달리며 이렇게 승전의 함성을 외쳤던 것이다. 이 사건은 하나님께서 인간의 말을 들으시고 자연을 멈추신 첫 번째 사건이었다.

2) 소렉 골짜기Sorek valley

소렉 골짜기 역시 동서 교통로로 이용되었다. 이곳의 벧세메스를 통해 기럇 여아림으로 올라가면 기브온과 예루살렘으로 연결된다.

① 삼손: 소렉 골짜기삿16:4는 주로 언약궤벧세메스와 삼손의 사건이 있었던 골 짜기이다. 아마 우리들에게 이 골짜기의 이름보다는 삼손의 이름이 익숙할 것 이다. 삼손의 아비는 단 지파로서 소라Zorah 땅에 살고 있었는데삿13:2, "소라"는 소렉 골짜기에 있는 작은 마을이었다. 삼손은 사사기 시대에 소렉 골짜기에서 어린 시절을 보냈다. 삼손의 활동 무대는 에스다올, 마하네단삿13:25, 아스글론삿 14:19, 가사삿16:1 등이었는데, 대개가 소렉 골짜기나 그 옆의 엘라 골짜기, 서쪽의 블레셋 평야지대, 남서쪽의 아스글론, 가사 등이었다. 그가 유대 산지로 올라온 것은 블레셋인을 피해 에담의 바위틈에 숨고자 했을 때였다삿15:8.

② 벧세메스: "보고 있다가 만일 궤가 그 본 지역 길로 올라가서 벧세메스로 가면 이 큰 재앙은 그가 우리에게 내린 것이요 그렇지 아니하면 우리를 친 것이 그의 손이 아니요 우연히 당한 것인 줄 알리라 하니라"삼상6:9

③ 르바임 골짜기삼하5:17~25: 소렉에서 연결되어 예루살렘으로 올라가는 길 이다. 블레셋인들이 르바임 골짜기를 사용하여 예루살렘으로 올라와서 이스라 엘을 공격한 일이 있었다.

3) 엘라 골짜기Elah valley

엘라 골짜기는 전략적 지역이었고, 또한 승리의 기록이 많은 지역이었다. 이 곳은 골짜기 이름보다 다윗과 골리앗이 대결했던 사건으로 더 잘 기억된다. 당 시 이스라엘과 블레셋은 유다에 속한 "소고에 모여 소고와 아세가 사이에 진"

을 쳤다삼상17:1. 엘라 골짜기는 블레셋의 주요도시였던 갓과 에그론으로 가는 적절한 통로가 되었다삼상17-18장. 엘라 골짜기의 아세가Asekah는 여호수아 시대에 기브온을 치러온 다섯 연합군의 왕들을 격파하고 추격한 장소이기도 했다. "추격하여 아세가와 막게다 까지 이르니……"수10:9~11.

4) 라기스 골짜기Lachish Valley

성경의 가장 감동적인 사건 중 하나가 이 라기스를 둘러싸고 일어났다. 텔 라기스는 왕국 시대에 남서쪽으로부터 오는 적들로부터 유다 왕국의 수도인 예루살렘을 보호하기 위한 가장 강력한 방어선이요 진지가 되는 도시였다. 그래서 르호보암은 라기스를 요새화했으며, 무기고 및 양식과 기름을 이곳에 두었다대하11:5~12.

① 히스기야-산헤립 사건: 히스기야 시대에 앗수르의 산헤립 왕도 라기스의 전략적 중요성은 잘 알았다. 그래서 그는 온 유대와 예루살렘을 치러 왔을 때, 예루살렘을 봉쇄하기 위해 먼저 우회하여 라기스를 공격했다왕하 18:17; 대하 32:9 라기스를 점령하는 일은 그렇게 쉬운 일이 아니었다. 그곳은 천연의 언덕인데다 견고한 성읍이었기 때문이다. 그러나 결국 라기스는 산헤립에게 함락되었다. 산헤립은 라기스를 치는 과정BC 705~701에서 그의 신복 랍사게를 예루살렘에 보내어 하나님과 궁지에 몰린 히스기야 및 온 유대인들을 모욕했다. 유다의 주요 도시가 파괴되고 라기스마저 무너지기 직전의 상황에서 히스기야는, 동서남북의 모든 통로가 막히고 모든 군사지원과 보급이 막힌, 마치 새장에 갇힌 새와 같은 처지가 되었다. 산헤립은 앗수르의 니느웨에 자신이 라기스를 점령하던 사건을 특별히 육각기둥 모양의 실린더Hexagonal Clay Prism에 새겨두었다. 또한 그의 기록된 연대기에는 유대와 히스기야에 대해 다음과 같이 기록되었다.

나에게 복종치 않던 히스기야를 공격했는데, 46개의 그의 강력한 성읍과 수많은 마을들을 토성을 쌓아 공격하고 점령했으며…… 200,150명의 포로와…… 셀 수 없는 많은 짐승들과 전리품을 빼앗았으며…… 히스기야를 그의 도성에 새장의 새처럼 가두어 버렸으며……

절체절명의 위기에서 히스기야는 옷을 찢고 베옷을 입고 기도하며 이사야를 초청했다. 이사야는 다음과 같이 예언했다.

"이사야가 그들에게 이르되 너희는 너희 주에게 이렇게 말하라 여호와의 말씀이 너는 앗수르 왕의 신복에게 들은 바 나를 모욕하는 말 때문에 두려워하지 말라 내가 한 영을 그의 속에 두어 그로 소문을 듣고 그의 본국으로 돌아가게 하고 또 그의 본국에서 그에게 칼에 죽게 하리라 하셨느니라 하더라"왕하19:6~7

이사야의 예언대로 산헤립은 풍문을 듣고 고국으로 돌아갔다가 거기서 제 몸에서 난 자들에게 살해당했다왕하19장; 사36, 37장. 하나님의 승리였고, 그분을 의지하는 히스기야의 승리였다. 왕은 새장의 새처럼 갇혔어도 하나님께서는 역사하실 수 있었던 것이다.

② 느부갓네살: 라기스는 전략적 요충지였으므로, 후일 바벨론의 느부갓네살이 이스라엘을 공격할 때도 마찬가지로 언급된다.

"그 때에 바벨론의 왕의 군대가 예루살렘과 유다의 남은 모든 성읍들을 쳤으니 곧 라기스와 아세가라 유다의 견고한 성읍 중에 이것들만 남았음이더라"렘34:7

6. 광야에서

"외치는 자의 소리여 이르되 너희는 광야에서 여호와의 길을 예비하라 사막에서
우리 하나님의 대로를 평탄하게 하라"사40:3

(1) 개략

유대 광야는 실제로 아주 급한 경사를 이루고 있다. 유대 산지로부터 사해와
요단 계곡까지 약 20~25km정도의 거리에 약 1207m정도를 내려가야 한다. 사
해의 수면은 해저 400m에서부터 시작되는데, 아래쪽은 평균 수심이 약 6m정
도이나 위쪽은 깊은 곳은 400m정도나 된다. 이곳은 환경적으로 강우량이 극
히 적고사해는 연 50mm 정도, 따라서 아무 농사도 지을 수 없는 황무지이다. 비록
사해에서부터 광야에 이르기까지 고고학적 발굴의 자료들은 그리 많지 않지만,
적어도 오래 전부터 도시들이 존재해왔다. 가나안 정복의 시대에도 몇몇 지명
들을 볼 수 있다.

"61 광야에는 벧 아라바와 밋딘과 스가가와 62 닙산과 소금 성읍과 엔 게디니 여섯
성읍과 그 마을들이었더라"수15:61~62

(2) 죽음의 곳

시편 107편 4~5절에서 "그들이 광야 사막 길에서 방황하며 거주할 성읍을 찾
지 못하고 주리고 목이 말라 그들의 영혼이 그들 안에서 피곤하였도다"라고 한
것처럼, 유대 광야는 사람의 주거지로도 부적당한 지역이었다. 시편 42~43편의
말씀은 이런 광야를 배경으로 이해할 때, 우리가 하나님을 절박하고 필사적으로
사모해야만 이 험한 인생을 이겨낼 수 있다는 교훈을 얻게 해준다.

사해는 죽음의 바다이다. 평균 염도가 ±30%인데, 다른 일반 바다의 염도가 3%인 것에 비하면 열 배나 넘는 염도를 지닌 것이다. 매년 엄청난 물의 증발과 함께 수천 년 동안 그랬던 것처럼, 지금도 점점 소금이 많아지고 있는 추세이다. 성경엔 죽음의 바다라고 언급된 적이 없으나염해라고 불림-창14:3; 민34:3; 수3:16; 12:3; 15:2, 5; 18:19: 아라바해-수3:16; 12:3: 동해 - 겔47:18; 욜2:20; 슥14:8, 오늘날은 사해Dead Sea라고 부른다. 유대 광야와 사막은 한마디로 죽음의 지역이었다. 죽음의 바다라 하더라도 장차 그리스도 예수의 은혜가 넘치면 생명의 곳으로 바뀔 것이라고 성경은 예언하고 있다겔47:1~10.

(3) 반역의 처소

유대 광야의 다른 또 하나의 특징은 이곳이 반역의 곳으로 자주 사용되었다는 것이다. 주후 66~72년에 일어난 유대지방의 제1차 반란이나 132~135년에 일어난 바르 코크바의 난이라고 불리는 제2차 반란의 근거지도 모두 이곳이었다.

(4) 영적 훈련의 장

유대 광야는 겉보기엔 메마르고, 아무런 아름다운 것이 없고, 예루살렘에서 여리고로 내려가다 보면 천막을 치고 힘들게 유목생활을 하는 베두윈 족 외에는 별로 볼 것이 없는 모래벌판과 암산에 불과하지만, 그 속에서도 생명의 소리를 들을 수 있다. 와디 킬트의 깊은 계곡에 자리한 성 조지 수도원St. Jorge Monastery 맞은편 언덕에 앉아 조용히 귀를 기울이면, 보이지 않는 곳 광야 속에서 물 흐르는 소리를 들을 수 있다. 그 물은 바로 생명의 물이요, 사막의 오아시스로서 여리고와 엔게디를 있게 하는 물소리이다. 아가서는 엔게디의 포도원에 대해 다음과 같이 칭송한다. "나의 사랑하는 자는 내게 엔게디 포도원의 고벨화 송이로구나"아1:14

(5) 말씀의 산실로서의 광야

성경에는 유대 광야를 배경으로 지은 시편들이 많다. 다윗의 시편들 가운데는 그의 장인이었던 사울에게서 도망치거나 그 외의 다양한 상황에서 시편을 기록할 때 광야에 관한 생각들이 반영되어 표현된 시편들이 많다시1:3; 55:7; 63:1; 42:1~2; 43:1~2 등. 여호수아 15장 61~62절에 "염성"으로 언급된 쿰란은 쿰란공동체가 거주했던 지역인데, 주전 2세기부터 주후 70년경 로마에 의해 그 공동체가 완전히 무너지기까지 사해 북쪽의 여러 동굴에서 하나님의 말씀을 베껴 기록하며 거룩한 삶을 살려고 했던 그들의 모습이 1947년에 발견된 사해 사본들에서 드러나면서 성경연구자들에게 엄청난 충격을 던져주었다. 쿰란공동체 주변의 여러 동굴에서 발견된 사본들은 주전 3세기에서 주후 1세기까지 기록된 것들로 판명되었는데, 현존하는 고대 사본들 중 가장 오래된 성경 사본들이다.

6. 피신처

피신처로서의 광야를 생각할 때, 우린 대표적으로 두 사람을 생각할 수 있다. 한 사람은 다윗이고, 다른 한 사람은 헤롯 왕이다. 다윗은 사울에게 쫓길 때 주로 이 광야를 많이 다녔다. 다윗의 피난경로는 라마삼상9:18 → 요나단을 만난 후 놉 땅의 제사장 아히멜렉에게 이름삼상21:1 → 아둘람굴삼상22:1 → 다윗의 요새삼상22:4 → 그일라삼상23:8~9 → 십 황무지, 황무지 요새삼상23:14 → 마온 황무지삼상 23:29 → 엔게디 요새삼상23:29: 엔게디는 새끼염소의 샘이란 뜻 → 엔게디 황무지삼상 24:1, 2 → 바란 광야삼상25:1 → 십 황무지삼상26:2 → 블레셋의 시글락삼상27:6 등이다. 위의 지명들 중 아둘람굴과 블레셋의 시글락을 빼고는 거의 모든 도피처가 유대 광야 지역이었다. 광야는 다윗에게 피난처였다.

7. 베냐민

"베냐민은 물어뜯는 이리라 아침에는 빼앗은 것을 먹고 저녁에는 움킨 것을 나누리로다"창49:27

베냐민의 후손들인 베냐민 지파도 이 예언의 말씀에 비추어 볼 때 닮은 점이 많다. 그들은 그들에게 여러 가지 유익과 특권이 있었지만, 신앙적으로 자기 관리를 잘못해서 그것들을 다 빼앗겨버린 지파같이 보인다. 이스라엘의 초대 왕 사울은 베냐민 지파에게서 나왔으므로 사실상 그들은 지속적으로 왕의 지파가 될 수 있었다삼상9:1~2. 하지만 사울의 교만과 불경건, 시기심으로 그 영광은 사라지고 말았다.

베냐민 지파가 분배받은 땅의 위치도 어떤 면에서는 이스라엘 땅에서 제일 요지라고 할 수 있다. 왜냐하면 이스라엘의 남북을 가로지르는 유대 산지길과 동서를 가로지르는 아얄론 골짜기에서 여리고를 잇는 교차로가 바로 베냐민 지파의 중심이 되는 지역이기 때문이다. 이 지역은 중앙 베냐민 평원Central Benjamin Pleatue이라고 불리는데, 북쪽의 실로와 남쪽의 헤브론이 각각 3000~3300피트900~1000m의 고지인데 비해 이 지역은 약 2500피트800m의 고지를 가지는 넓은 평원지대로서, 유대 산지 능선길의 지역에선 땅의 구조나 교통요충지로 가장 중요한 지역이라고 할 수 있다. 지역적인 특징에서도 처음 베냐민 지파의 도시들은 다른 지파가 부러워할 만한 도시들이었다. 예를 들어, 여호수아 18장 21~28절에 나오는 유명한 여리고, 기브온 그리고 예루살렘여부스 등이 있었다.

1) 여리고

기생 라합과 정탐꾼수2장, 세리장 삭개오눅19장로 익숙한 도시 여리고는 '푸름의 도시', '종려의 도시', '연못의 도시'라고도 불리는데, 유대 사막의 오아시스라고 자부할 만한 아름다운 도시이다. 여리고 성이 정복된 후 비록 성은 불태워졌지만, 자연환경만큼은 기존의 모든 풍요를 여전히 제공하고 있었다. 전설에 따르면, 사탄이 예수님을 시험했을 때 천하만국의 영광을 보여주며 자기에게 무릎을 꿇으면 모든 것을 주겠다고 한곳이 바로 여리고 옆의 시험산으로, 이곳에서 여리고의 푸르름을 보여주며 시험했다고도 한다. 어떤 고고학자들은 기원전 8000년 때에 이미 주거지가 있었다고 주장할 만큼, 이곳은 오래전부터 양식의 풍요와 교통의 요지로서의 역할을 했던 도시이다. 헤롯 왕은 여리고에 수로시설을 하고 자신의 겨울 궁전을 만들었다.

2) 예루살렘

예루살렘은 무엇보다 먼저 하나님의 약속의 성도聖都요, 언제나 하나님의 관심이 머무는 도시였다. 뿐만 아니라 지금까지도 이곳은 세계의 3대 종교이슬람, 기독교, 유대교의 성지로서 중요시되고 있다. 예루살렘에 대해서는 아래에 별도로 다루기로 하겠다.

3) 기브온

기브온은 여호수아 10장 2절에서 표현된 것처럼, "왕도와 같은 큰 성"이기 때문에 정말 신명기에서 약속한 것처럼 베냐민 지파는 이미 모든 것이 충분히 준비된 성읍을 얻은 것이었다.

"10 네 하나님 여호와께서 네 조상 아브라함과 이삭과 야곱을 향하여 네게 주리라 맹세하신 땅으로 너를 들어가게 하시고 네가 건축하지 아니한 크고 아름다운 성읍을 얻게 하시며 11 네가 채우지 아니한 아름다운 물건이 가득한 집을 얻게 하시며 네가 파지 아니한 우물을 차지하게 하시며 네가 심지 아니한 포도원과 감람나무를 차지하게 하사 네게 배불리 먹게 하실 때에"신6:10~11

4) 벧호론 길

"여호와께서 아모리 사람을 이스라엘 자손에게 넘겨 주시던 날에 여호수아가 여호와께 아뢰어 이스라엘의 목전에서 이르되 태양아 너는 기브온 위에 머무르라 달아 너도 아얄론 골짜기에서 그리할지어다 하매"수10:12

우주 역사에 길이 남을 기적이 이 베냐민의 땅에서 일어났다. 또 이때 하나님께서 하늘에서 우박을 내리셨는데, 이스라엘 자손의 칼에 죽은 자보다 우박에 죽은 자가 더 많았다고 성경은 기록한다수10:11. 하나님께서 이스라엘을 위해 싸우셨던 것이다.

5) 믹마스-게바 길the Path

요나단이 블레셋과 싸울 때도 승리의 역사가 있었다. "사울과 그 아들 요나단과 그들과 함께 한 백성은 베냐민 게바에 있고 블레셋 사람들은 믹마스에 진쳤더니……"삼상13:16~14:23. 당시 상황은 그리 좋지 않았다. 이스라엘에는 철공이 없었으므로 이스라엘 군대에는 사울과 요나단만 칼과 창을 가졌다고 했을 뿐 아니라삼상13:22, 두 군대가 주둔한 사이에는 "보세스와 세네"라는 험한 두 개의 바위가 있어서 요나단이 블레셋 진영으로 갈 때에는 힘들게 손발로 붙들면서 험한 경사지를 올라가야 했다. 그런데 요나단이 그렇게 겨우 올라가서 약 이십 명 가량의 블레셋 군인을 죽였을 때삼상13:13~14, 블레셋 진영에 큰 떨림땅의 지진이 일어났고, 그 떨림과 혼돈 속에서 블레셋 군인들은 서로를 죽이게 되었다삼상13:20. 이렇게 하나님의 역사로 이스라엘은 또 다시 대승리를 거둘 수 있었다.

6) 벧엘

벧엘은 아브라함이 단을 쌓은 자리였고창12장, 야곱이 사닥다리를 본 곳이었다. 선지자 사무엘의 활동 무대 또한 베냐민 지역이었다. 사무엘은 본디 에브라임 지역 출신이었지만삼상1:1~2, 그는 매년 주로 벧엘과 길갈, 미스바를 순회하며 활동한 뒤 그의 집이 있었던 라마로 돌아왔다삼상7:16~17.

7) 기브아 사건과 지파간의 전쟁

사사기 19~23장에 이스라엘의 역사상 가장 부끄럽고 수치스런 일이 하나 기록되었는데, 그것은 다름 아닌 지파간의 전쟁이었다. 당시 기브아 지역의 비류들이 에브라임 산지에 사는 한 부패한 레위인의 음란한 첩을 죽인 일이 일어났다. 이에 레위인은 해괴하게도 그 첩의 시체를 열두 토막 내어서 각 지파로 보내었다. 이 사건으로 이스라엘의 모든 지파가 미스바에 모여 성토하고 기브아에 그 비류들을 내놓으라고 요구하였으나, 오히려 베냐민 지파 전역에서 용사들이 모여 다른 열한 지파와 전쟁을 벌이게 되었다. 그 결과로 베냐민의 용사들 25,100명이 죽고 겨우 600명만이 살아남게 되었다. 게다가 "이스라엘 사람이 베냐민 자손에게로 돌아와서 온 성읍과 가축과 만나는 자를 다 칼날로 치고 닥치는 성읍은 모두 다 불살랐더라"삿20:48고 한 것처럼, 모든 베냐민의 마을들이 폐허가 되었다.

어떤 면에서 볼 때, 이 사건은 이스라엘의 다른 지파들, 특히 인접한 유다와 에브라임 지파가 베냐민 지파의 땅을 탐냈기 때문에 일어난 일일 수도 있다. 교통적으로나, 전략적으로나 너무나 중요한 지역이었기 때문이다.

8) 북왕국 바아사 왕과 남왕국 아사 왕의 사건_{왕상15:16~22}

베냐민 지파의 땅은 요소요소가 다 중요했다. 여리고는 동쪽으로 유대 산지로 올라오는 관문이요, 라마를 비롯하여 중앙 베냐민 평원Central Benjamin Plateau에 있는 다른 네 도시 미스바, 게바, 기브온, 기브아 등은 모두 각 방향으로부터 오는 중요한 관문들이었다.

8. 갈릴리

"예수께서 깨어 바람을 꾸짖으시며 바다더러 이르시되 잠잠하라 고요하라 하시니
바람이 그치고 아주 잔잔하여지더라"_{막4:39}

예수님께서 갈릴리 지역을 주 사역의 무대로 삼으신 것은 이사야 9장 1~2절의 예언의 말씀을 이루시기 위함이었다_{마4:12~16}. 이 구절이 암시하는 바와 같이 갈릴리는 예수님께서 3년의 공생애 기간 중 2년 반 정도 사역하신 중심무대이기도 하고, 또한 30세가 되시기까지 자라나신 곳이기도 하다. 성육신하시고 베들레헴에 잠시 머무신 것, 애굽에 피신 가신 것, 그리고 예루살렘과 유대 지역에 몇 번 다니신 것을 제외하면, 예수님의 공생애 대부분의 시간을 이 갈릴리와 함께했다고 볼 수 있다. 그만큼 갈릴리는 은혜로운 곳이었다. 뿐만 아니라 갈릴리 호수의 물로 이스라엘 농업용수의 70%를 공급한다고 하니, 이 호수는 이스라엘의 생명샘이나 마찬가지인 셈이다.

갈릴리는 크게 두 부분으로 나누어지는데, 좀 더 북쪽의 '윗 갈릴리Upper Galilee'와 남쪽의 '낮은 갈릴리Lower Galilee'로 나눌 수가 있다. 윗 갈릴리는 해발 900~1200m의 높이이고, 낮은 갈릴리는 평균 해발 600m정도이다. 팔레스타

인 지역에서 동서교통로로는 이스르엘 평원이 가장 좋다. 남북교통로로는 국제 해안도로가 역시 갈릴리 지역을 통과하게 되는데, 해변길로 올라오다가 갈멜 산지의 통로―욕느암Jokneam, 므깃도Megiddo, 다아낙Tanach, 이블르암Ibleam―중 특히 므깃도 통로로 넘어와서 이스르엘 평원을 거치고 다볼산 왼편으로 아르벨 골짜기로 막달라 지역을 통과하면서 바로 갈릴리 호수 위편의 요단 계곡과 연 결된다. 이 중요한 도로상에 있는 갈릴리 지역의 도시들은 우리에게 너무나 잘 알려진 므깃도Megiddo와 하솔Hazor이다. 동서 교통은 이스르엘 평원계곡이 너무 넓 으므로 평원이라 부르기도함을 지나 텔 이스르엘을 통하여 헤롯 골짜기를 따라 나아 가면 역시 갈릴리 호수와 사해 사이의 요단 계곡Jordan Rift Valley을 만나서 요단 건너편 길르앗 지역으로 올라갈 수 있다.

무엇보다도 여기서는 역사적으로 가장 중요한 역할을 했던 이스르엘 골짜기 를 중심으로 그 주변에 연결된 지역들을 살펴보겠다.

> "4 여호와께서 호세아에게 이르시되 그의 이름을 이스르엘이라 하라 조금 후에 내
> 가 이스르엘의 피를 예후의 집에 갚으며 이스라엘 족속의 나라를 폐할 것임이니라
> 5 그 날에 내가 이스르엘 골짜기에서 이스라엘의 활을 꺾으리라 하시니라"호1:4-5

(1) 이스르엘 골짜기

이스르엘 골짜기의 출구와 입구는 유프라테스 지역과 나일강 지역의 큰 제국 들의 주요 도로와 연결되어 있을 뿐 아니라, 아시아와 아프리카를 잇는 대륙 통 로의 문들이기도 했다. 비단 전쟁터와 교통로의 역할만이 아니라 이스르엘 평원 의 또 다른 중요한 점은 훌륭한 충적토alluvial soil를 꼽을 수 있다. 역사가 요셉푸 스는 그의 『유대전쟁사』 제3권 3장에서 말하기를, "왜냐하면 그 땅은 세상에서 가장 풍요롭고, 기름지고, 각종 과수와……"라고 했다. 아무튼 이스르엘 골짜기

로 연결된 주변의 많은 중요한 통로들이 이미 이스르엘 평원을 Great Central Station이라고 말해주고 있다.

먼저 서해안으로는 좁은 협곡인 기손강Kishon River이 있는데, 이 통로로 이세벨과 페니키아의 이방문화가 들어왔다. 동쪽 출구는 텔 이스르엘과 모래산 발치에 위치한 수넴 사이의 통로인데, 이곳의 이스르엘은 잇사갈 지파의 도시였으나 한때는 오므리 왕조오므리, 아합 등의 겨울궁전상아 궁전이 있었던 곳이기도 하다. 이 입구에서 요단 계곡까지는 거의 일직선으로 뻗어 있는 헤롯 골짜기Herod Valley이다. 이 헤롯 골짜기에서 기드온의 300용사를 뽑는 에인 하룻 물가의 시험 사건이 있었는가 하면, 이 골짜기를 따라 예후는 정권을 찬탈하려고 그의 마차를 급히 몰고 왔을 것이다왕하9:20.

또 이 골짜기의 오른쪽으론 길보아 산이 있는데, 여기에서 사울과 그의 세 아들이 죽었다. 질투와 시기로 가득한 사울은 많은 시간을 다윗을 죽이려고 쫓아 다니다가 결국 자신이 블레셋 군대에게 쫓겨 이곳 길보아 산에서 최후를 맞이하고 말았다삼상 31:5~13.

(2) 다볼 평원Plain of Tabor

다볼 평원은 드보라와 바락이 납달리와 스불론 사람을 다 모아 시스라와 맞서서 전쟁했던 곳이다삿4:10~16. 므깃도는 특히나 역사라는 극장의 특석Royal Box이라고 할만하다. 이곳은 주전 3000년경부터 요새화되기 시작했는데, 솔로몬은 이곳의 꼭대기에 성곽을 쌓아 이스라엘의 가장 중요한 곳 중 하나로 만들었다. 비록 솔로몬 이후 애굽 왕 시삭에 의해 파괴되기도 했지만BC 923, 그 후에 오므리 왕조에 의해 더욱 장대한 규모로 다시 요새화되었다BC 9세기 중엽. 그러나 주전 733년, 앗수르의 침략 때 파괴되었다. 앗수르는 므깃도를 갈릴리 지역의 행정 관할 수도로 삼았다.

최후의 전쟁이라 일컫는 아마겟돈 전쟁계16:16은 바로 이 므깃도를 중심으로 한 이스르엘 평원에서 벌어지는 것으로 여겨진다. 그도 그럴 것이 아마겟돈은 히브리어 '하르 므깃도므깃도 산, 언덕'가 헬라어로 음역된 이름이기 때문이다. 요시아 왕도 이 므깃도에서 애굽 왕 느고를 막으려다가 전사했다. 애굽에서 메소포타미아로 가기 위해서는 여기를 거쳐야만 했기 때문이다왕하23:28~30.

(3) 갈멜산 대결

이스르엘 골짜기는 갈릴리와 다른 지역을 구분하는 경계선일 뿐만 아니라 하나님의 사람과 바알의 사람을 구분하는 경계선이기도 했다. 갈멜산 꼭대기에서 엘리야 선지자는 이렇게 말했다.

> "엘리야가 모든 백성에게 가까이 나아가 이르되 너희가 어느 때까지 둘 사이에서 머뭇머뭇 하려느냐 여호와가 만일 하나님이면 그를 따르고 바알이 만일 하나님이면 그를 따를지니라 하니 백성이 말 한마디도 대답하지 아니하는지라"왕상18:21

엘리야 선지자는 갈멜산에서 우상을 섬기는 제사장 850명을 처단한 후 이스라엘에 비가 오기를 일곱 번 기도했다. 그 후 손바닥만한 구름이 보이자 아합에게는 마차로 빨리 피신해서 가라고 하고서 자신은 갈멜산에서 이스르엘아합의 겨울 궁전이 있던 곳까지 제법 먼 거리를 하나님의 능력으로 마차보다 더 빨리 달려갔다.

(4) 나사렛

나사렛 사람들은 예수님께서 그곳에서 어린 시절을 보내고 성장하셨기 때문에 누구보다도 예수님을 잘 알 것이라 생각되는 사람들이었다마13:53~58. 심지어 예수님께서도 나사렛 예수라고 불리실 정도였다마21:11. 그러나 정작 그들은 누구보다도 예수님을 미워하고 배척하여 벼랑에서 떨어뜨려 죽이려고까지 했다눅4:29~30. 나사렛의 남쪽 경계는 이스르엘 계곡의 북쪽 경계의 한 곳이다. 가파른 경사 계곡에는 최소 약 460m의 절벽이 있다.

(5) 하솔

"하솔은 본래 그 모든 나라의 머리였더니 그 때에 여호수아가 돌아와서 하솔을 취하고 그 왕을 칼날로 쳐죽이고 그 가운데 모든 사람을 칼날로 쳐서 진멸하여 호흡이 있는 자는 하나도 남기지 아니하였고 또 하솔을 불로 살랐고"수11:10~11

갈릴리 호수에서 요단 계곡길을 따라 좀 더 북쪽으로 올라가면 윗 갈릴리 지역의 가장 중심이 되었던 도시 하솔Hazor을 만나게 된다. 하솔 역시 군사적으로 중요한 지역이었던 만큼 역사도 복잡한 도시이다. 1926년, 영국의 고고학자인 가스텡J. Gastang 팀에 의해 발굴된 하솔은 약 23만 평이나 되는 방대한 지역이었고, 시대의 층도 12층이나 되었다. 하솔은 여호수아에 의해 점령되어 불탔던 도시 중의 하나였다. 여호수아는 가나안을 정복할 때 세 도시를 태웠는데, 곧 여리고, 아이, 하솔이었다수6:24; 8:19; 11:10~11. 여호수아 11장에 언급된 대로, 하솔은 북쪽 가나안 족속의 우두머리가 되는 큰 도시였다. 이곳은 군사적인 요충지일 뿐 아니라 상업과 교통의 요충지였기 때문에 솔로몬 때에 다시 요새화되었다. "솔로몬 왕이 역군을 일으킨 까닭은 이러하니 여호와의 성전과 자기 왕궁과 밀로와 **예루살렘 성과 하솔과 므깃도와 게셀**을 건축하려 하였음이라"왕상9:15. 이는 당시 므깃도, 게셀과 함께 하솔이 가장 주요한 지역이었음을 보여준다.

유대 땅에서 이스라엘 왕 바아사와 유다 왕 아사가 대립했을 때, 벤하닷이 아사의 뇌물을 받고 단과 이욘, 아벨벧마아가와 등 이스라엘의 북쪽 중요한 성들을 모두 파괴할 때 하솔도 같이 부서졌다BC 880년경, 왕상15:16~27. 하지만 최종적으로는 앗수르 왕 디글랏 빌레셀에 의해서 파괴되었다왕하15:27~29. 중요한 요충지는 다른 왕이 볼 때에도 마찬가지로 중요했기 때문이다. 하솔은 무역의 요충지로도 충분한 역할을 했을 텐데, 특히 솔로몬은 이곳을 통해 말의 무역에 탁월했던 것 같다왕상10:28~29. 솔로몬 때 말의 외양간이 40,000개나 되었고왕상4:26, 그것을 위해 병거성과 마병의 성을 건축했을 정도였다왕상9:19. 솔로몬은 애굽에서 말을 떼로 사와서는 아람 왕 및 헷사람의 왕들과 무역을 했던 것이다. 그러나 이같이 자신의 지혜를 사용해 이스라엘의 부국에 한몫을 했을지라도, 솔로몬은 무엇보다 신명기 17장 16절의 말씀을 기억했어야만 했다.

"그는 병마를 많이 두지 말 것이요 병마를 많이 얻으려고 그 백성을 애굽으로 돌아가게 하지 말 것이니 이는 여호와께서 너희에게 이르시기를 너희가 이 후에는 그 길로 다시 돌아가지 말 것이라 하셨음이며"신17:16

이 일을 위해 솔로몬은 심지어 애굽의 공주까지 아내로 받아들였다. 그것은 솔로몬의 신앙에 문제를 일으켰고, 결국 그는 하나님의 엄중한 경고를 어김으로써 하나님의 모든 좋은 선물에도 불구하고 그의 사후에 나라가 찢어지고 우상숭배로 나라가 기울어지는 일들을 초래하게 되었다. 그가 힘들여 세운 하솔과 므깃도, 게젤은 폐허가 되어 잔해만 부분적으로 발굴될 뿐 남은 넓은 지역은 흙더미 속에 묻힌 채 들풀과 야생화만이 그 속에서 피어나고 있다. 주님 없이 오직 인간의 지혜와 판단들로 결집된 영광의 도성들은 오늘날 여러 층의 퇴적층만을 남겼을 뿐 한 송이 백합화만 못하다는 것을 말씀을 통해 다시 한 번 생각해 볼 수 있다. 하나님께서는 여전히 그 약속의 말씀대로 이 땅에 이른 비와 늦은 비를 내려 주시지만, 폐허 속에 잊혀버린 인간의 모든 헛되고 강해지고자 했던 시도들은 우리에게 무엇을 말해주고 있는가?

> "24 그러므로 모든 육체는 풀과 같고 그 모든 영광은 풀의 꽃과 같으니 풀은 마르고 꽃은 떨어지되 25 오직 주의 말씀은 세세토록 있도다 하였으니 너희에게 전한 복음이 곧 이 말씀이니라" 벧전1:24~25

9. 사마리아

> "사마리아 여자가 이르되 당신은 유대인으로서 어찌하여 사마리아 여자인 나에게 물을 달라 하나이까 하니 이는 유대인이 사마리아인과 상종하지 아니함이러라" 요4:9

사마리아 여인의 이 질문은 결코 새로운 어떤 것이 아니었다. 적어도 수백 년 동안 그들은 유대인으로부터 격리된 채 소외된 지역으로 지내왔기 때문이다. 앗수르의 공격으로 북쪽 이스라엘 왕국이 완전히 멸망한 때, 사마리아인들은 많은 사람들이 포로로 잡혀갔고 대신 이방 민족이 이 지역에 들어오게 되었다. 그래서 혼혈이 이루어졌을 뿐 아니라 종교적으로도, 문화적으로도 유대인의 정신을 상실한 지역이 되었다. 따라서 이 지역의 사람들이 유다와 베냐민 지역을 중심으로 한 유대인들의 눈에 바르게 보였을 리가 없다. 왕국이 남북으로 갈렸을 때에도 서로가 적이었고, 두 왕조가 다 멸망하고 포로로 오랜 시간을 보낸 뒤 다시 돌아왔어도 서로가 적개심을 버리지 못했다. 느헤미야 4장 1~2절은 느헤미야와 유대인의 적 산발랏과 도비야가 사마리아 군대 앞에서 유대인을 비웃는 모습이 나온다.

오랫동안 종교적으로 배척받은 사마리아인들은 자구책으로 사마리아 오경이란 성경까지 별도로 가지고 있었다. 지금도 그리심산에 올라가면 옛 히브리어로 쓰인 사마리아 오경을 살 수 있다. 학자들의 연구에 따르면, 이 사마리아 종파는 신구약중간기 하스모니안 왕조 때에 시작되었을 것으로 추측된다. 그들은 예수님 당시에 메시아를 기다렸던 것으로 보인다.

솔로몬 이후 남북으로 왕국이 분리된 뒤 북왕국 이스라엘은 앗수르에게 멸망될 때까지주전 930~722, 208년 열아홉 왕이 다스렸는데 그 가운데서 다섯 번이나 왕조가 바뀌었다. 게다가 왕조가 바뀔 때마다 대개 칼과 피를 통한 찬탈의 역사가 반복되었다. 이는 남왕국 유다가 바벨론에게 멸망될 때까지주전 930~586, 344년 스물한 명의 왕이 있었고, 그 동안 여러 번 왕조가 끊길 위험이 있었지만 그런 가운데서도 오직 다윗 왕조만이 존립했었던 것과는 너무나 대조적인 모습이다. 북왕국 이스라엘은 수도도 세겜에서 디르사로, 브누엘로 그리고 사마리아로 네 번이나 바뀌었다.

(1) 세겜Shechem

세겜은 여로보암이 처음 왕국의 도읍지로 정하였던 곳이다왕상12:1~5, 22. 세겜에서 티르자를 거쳐 와디 파리아를 통해 요단 계곡으로 이어지는 길은 중요한 동서의 통로가 된다. 이곳은 야곱이 하란에서 돌아올 때 처음 정착한 도시창28:22였으며, 디나의 강간 사건에 대해 시므온과 레위가 피로 보복했던 곳이기도 하다창34~35장. 요셉은 형들을 찾아 헤브론에서 이곳 세겜으로 갔는데창37:14~17, 거기서 형들을 찾지 못해 당황하고 있을 때 그들이 도단으로 갔다는 어떤 사람의 말을 듣고 도단으로 가 형들을 만날 수 있었다. 세겜은 요셉의 무덤이 있는 곳이므로수24:32 두고두고 종교적인 도시로 자리매김해왔다.

(2) 디르사Tirzah

디르사는 북왕국의 두 번째 도읍이었다. 바아사가 거주했던 곳이고, 오므리 왕조의 시조인 오므리가 처음 육년간 이스라엘 왕국을 다스렸던 곳이다왕상14:17; 15:21; 16:23.

(3) 브누엘Penuel

북왕국 이스라엘의 세 번째의 도읍이다. 이곳을 도읍지로 정하고 정치를 했는지는 분명치 않지만, 여로보암이 건축한 도시이다왕상12:25.

(4) 사마리아Samaria

북왕국의 수도로 가장 오랫동안 역할을 했던 곳이다. 사마리아는 오므리 왕조의 시조인 오므리가 그의 통치 7년째에 은 두 달란트로 사마리아 산을 사고 그 전 주인이었던 세멜의 이름에 따라 사마리아라고 불렀다왕상16:24. 훗날 헤롯이 사마리아를 재건한 뒤 그 이름을 세바스티아Sebastiya라고 붙였는데, 이는 당시 로마 황제였던 아우구스투스의 헬라식 이름을 따라서 그렇게 불렀던 것이다. 엘리사는 자신을 잡으러 온 아람 군사들을 기도로 눈을 어둡게 한 뒤 사마리아 도성까지 이끌고 와서 자비를 베풀어 놓아주기도 했다왕하6:13이하.

그런데 북왕국은 왜 이렇게 수도를 자주 옮겨야 했을까? 더군다나 왜 이런 노력에도 불구하고 그들은 남왕국보다 150년가량이나 먼저 멸망하고 말았는가? 물론 북왕국 이스라엘의 멸망이 보다 재촉된 것은 그들의 종교적인 부패 때문이었다. 초대 왕이었던 여로보암 이래 단 한 명의 왕도 우상숭배에서 벗어난 왕이 없을 정도였다. 그러나 이 외에도 지정학적인Geopolitical 여건으로 볼 때, 북왕국의 네 수도들은 모두 노출된 장소들에 위치했었다는 점도 충분히 영향이 있었을 것이다. 예루살렘은 베냐민 중앙평원Central Benjamin Plateau을 비켜나 좀 더 은둔된 지역more secluded place에 있었다. 이에 반해 사마리아와 세겜, 디르사, 브누엘 네 곳은 모두 중요한 도로에 노출된more open 지역이었다고 할 수 있다. 현대전과 달리 3000~2500년 전의 고대 전쟁의 경우, 상식적으로도 높은 산이 거나 적이 접근하기 힘든 곳이 좀 더 안전한 지대였기 때문이다.

(5) 샤론 평야

"나는 샤론의 수선화요 골짜기의 백합화로구나"아2:1

사마리아 지역은 서쪽의 샤론 평야를 포함한 지역임을 고려할 때, 지형·지질 적으로 그렇게 나쁜 땅이라고 할 수는 없다. 샤론 평야는 이스라엘 지역에서 가 장 기름진 땅 중 하나였다. 지금도 이 지역에서 생산되는 쟈파 오렌지Jaffa Orange 는 세계적으로 유명하다. 고대에 샤론 평야는 아주 엄청난 숲으로 유명했다. 샤 론이란 말은 근동의 아카드어로 *Sarna* 또는 *Sarmu*인데, 이것은 '젖은 숲'이라 는 뜻이다. 길이 약 65km, 너비 약 20km의 커다란 샤론 평야는 남쪽으로 아벡 을 끼고 흐르는 야르콘 강Nahal Yarkon을 중심으로 된 기름진 평야인데, 이 지역 에 중요한 도시로 아벡과 가이사랴가 위치했다.

1) 아벡Apek

옛 도시 아벡은 야르콘 강의 하류 부근에 위치해 군사적으로 훌륭한 요충지 였다. "······ 이스라엘은 나가서 블레셋 사람들과 싸우려고 에벤에셀 곁에 진 치 고 블레셋 사람들은 아벡에 진 쳤더니"삼상4:1. 블레셋은 이 지역에 애착이 강했 다. 사울과 싸울 때도 블레셋은 아벡에 다시 한 번 진을 쳤다삼상29:1-11. 사울과 그의 아들들은 결국 이 전쟁에서 패해 도망가다가 길보아 산에서 전사하고 말

앞다삼상31:1~2. 아벡은 전략의 요충지였다Grand Strategic Station. 그래서 이미 주전 12세기에 애굽이 이 도시를 건설해 아시아와 유럽 방면으로 제국을 넓힐 계획을 세웠었다. 애굽에서 군대가 올라오면서 충분히 쉬고 전력을 재충전하는 데 가장 적임지였기 때문이다.

2) 가이사랴Caesarea

샤론 평야의 북쪽 부근에 위치한 큰 도시가 가이사랴이다. 사도 바울은 이 항구를 통하여 "로마도 보아야 하리라"행19:21는 선교의 비전을 성취했다. 그가 로마로 갈 때 이 항구에서 출발했던 것이다행24:1. 가이사랴는 바울의 전도여행에도 크게 도움이 되었던 항구이다행21:8. 가이사랴는 이방의 도시였다. 고넬료가 가이사랴에서 베드로에게, 그리고 애굽의 내시가 이곳에서 빌립에게 세례를 받았다. 현재 가이사랴에는 아직도 헤롯이 만든 멋진 수로Aqueduct가 있다. 성경은 사마리아의 풍요와 배교한 백성에 대한 심판, 그리고 자비로우심으로 인한 회복의 메시지를 종종 샤론 평야와 연결시킨다.

> "땅이 슬퍼하고 쇠잔하며 레바논은 부끄러워하고 마르며 사론은 사막과 같고 바산
> 과 갈멜은 나뭇잎을 떨어뜨리는도다"사33:9

사마리아는 도성 주변으로도 감람나무와 각종 채소와 농산물의 생산지로 훌륭한 지역이었다. 이 지역은 환경적으로 풍요로운 곳이었으나 영적으로는 빈곤한 지역이었다. 하나님께서 주신 모든 풍요에 대해 하나님께 영광 돌리지 않고 스스로 교만했던 자들은 사마리아에서 우상숭배로 죽은 왕들과 같이, 그리고 가이사랴에서 벌레에게 먹혀 죽은 헤롯 왕헤롯 아그립바 1세과 같이 멸망하게 될 것이다.

역사를 통해 대략 살펴본 바와 같이 전반적으로 사마리아 지역에 대한 인상은 어둡다. 그러나 '**그럼에도 불구하고**' 하나님의 긍휼하심은 끝이 없다. 사마리아 땅의 모든 복잡하고 피비린내 나는 역사와 영적인 배교, 그리고 하나님의 엄중하신 심판에도 불구하고, 하나님께서는 여전히 이곳의 백성들을 생각하고 구원하고자 하시는 것에 놀랄 수밖에 없다.

> "무성하게 피어 기쁜 노래로 즐거워하며 레바논의 영광과 갈멜과 사론의 아름다움을 얻을 것이라 그것들이 여호와의 영광 곧 우리 하나님의 아름다움을 보리로다"사35:2

이사야 선지자를 통한 이러한 하나님의 말씀은 실제로 예수님께서 사마리아 지역에서 사마리아 사람들에게 복음을 가르치시는 사건요4장, 빌립이 사마리아 성에 내려가 복음을 전파하는 모습행8:5, 예루살렘에 있는 사도들이 사마리아도 하나님의 말씀을 받았다 함을 듣고 베드로와 요한을 보낸 것행8:14, 사도들이 사마리아의 여러 촌에서 복음을 전한 것행8:24, 에디오피아 내시의 회심행8장, 고넬료와 그의 가족들이 성령을 받은 것행10장 등을 통해 가이사랴와 사마리아 지역에 풍성한 복음의 결실들이 맺히는 것으로 성취된다.

10. 예루살렘

> "13 여호와께서 시온을 택하시고 자기 거처를 삼고자 하여 이르시기를 14 이는 내가 영원히 쉴 곳이라 내가 여기 거주할 것은 이를 원하였음이로다"시132:13~14

"많은 백성이 가며 이르기를 오라 우리가 여호와의 산에 오르며 야곱의 하나님의
전에 이르자 그가 그의 길을 우리에게 가르치실 것이라 우리가 그 길로 행하리라
하리니 이는 율법이 시온에서부터 나올 것이요 여호와의 말씀이 예루살렘에서부
터 나올 것임이니라" 사2:3

예루살렘은 시편에서 말한 것과 같이 하나님께서 택하신 곳이다. 아브라함
의 때부터 마지막 새 예루살렘에 이르기까지 하나님의 관심은 예루살렘에 지
속적으로 집중되어 왔다. 이 도성에 대해 약속하시고, 이 도성을 보호하시고, 이
도성에 거하길 원하시고, 이 도성을 통해 그분의 약속을 성취시키시는 것이다
시48, 122, 132, 133편 등.

예루살렘은 고대로부터 지금까지 여러 종교의 중심지가 되어 왔다. 지금 예
루살렘의 구시가Old City 성벽 안에는 네 부분으로 나누어져 있는데, 곧 모슬렘
구역, 아르메니안 구역, 기독교 구역 그리고 유대인 구역이다. 얼핏 보기에도 최
소한 세 개의 종교가 한 치의 양보도 없이 이 도성에 집착하고 있다. 메시아닉
쥬예수를 믿는 유대인들과 유대교인들은 메시아의 재림이 예루살렘에서 이루어진
다고 생각하고 있고, 무슬림의 아랍국 입장에서도 제2성전으로서 예루살렘과
성전 산에 대한 집착은 확고부동하다.

그러면 정치적으로 이 도시에 대한 관심은 어떠한가? 팔레스타인인들은 동
예루살렘을 장차 팔레스타인 정부의 수도로서 절대적으로 사수해야 한다고 주
장한다. 유대인들의 입장에서도 예루살렘은 지난 3000년 전부터 지금까지 이
스라엘의 수도로서, 과거에나 현재에나 결코 포기할 수 없는 성읍이다. 수 년 전
이스라엘 정부를 지지하는 미국은 미국 대사관을 텔아비브에서 예루살렘으로
옮긴 바 있다. 이렇듯 예루살렘은 어느 누구도 포기할 수 없는 도시이다. 아마
도 인류 역사상 한 도시로서 예루살렘만큼이나 그 역사가 복잡하고 여러 민족

에게 지배되었던 도시도 없을 것이다. 우리는 예루살렘 성벽의 복잡한 역사를 통해 예루살렘의 역사를 읽을 수 있다. 지금도 성벽을 지나며 얼핏 훑어보더라도 여러 시대의 돌 층들, 여러 시대의 문양들, 심지어 땅 밑으로도 고고학적으로 여러 층의 시대적 유물과 건축들이 있음을 알 수 있다. 고대 헤롯시대의 건축양식에서부터 터키시대의 성벽 윗부분까지 다양한 건축양식을 볼 수 있으며, 또한 성벽 위에 나 있는 총알 자국들은 현대시대에 이스라엘이 겪었던 전쟁의 역사까지 잘 보여준다.

(1) 성전으로 가는 길

1) 북쪽에서

예루살렘을 북쪽에서 들어오려면 세겜과 라마를 거쳐 내려오게 되어 있다. 지금도 계속해서 고고학 발굴이 진행되고 있는 네비 사무엘선지자 사무엘이란 뜻에서 발견된 헬라시대의 거대한 군대 주둔지는 북쪽에서 내려오는 길목을 지키면서 더 높은 곳에서 예루살렘을 관장하고자 했던 당시의 정치, 군사적 의도를 엿볼 수 있게 한다.

2) 동쪽과 남쪽에서

예루살렘의 동쪽으로 들어오는 길은 요단강과 여리고에서 아둠밈으로 올라가는 길을 통해 베다니와 벧바게를 거쳐 감람산을 넘어 기드론을 지나 성전 산의 동쪽 문들을 통하는 길이다. 예수님께서 베다니 나사로의 집에 종종 머무셨던 것은 베다니가 예루살렘에서 안식일에 걷기에 알맞은 거리이기도 하거니와 어린 양이신 예수님께서 성전의 동쪽 문양문은 동쪽에 있음으로 들어와야 하는 이유도 있었던 것이다마21:1~10. 더구나 감람산을 넘어 기드론 골짜기 건너편으로 예루살렘을 보면 한눈에 그 도성의 모습이 보이기까지 한다. 때문에 예수님께서는 감람산으로 넘어오시면서 그 기슭에 있는 겟세마네 동산에서 기도하셨던 것이다마26:30~56; 막14:26~52; 눅22:39~53.

성전의 동쪽 문을 중심으로 동남쪽 방향으로 길게 뻗은 기드론 골짜기는 성경시대에 많은 사건들의 배경이 되었다. 그중 하나가 히스기야 터널Hezekiah's Channel이다.

> "히스기야의 남은 사적과 그의 모든 업적과 저수지와 수도를 만들어 물을 성 안으로 끌어들인 일은 유다 왕 역대지략에 기록되지 아니하였느냐"왕하20:20

> "이 히스기야가 또 기혼의 윗샘물을 막아 그 아래로부터 다윗 성 서쪽으로 곧게 끌어들였으니 히스기야가 그의 모든 일에 형통하였더라"대하32:30

히스기야 왕은 동쪽 성 밖 기드론 골짜기에서 솟아나는 기혼 샘의 물을 위기에 대비해 땅속으로 동굴을 파서 성안의 실로암 연못으로 인도하는 지하수로를 만든 다음 성 밖의 노출된 샘의 입구는 봉해버렸다. 그러므로 외적이 왔을 때 성안에서 물의 부족함이 없도록 하였다.

이 기혼 샘은 히스기야에 앞서 다윗에 의해서도 이용되었었다. 다윗은 여부스를 점령한 뒤 이를 다윗성으로 삼고자 했다. 따라서 다윗성은 원래 여부스 사람의 성읍이었다. "예루살렘 주민 여부스 족속을 유다 자손이 쫓아내지 못하였으므로 여부스 족속이 오늘까지 유다 자손과 함께 예루살렘에 거주하니라"수15:63. 그러나 다윗이 헤브론에서 기름부음을 받고 도읍을 정한 후 여부스를 공격하고자 했을 때, 여부스인들은 다윗이 결코 예루살렘을 치지 못할 것이고 "소경과 절뚝발이도 다윗을 물리치리라"삼하5:6~9며 그를 조롱하였다. 왜냐하면 예루살렘의 지형 때문에 상대가 절대로 올라 올 수 없을 것이라고 생각했기 때문이다. 예루살렘의 서쪽에서 남쪽으로 뻗은 깊은 힌놈의 골짜기와 동쪽에서 남쪽으로 뻗은 기드론 골짜기는 천연적으로 예루살렘을 난공불락의 요새로 만들기에 충분했다. 그런데 다윗은 이 난공불락의 예루살렘 성을 공격하기 위해 지혜롭게 기혼 샘을 이용하였다. 즉 수구the water shaft로 올라가 예루살렘을 점령했던 것이다.

성전 산 동쪽 바로 위에서 시작되는 기드론 골짜기는 예루살렘 시온산의 남쪽에서 힌놈의 골짜기와 합쳐진 후 동남쪽으로 사해를 향해 메마른 유대 광야의 깊은 계곡을 이루며 뻗어 나간다. 에스겔 47장 8절에서는 성전 동쪽문양문으로부터 스며 나오는 물이 동남으로 흘러겔47:1 큰 강을 이룬다. 또한 "그가 내게 이르시되 이 물이 동쪽으로 향하여 흘러 아라바로 내려가서 바다에 이르리니 이 흘러 내리는 물로 그 바다의 물이 되살아나리라 이 강물이 이르는 곳마다 번성하는 모든 생물이 살고 또 고기가 심히 많으리니 이 물이 흘러 들어가므로 바닷물이 되살아나겠고 이 강이 이르는 각처에 모든 것이 살 것이며 …… 엔게디에서부터 에네글라임까지 ……"겔47:8~10라고 했는데, 이는 예루살렘에서 기드론 골짜기를 따라 사해로 내려가며 죽음의 바다를 생명으로 바꾸고, 죽음의 유대 광야를 생명의 처소로 바꾸시겠다는 하나님의 은혜의 약속인 것이다.

이외에도 기드론 골짜기는 성경적으로 중요한 많은 사건들을 다룬다. 다윗이 압살롬을 피해서 도망갈 때, 그는 성전 동쪽 감람산을 통해 맨발로 울면서 도망갔다삼하15:30~32. 바후림에서 다윗을 저주한 시므이삼하15:7~8는 솔로몬이 왕이 되었을 때, 그가 기드론 시내를 건너는 날에는 죽임을 당할 것이라고 언도받았다. 기드론 골짜기는 특히 종교개혁을 단행한 왕들의 골짜기로 유명했다. 아사 왕은 그 모친이 세운 우상을 찍어 불살랐고왕상15:13, 히스기야 왕 역시 종교개혁 때대하29:16 여호와의 전에 있는 모든 더러운 것들을 여호와의 전 뜰 바깥 기드론 골짜기 시냇가에 버렸다. 요시아 왕이 종교개혁을 단행할 때도 마찬가지였다왕하23:4~14. 기드론 골짜기는 모든 죽음의 곳을 처벌하고 새롭게 만드는 골짜기였던 것을 알 수 있다.

3) 서쪽에서

서쪽에서 예루살렘 성으로 들어오는 경계는 힌놈의 골짜기이다. 성전 동쪽의 기드론 골짜기가 종교개혁과 생명의 예언 및 생명의 샘과 연관시킨다면, 예루살렘 성의 서쪽은 오히려 반대의 의미들을 가진다. 여호수아 15장 8절에서는 힌놈의 아들의 골짜기로도 표현되는데, 이곳은 유다 왕 아하스가 바알의 우상을 만들어 섬기고, 심지어 자기 자녀까지 불살라 바알에게 드렸던 곳이다대하28:1. 므낫세 왕도 동일한 죄를 이곳에서 행하였다대하33:1~7. 예레미야 7장 31~34절에서는 이곳을 도벳이라고도 불렀으며, 패역한 이스라엘 백성과 우상을 숭배하는 유다 백성의 무덤자리로 쓰일 것을 예언하고 있다. 자녀를 태워 죽이는 우상숭배의 자리에서 무덤의 자리로 변하는 것이다. 공교롭게도 예수님을 팔고 자살한 가룟 유다의 피 밭도 힌놈의 아들의 골짜기 언덕에 자리하고 있다.

기드론 골짜기와 힌놈의 골짜기가 갈라지는 남쪽의 언덕 위에 서서 예루살렘을 쳐다보면 오른쪽으론 성전의 동쪽문과 그 앞의 기드론 골짜기가 보이고, 왼쪽으론 힌놈의 아들의 골짜기가 보인다.

(2) 성전 산

"여호와께서 이르시되 네 아들 네 사랑하는 독자 이삭을 데리고 모리아 땅으로 가
서 내가 네게 일러 준 한 산 거기서 그를 번제로 드리라"창22:2

성전 산의 원래의 명칭은 모리아 산이었다창22:1~2. 거기서 하나님의 명을 받든 아브라함은 독자 이삭을 하나님께 번제로 드리려다가 "여호와 이레"를 깨닫게 되었다. 어쨌든 그 산은 아브라함이 선택한 곳이 아니라 하나님께서 지시하신 산이었다. 하나님께는 처음부터 이곳에 대한 계획이 있었다. 다윗이 후일 인구조사로 말미암아 하나님께 범죄하여 온 백성이 질병의 심판을 받게 되자 선지자 갓은 다윗에게 여부스 사람 아라우나의 타작마당에서 여호와를 위해 단을 쌓으라고삼하24:18했는데, 다윗이 그곳을 사서 번제를 드림으로써 재앙이 그치게 되었다. 이곳은 후에 솔로몬이 하나님의 성전을 지은 바로 그 자리가 되었다. "솔로몬이 예루살렘 모리아 산에 여호와의 전 건축하기를 시작하니 그 곳은 전에 여호와께서 그의 아버지 다윗에게 나타나신 곳이요 여부스 사람 오르난의 타작 마당에 다윗이 정한 곳이라"대하3:1. 아브라함-다윗-솔로몬으로 이어지는 이 장소는 결코 우연이라고 볼 수 없는, 하나님의 섭리가운데 오래전부터 택한 곳이었다.

오늘날 고고학자들은 솔로몬이 성전을 지을 때 사용했던 채석장을 발견했다. "이 성전은 건축할 때에 돌을 그 뜨는 곳에서 다듬고 가져다가 건축하였으므로 건축하는 동안에 성전 속에서는 방망이나 도끼나 모든 철 연장 소리가 들리지 아니하였으며"왕상6:7. 이 구절을 대할 때 우리는 '어떻게' 그리고 '얼마나 멀리서' 돌을 다듬어 왔을까 하는 의문이 생기게 된다. 그러나 누구든지 다마스커스 문세겜문에서 조금 동쪽으로 가다보면, 시드기야의 동굴Zedekiah's Cave의 입구를 발견할 수 있다. 이 동굴은 오토만에 의해 16세기에 봉해졌으나 1854년에 우연히 다시 발굴되었다. 이곳은 실제로 제1성전솔로몬의 성전을 건축할 때 채석했던 채석장Quarry이었다. 헤롯 아그립바에 의해 예루살렘 성벽이 확장공사 될 때도 왕실 동굴Royal Cavern이 언급되었는데Josephus, War 5:147, 학자들은 그곳이 바로 이 시드기야의 동굴로 여기고 있다.

신약시대의 성전은 어떠한가? "너희가 이 성전을 헐라 내가 사흘 동안에 일으키리라"요2:19하고 말씀하실 때에 예수님께서는 성전 되신 자신의 몸과 자신의 대속의 죽음과 부활에 대해서 말씀하신 것이라고 하셨다요2:21. 이 말씀은 구약시대에 성전과 제사와 제사장을 통해 하나님을 만날 수 있었던 것에 반해, 이제는 그 모형으로 주어졌던 것들을 모두 성취하시고 실체로 나타나신 예수님을 통해서 하나님을 만날 수 있음을 말씀하신 것이었다. 처음부터 하나님의 구원계획은 완벽한 것이었다.

지금도 예루살렘 성전터에서는 묘한 아이러니들이 일어나고 있다. 예전의 솔로몬 성전이 있던 곳에는 정확히 모스크회교사원, Dome of Rock 일명 황금사원가 있는데, 곧 무슬림 교도들이 이방신을 경배하는 곳이 되었다. 한편 성전터를 잃어버린 유대인들은 헤롯 성전이 남아있는 서쪽 성전 벽의 한 부분에서, 그곳만이 남아있는 진정한 성전의 잔재라고 생각하면서 통곡하며 기도하고 있다. 그런데 실제로는 그 서쪽 통곡의 벽코텔 마아라비, Wailing Wall마저도 알고 보면 유대인들이 미워하는 헤롯의 명령으로 세워졌던 것이다. 그러면 유대인들은 지금 눈에 보이는 저 무너졌던 돌무더기 앞에서 무엇을 하자는 것인가? 한편 가톨릭 계통의 교회들도 매주 금요일마다 빌라도의 관정이 있었다고 생각되는 에케호모교회Ecce Homo Church에서 무덤교회The Church of the Holy Sepulchre까지 예수님의 십자가의 길을 십자가를 지고 기도문을 외며 찬송하며 무리지어 예식을 진행한다. 이는 매주 예수님을 십자가에 못 박자는 의미인가?

예수님께서 못 박히셨던 골고다의 언덕이나 무덤에 묻히셨던 아리마대 요셉의 무덤자리에 대해서도 두 가지 학설이 있다. 일반적으로는 '십자가의 길'이라 불리우는 비아돌로로사VIA DOLOROSA의 끝에 위치한 무덤교회의 자리로 보고 있지만, 고든General Gordon은 다마스커스 문세겜문 앞에 있는 현재 아랍 버스 종점 뒤쪽의 해골의 언덕이 예수님의 무덤이었다고 해석하고, 그 언덕 아래에 있는 현 정원무덤Garden Tomb을 골고다 언덕과 아리마대 요셉의 무덤자리라고 주장한다. 그러나 무너진 돌들 앞의 경배나 반복되는 십자가 행렬의 의식이나 골고다의 위치에 대한 학술적인 논쟁보다도 더 감동적인 것은 따로 있다. 곧 정원무덤의 둥근 돌로 된 입구의 문에 쓰인 하나님의 말씀이다. "(그가) 여기 계시지 않고 살아나셨느니라"눅24:6. 우리 기독교인들은 부활하셨으며 성전 되신 예수님을 통해 여전히 매일 살아계신 하나님을 만나고 있다. 할렐루야!

How to Preach

1부

공간

2장

하늘과 바다·강, 어떻게 설교할 것인가?

문장환

1. 성경해석에서 지리적 간본문의 중요성

인간은 시간과 공간 속에서 살고 있다. 시간과 공간을 떠나서 땅 위의 인간은 존재할 수가 없다. 인간은 장소에 뿌리를 내리고, 장소는 인간을 규정한다. 우리는 다양한 측면에서 살고 있는 공간과 비슷하며, 거기에 맞는 정체성을 가지고 있다. 또한 믿음도 장소와 함께 간다. 하나님께서는 우리를 땅위에 두셨으며, 거기에 있는 우리와 소통하신다. 예수님께서는 우리에게 말씀하시기 위해서 우리를 하늘로 끌어올리신 것이 아니라, 우리가 살아가는 공간으로 오셨다. 그래서 공간은 신학적, 영적 관점에서도 중요하다. 그동안 신학이 지리학에 충분한 관심을 두었는지, 아니면 지리학이 종교에 충분한 관심을 두었는지에 대해서는 확신이 서지 않는다. 특히 개혁주의 신학이 성경을 해석할 때 너무 물질세계를 넘어서서 한 것은 아닌지 의심이 든다. 그러나 사실 기독교의 핵심인 창조, 문화, 죄, 구속역사, 섭리, 교회, 선교, 종말 등의 주제들이 모두 장소와 깊이 연결되어 있다. 그러므로 성경해석에서 공간에 대한 연구는 중요하다.[1]

---

1. C. J. P. Niemandt, "Rooted in Christ, grounded in neighbourhoods - A theology of place," *Verbum et Ecclesia* 40/1 (2019), 2.

공간에 대한 연구는 단지 장소나 지리만이 아니라, 문화, 언어, 사회, 정치, 역사 등 수많은 요소들이 얽혀있는 것으로 연구해야 한다. 더불어서 공간은 이웃하는 장소들과 항상 연결되어 교류한다. 또한 시간적으로 그 안에서 일어나는 현상은 늘 변하는데, 그러면서도 작은 공간, 큰 공간, 거대 공간이라는 종합적인 지리공동체를 형성한다. 그것들은 자연스럽게 성경을 기록하는 저자와 그것을 읽는 독자들의 마음과 생각에 담겨있다.

성경을 해석할 때에 그 본문 속에 묻어 있는 지리적, 사회적, 문화적, 역사적 정황을 파악하는 것이 중요하다. 만일 해석자가 이것들을 소홀이 한다면, 자기도 모르게 현재 자신의 지리, 사회, 문화, 사상, 세계관을 기준으로 본문을 이해하게 되어서, 충분하지 못한 해석을 하거나 심지어 해석학적 오류를 범할 수 있다. 사회-수사학적 해석에서는 다섯 가지의 범주들 아래에서 점진적으로 본문을 파악, 해석하고 의미를 도출하여 적용하는데,[2] 두 번째의 단계인 간본문적 연구, 세 번째의 단계인 사회적 문화적 연구, 그리고 네 번째의 단계인 이념적 연구에서 이를 수행한다.

성경은 당시의 저자와 청중들을 둘러싼 세상의 현상들, 곧 지리, 사회, 문화, 역사 등을 언급하거나 사용하는데, 그것들을 어떻게 사용하고 언급하는지에 관한 것은 간본문적 연구에서 이루어진다. 그리고 성경이 그런 세상과 사람들에게 어떻게 성경의 차별적인 사회, 문화, 그리고 세계관을 제시하는가 하는 것은 사회적 문화적 연구와 이념적 연구에서 이루어진다. 그런데 성경에 묻어있는, 또는 성경이 창출하려는 요소는 사회적, 문화적, 역사적 요소만이 아니라 세계

---

2. V. K. Robbins, *The Tapestry of early Christian discourse: Rhetoric, society, and ideology* (London: Routledge, 1996); V. K. Robbins, *Exploring the texture of texts: A guide to socio-rhetorical interpretation* (Valley Forge: Trinity International, 1996). 이 두 책에서는 사회-수사학적 해석방법론으로 5가지의 범주들을 제시하고, 각 범주들의 연구를 위한 방법들을 다룬다.

관적인 요소도 있다.

하지만 성경이 새로운 세계관을 창출하더라도 당시 사람들의 세계관 안에서 기록되었고, 그 세계관은 섬처럼 동떨어진 것이 아니라 성경을 둘러싸고 있는 이웃 공간, 거대 공간과 맥을 같이 한다.

2. 구약의 우주적 지형도

성경의 공간 연구에서 우선적인 것 중 하나는 이스라엘 사람들을 포함한 고대 근동인들이 인식한 '우주 지형도cosmic geography'이다. 우주지형도는 사람들이 주변세계의 물리적인 형태와 구조를 어떻게 파악하고 상상했는지를 말해주는 것으로,[3] 그들의 세계관을 반영해준다. 이희성의 연구에 의하면, 메소포타미아인, 애굽인, 가나안인, 이스라엘 사람들은 공통적으로 우주의 구조를 세 가지 층으로 이해했는데, 우주의 상층부에는 천상, 중간에는 지구, 그리고 하층부에는 지하세계가 있다고 생각하였다. 먼저, 천상은 다시 두 부분으로 나뉘는데, 신들이 위계질서에 따라 거주하는 위 하늘과 태양과 달과 별이 있는 아래 하늘이다. 그리고 지구는 평평한 디스크 모양으로 인식했고, 누구든지 자신들이 있는 곳을 지구의 중심지로 생각했다. 마지막으로 지하세계는 땅 아래에 있는데, 죽은 자들이 가는 곳이라고 여겼다.

구약은 이러한 고대근동의 우주지형도와 유사한 우주관을 지니고 있다. 즉 하늘의 모양은 여러 층이 있는 궁창창1:7, 하나님이 거하시는 곳출24:10, 둥근 하늘욥22:14로 구성된다. 하나님께서 궁창을 만드셔서 궁창 아래의 물과 궁창 위의

---

3. 이희성, "고대 근동과 구약의 우주지형도 비교연구," 『구약논집』 17/2 (2020), 34.

물로 나눠지게 하셨다창1:6~7. 궁창도 위 궁창이 있고 아래 궁창이 있다. 에스겔 1장 22~28절에 따르면, 위 궁창에는 네 생물들의 머리 위에 궁창이 있고, 그 위에 하나님의 보좌가 있는데, 궁창의 모습은 넓게 펼쳐진 디스크 같다. 아래 궁창은 천체들이나 새나 구름이 운행하는 곳이다. 반면 욥기에서는 하나님의 궁창이 구름에 둘러싸여 있고, 그 궁창은 둥글다고 한다욥22:14. 신명기 28장 12절에 따르면, 하나님의 창고로서 하늘은 때를 따라 비를 내어준다신28:12. 또한 물들을 내고 바람을 내는 곳간으로도 표현되고렘10:13, 산에 물을 부어주는 누각이라고도 표현된다시104:13. 그러니 하늘에 비가 내리는 바다가 있고, 그 물을 다스리는 하나님께서 그 바다에서 땅에 비를 내리신다고 인식하였다.[4]

우주에 대한 과학적 지식이 없었던 고대 근동 사람들에게 지구가 오대양 육대주로 되어 있고 구 형태의 행성이라는 인식은 당연히 찾아볼 수가 없다. 이는 구약의 이스라엘 사람들에게도 마찬가지이다. 구약에서 땅의 모양은 평평한 디스크 형태이다. 그래서 하늘에까지 닿은 큰 나무를 땅 끝에서도 볼 수 있다고 말한다단4:10. 또한 하나님께서는 지구의 터를 바다 위에 세우셨고시24:2, 땅을 물 위에 펴셨다시136:6. 욥기는 땅 아래에 땅의 기초가 있고욥38:4, 바다에 표류하지 않도록 기둥욥9:6과 모퉁잇돌욥38:6이 땅을 붙들고 있는 이미지를 보여준다.[5]

이처럼 구약은 코페르니쿠스적인 지형도와는 다르게 고대 근동의 지형도를 가지고 있었다. 한편 구약에서 지하세계는 스올의 깊은 곳신32:22, 또는 스올의 내려감시55:15과 같이 죽은 자들이 거주하는 곳이다. 스올은 한 번 내려가면 다시는 돌아올 수 없는 곳이다욥7:7~10.[6]

하지만 우주에 관한 구약과 고대 근동의 인식에는 분명한 차이점도 있다. 그

---

4. 이희성, "고대 근동과 구약의 우주지형도 비교연구," 47~51.

5. 같은 책, 51~53.

6. 같은 책, 53~55.

것은 유일신 사상과 절대자 하나님의 창조와 주권 사상이다. 즉 고대 근동인들의 우주 지형도는 다신론적인 개념으로 각각의 신이 지배하는 구조로 묘사하고 있지만, 구약은 유일하신 하나님 한 분만이 이 모든 것을 창조하시고 섭리하시고 주관하시는 분으로 묘사한다는 것이다.

그러므로 구약을 해석하는 데 있어서 성경을 고대 근동의 관점으로만 해석한다든지, 반대로 고대 근동의 관점을 무용하게 여기고 해석하는 것은 피해야만 한다. 해석자는 성경에 묻어있는 고대 근동의 문화적 유산과 세계관을 발견하고, 동시에 구약만이 가지고 있는 신학의 독특성을 인식할 때 구약의 해석, 더 나아가 신약의 해석에서 유리한 고지에 설 수 있다.

3. 성경에 나타난 하늘, 어떻게 설교할까?

(1) 구약과 신약에서의 하늘

구약에서는 우주라는 단어가 없고, 그 개념을 표현하기 위해 하늘과 땅이라는 말을 사용한다.[7] 구약에서 몇 가지 단어들이 하늘로 번역되는데, 그중에 가장 중요한 단어가 '*솨마임*'이다. 신약에서는 '우라노스'가 하늘로 번역된다. '*솨마임*'은 쌍수의 어미*야임*를 가지고 있는데, 히브리어 '물*마임*'과 밀접한 관련이 있다. 하나님께서 창조하실 때 혼돈의 깊음의 물 가운데 궁창이 끼어들고, 그 결과로 물은 아래의 물과 위의 물로 나뉘었다. 본래 한 덩어리였던 물이 양쪽으로 갈라진 일종의 쌍의 형태를 취한 것이었다. 그리고 그 궁창을 '*솨마임*하늘'이라고 불렀는데, 이는 '*마임*물'에 '*솨*거기'를 덧붙여서 '거기에 있는 물'이라는 의미

---

7. Baker's 『신학사전』 (서울: 엠마오, 1986).

라고 추정해볼 수 있다.[8] 그래서 하늘의 창문이 열리면 거기에서 물이 쏟아져 비나 홍수가 되는 것이다창7:11; 사24:18.

구약에서 하늘은 다양하게 묘사가 되는데, 땅 위의 환경창1:20, 해와 달이 위치한 곳창1:17, 하나님이 계신 곳시2:4, 하나님과 밀접한 존재들이 있는 곳느9:6 등이다. 때로는 하나님의 어전회의하늘의회가 펼쳐지는 곳욥1~2장, 성전의 원형이 되는 곳으로 묘사되기도 한다. 이렇듯 구약에서 하늘에 대한 묘사가 워낙 다양한 데다가 때로는 다소 모호하기까지 해서 하늘의 의미를 체계적으로 이해하는 것이 쉽지 않다. 하지만 그래도 가시적인 하늘과 비가시적인 하늘천상 공간로 구분하는 것은 가능하다. 신약에서는 예수님께서 내려오시고요3:13, 구속사역을 완성하신 후 다시 올라가셔서행1:11, 때가 되면 다시 내려오실 곳이다살전1:10. 또한 신실한 자들이 보상을 받는 곳이고벧전1:4, 마지막 날에는 상당한 혼란을 겪다가 새로운 창조물하늘이 되는 곳이다계21:1.[9]

구약시대의 사람들은 하늘의 모양을 뒤집어놓은 주발과 유사한 형태로 상상했다. 그래서 거기에 행성들과 별들이 매달려 있으며, 태양이 매일 하늘을 가로지르고, 창문이 열리면 비가 내려오는 곳이라고 비유적으로 생각했다.[10] 하늘샤마임은 쌍수인데다가 '하늘들의 하늘'이라는 표현도 자주 등장하기에, 후기 유대교에서는 그 하늘을 일곱 층이라고 상상하기도 했다.[11]

성경에 하늘이라는 단어샤마임, 우라노스가 무려 600회 이상이 나오고, 그 용법도 아주 다양하지만, 그래도 다음과 같은 특징들로 정리할 수 있다. 먼저 모세

---

8. 기민석, "성서 히브리어 *마임*(물)과 *샤마임*(하늘)의 쌍수 형태에 대한 어원적 의미 고찰," 『복음과 실천』 42/1(2008), 41~62.

9. 아가페 『성경사전』 (서울: 아가페, 1991).

10. 『새성경사전』 (서울: CLC, 1996).

11. 복수의 층으로 된 하늘을 기록하고 있는 문서들로는 에녹2서, 레위의 증거, 이사야의 승천기, 탈무드 등이다. 바울이 셋째 하늘이라고 언급한 것도 그런 세계관이 상황화된 것으로 이해하는 학자들도 있다. 최천경, "셋째 하늘에 나타난 바울의 세계관적 상황화에 대한 이해," 『학문과 기독교세계관』 1 (2010), 123~141.

오경과 역사서에서 하늘은 주로 창조공간과 하나님께서 계신 곳으로 등장하고, 시가서에서 하늘은 하나님의 피조물로서 하나님을 찬양하는 주체와 하나님께서 활동하시는 공간으로, 지혜서에서 하늘은 땅과 대조되는 것으로, 예언서에서 하늘은 하나님의 말씀을 어긴 백성들을 판단하는 의인화된 주체로 등장한다. 그리고 마태복음에서는 주로 하나님의 보조 개념으로 등장하고, 요한복음에서는 땅과 대조되는 개념으로, 그리고 마가복음이나 누가복음에서는 하나님께서 계시고 권능이 나오는 장소의 개념으로 등장한다. 바울서신에서는 주로 하나님의 뜻과 권능이 완전히 지배하고 실현되는 곳으로, 일반서신에서는 하늘 성소가 있고 성도의 소망이 이루어지는 곳으로, 요한계시록에서는 하나님의 심판과 보상이 이루어지는 곳으로 등장한다.

(2) 마태복음에서의 하늘

신약에서 마태복음은 하늘이라는 단어를 가장 많이 사용하는데,[12] 하늘의 단수형 *우라노스*은 가시적 하늘을 가리키고, 복수형 *우라노이*은 천상의 영역을 나타낸다. 가시적 하늘은 물리적인 공간이자 창공인데, 해와 달과 별들이 있고24:29, 새들이 날아다니고6:26, 기상에 따라 색깔이 달라지는 곳이다16:2-3. 이 하늘은 피조물로 영원하지 않고 언젠가는 없어질 것이다5:18. 반면에 좀 더 추상적이고 상징적인 의미로서 하늘은 하나님과 예수님, 그리고 제자들 사이의 정체성과 구원과 보상의 주제들과 짝지어진다.[13] 그래서 하늘은 하나님의 대용어 혹은 완곡한 표현으로 주로 나타나지만, 또한 음부와 지옥의 대척점으로서 기능도 많

---

12. 하늘, 혹은 하늘들이라는 용어를 마태복음에서 89회, 마가복음에서 18회, 누가복음에서 36회, 요한복음에서 19회 사도행전에서 29회, 바울서신에서 33회, 히브리서에서 16회, 공동서신에서 11회 계시록에서 55회가 사용된다. 강대훈, 『마태복음 주석』 (서울: 부흥과개혁사, 2019), 172~173.

13. 한요한, "마태복의 '하늘 나라'에 대한 이해와 '하늘'의 특수성에 관한 연구" (석사논문, 장신회신학대학교, 2020), 37.

이 한다. 그리고 마태복음에서는 비록 우주의 구조에 관한 묘사는 찾을 수 없지만, 천상세계에 대한 힌트가 곳곳에 등장함으로써 하늘의 표상과 상징성을 마태의 신학적 주제와 연결시킨다. 특별히 마태복음에 나오는 일곱 개의 내러티브 단락들에서 하늘은 내러티브 플롯의 공간적 배경으로 사용되어 마태의 신학적 목적에 기여한다.[14]

마태복음의 내러티브들에서, 첫째, 하늘은 법정으로서 인생의 운명을 선포하고, 의인들의 보상이 마련되는 곳이며25:31~32, 종말론적 전쟁을 위한 군대 역할을 한다24:29~31. 둘째, 하늘은 악인들이 겪게 될 고통과는 대비되게 의인들이 지고의 행복을 누리는 곳이며, 그 재판이 진행되는 곳이다. 셋째, 하늘은 사건이 벌어지고, 주인공들의 신분을 계시하고, 하늘의 관점을 제공해주는 공간적 배경의 역할을 한다. 그러므로 마태복음에서 하늘은 그저 추상적인 개념이나 비공간적인 개념이 아니라 하나님께서 천사들 및 성도들과 함께 거하시는 소망의 공간으로 제시된다.[15] 또한 성전의 표상으로 상징되는 하늘은 구속적 역사에도 기여하는 공간으로 나타난다. 곧 찢어지는 성전의 휘장은 찢어지는 궁창을 상징하여 하늘이 열리는, 그래서 하나님의 구속이 절정에 이름을 보여준다.[16]

(3) 계시록에서의 하늘

요한계시록은 하늘이라는 단어를 52번이나 사용하여 하늘의 정황을 가장 빈번하게 소개한다. 그러므로 하늘은 요한계시록을 이해하는 데 중요한 요소이며, 요한계시록은 하늘에서 어떤 일이 일어나는지를 현상적인 차원에서 접근할 수

---

14. 강대훈, 『마태복음 주석』, 182~184.
15. 강대훈, "마태복음의 우주론," 「Canon&Culture」 8/2 (2014), 261~263.
16. 강대훈, "마태의 수난기사(마26~27)에 나타난 성전의 하늘 상징성," 「신학연구」 12/1 (2013), 26~27.

있게 해준다.[17] 요한계시록의 우주관은 하나님께서 우주하늘과 땅과 바다를 만드시고 다스리신다는 것이다. 또한 하늘은 하나님의 보좌가 있는 곳이며, 그 보좌를 중심으로 펼쳐지는 계시와 구원과 심판의 출발점이 되는 곳이다.[18] 하늘은 하나님의 통치의 원천으로서 구속계획이 수립 및 발현되며, 더불어 모든 피조세계의 원천이 된다. 그래서 창조주와 주권자로서 하나님께서는 찬양을 받기에 합당하시다. 또한 하늘은 성도의 시민권이 있는 출처이자, 성도의 영원한 거주지이다.[19] 그럴 때 하늘은 에덴동산의 원천이 된다.[20]

4. 성경에 나타난 바다·강, 어떻게 설교할까?

(1) 하나님의 창조물로서의 물

하나님께서 창조하실 때 물을 궁창 위의 물과 궁창 아래의 물로 나누시고, 그것들을 지배하신다. 하늘 위의 물은 궁창에 의해 갇혀 있다가, 하늘의 창문이 열리면 비창7:11나 이슬욥29:19로 내린다. 샘과 강에 흐르는 물은 비에서 오는 것이 아니라 땅 밑의 물인 심연에서 발원한다. 하나님께서는 이런 물의 질서를 안배하는 물의 주인이시다.[21]

그분께서는 위의 물이든 아래의 물이든 그분 뜻대로 가두거나 풀어놓으심으로써 가뭄이나 홍수를 일으키게 하신다욥12:15. 즉 비도 사람이 아니라 하나님께서 보내시는 것인데욥38:22~28, 하나님께서는 이런 비를 위해 법칙을 정하시고욥

17. 이필찬, "요한계시록에서 '하늘'의 개념과 그 기능: 4:1~8을 중심으로," 「성경과 신학」 50 (2009), 122~123.
18. 송영목, "공공신학에서 본 요한계시록의 하늘과 바다," 「한국동남성경연구원」 (2022년) 초록, 3.
19. 같은 책, 7.
20. 이필찬, "요한계시록에서 '하늘'의 개념과 그 기능: 4:1~8을 중심으로," 150~151.
21. M. E. Boismard & 김경환, "성서어휘사전, 물," 「신학전망」 41 (1978), 106.

28:26, 또 때를 따라 정기적으로 비가 내리도록 감시하신다레26:4.

또한 하나님께서는 심연도 지배하시는데시135:6, 심연을 말리시면 샘과 강이 고갈되어 땅이 황폐해지고암7:4, 심연의 수문을 여시면 강물이 흘러 강변에 초목이 무성하게 된다미24:6. 사막지대에서 샘과 우물은 유일한 수원水原이다. 따라서 서로가 쟁탈하고자 하지만, 그것도 결국 하나님께서 주시는 것이다. 이렇듯 하나님께서 물의 주인이라는 사실은 시편 104편에 잘 요약되어 있는데, 곧 하늘 위의 물3절이나 땅 밑의 물6절이 모두 하나님의 것이며, 하나님께서 그 흐르는 방향을 정하시며7~8절, 바다가 육지를 잠기게 하지 않도록 가두어 놓으시며9절, 샘을 솟아나게 하시고10절, 비를 내리시고13절, 땅 위를 번성케 하시고 사람의 마음에 기쁨을 주신다11~18절는 것이다.[22]

(2) 구약에 나타난 하나님의 대적자로서의 바다·강

구약에 나타난 바다의 전반적인 의미는 혼돈을 뜻하는데, 단지 혼돈에만 그치는 것이 아니라 하나님을 대적하는 의미도 가진다. 구약에서 바다·강은 서로 다른 용어라기보다 동일한 대상을 가리키는 것인데, 다만 혼돈의 이미지를 강화하기 위하여 평행적으로 쓰일 뿐이다.[23] 시편 93편 3~4절과 24편 1~2절에서 바다는 하나님께 대항하는 모습을 보이며, 하나님께서는 그런 바다를 완전히 제압하신다. 그리고 그 위에 기초, 곧 세계의 질서를 세우신다. 거기서 바다는 창조질서의 맥락, 곧 혼돈에서 질서로의 전환이라는 맥락에서 사용되며, 역사적인 문맥이나 종말론적 문맥에서는 혼돈-질서-안식의 이미지로 전환된다. 그런 전환들 속에서 바다에서 역사하시고 때로는 혼돈을 멈추기 위해 전쟁하시

---

22. M. E. Boismard & 김경환, "성서어휘사전, 물," 「신학전망」 41 (1978), 106~107.

23. 강/바다는 우가릿의 얌/나할과 유사하다. 유정섭, "구약에 기록된 바다의 다층적 의미 연구" (박사학위논문, 아세아연합신학대학원대학교, 2007), 266.

는 하나님의 모습을 그려볼 수 있다. 이렇듯 구약에 나타난 두렵고 강한 모습의 바다는 고대 근동 세계관의 영향을 받은 이스라엘 백성들이 이해하던 바다의 이미지이다.[24]

이러한 바다와 관련되어 나타나는 "리워야단"시74:13~14; 욥3:8; 41:1~34; 사27:1과 "라합"사51:9~11; 30:7; 욥9:13; 26:12~13; 시890:9~11, "탄닌"용~욥7:12; 렘51:34~36; 겔29:3은 두려움과 혼돈이라는 바다의 이미지가 보다 구체화된 두려운 존재들로 등장한다.[25] 이들은 때로 해석상 혹은 번역상 자연계의 동물로 이해되었지만, 또 한편으로는 상징적인 존재들로서 다양한 이미지들을 통하여 바다·강의 혼돈과 두려움을 극대화하는 역할을 한다. 특히 무엇보다도 하나님을 대적하는 이미지를 강화한다. 하지만 결국에는 이런 존재들을 밟는 하나님의 영광과 권위가 최고로 높아진다.[26] 시편과 소선지서에서는 하나님께서 혼돈과 대적의 바다와 싸우시기 위해 전투에 임하시고시93:1~2; 나훔1:1~8; 합3:1~7 진군하시는데, 결국 바다가 항복하는 모습이 나온다합3:8~15.

(3) 복음의 요람으로서 갈릴리 바다

예수님께서 오시고 난 뒤에 그 바다 중에 하나가 극적인 반전의 모습을 보여준다. 예수님께서는 갈릴리바다의 북부해안을 따라 위치한 가버나움을 공적 사역의 근거지로 삼으시고마4:13, 각 성과 마을을 두루 다니시며 하나님나라를 선포하시고 복음을 전하셨다눅8:1. 복음서에 따르면, 예수님과 제자들은 갈릴리 바다 주변을 여행할 때면 대체로 걸었지만, 간혹 배를 타고 건너편으로 가기도 했다. 예수님의 사역은 대부분 갈릴리바다와 그 주변 지역에서 행해졌는데, 이

---

24. 유정섭, "구약에 기록된 바다의 다층적 의미 연구," 179~180.
25. 같은 책, 262.
26. 같은 책, 266.

지역은 산업과 교역이 활발하고 세계 곳곳의 사람들로 붐비는 곳이었다. 해안선을 따라 형성된 주요 도시들은 다양한 정치구역에 속하였고, 사회-정치적으로도 다양한 사람들로 구성되었는데, 당시에 약 15만 명 이상이 거주했던 것으로 추정된다.

팔레스타인의 땅은 남북으로 이어진 지구대의 단층선을 따라 아래로 내려앉은 곳인데,[27] 갈릴리바다와 사해는 이 지구대 안에 자리 잡고 있으며, 요단강으로 연결되어 있다. 갈릴리바다는 한쪽으로 기운 형태로, 하프나 심장 혹은 고구마 모양의 호수이다.[28] 북부해안선은 길고 남부해안선은 U자형으로 좁혀진다. 이 호수의 남북은 21km, 동서는 13km이다. 골짜기 북부에 있는 네 개의 주요 샘에서 나오는 물이 상부 갈릴리산지와 바산 동쪽산지에 내리는 비와 함께 유입되어 이 호수를 이룬다.[29] 호수는 담수이며, 해수면보다 211m나 낮다. 갈릴리바다 근처의 지리학은 단절된 개별적 단위로 파악하기보다 수많은 요소들, 곧 유대적 요소, 로마적 요소, 경제적 요소, 지리적 요소, 지정학적 요소, 문화적 요소, 정치적 요소, 종교적 요소들이 다양하게 섞여있는 한 덩어리로 파악해야만 한다.[30]

예수님의 사역에서 가장 중요한 사역은 갈릴리사역이고, 갈릴리사역에서 가장 중요한 곳은 갈릴리바다이다. 특히 마가복음에서 바다*탈라싸*는 19번이나 언급되는데, 하나님의 아들 나사렛 예수의 천국복음은 이 바다를 중심으로 유대

---

27. 이 지구대는 현대의 터키 남동쪽에서 아프리카 남동부의 모잠비크까지 뻗은 거대한 침강 지대이다.
28. 마가복음에서는 일관되게 갈릴리바다를 바다(*탈라싸*)라고 부르는 반면, 누가복음에서는 호수(*림네*)라고 부른다. 마가는 당시 바다와 호수를 혼용하던 일반적인 언어생활습성에서 갈릴리바다를 지리적 배경을 넘어 우주론적이고 종말론적인 차원의 신학적 의미로 바다라는 용어를 쓴 반면, 의사인 누가는 이곳이 지리적으로 명확하게 호수라는 것을 알았기에 호수라는 용어를 썼다고 할 수 있다. 김선욱, "마가복음에 나온 바다의 문학적 기능과 신학적 의미, 그리고 마가복음 7:31 번역 재고," 『신약연구』 16/2 (2017). 38~69를 참조하라.
29. 신디 파커, "갈릴리 바다 '건너편'으로 가심," 『LEXHAM 성경지리주석 사복음서』 (서울: 죠이북스, 2021), 142~143.
30. 송영목, "공공선교신학에서 본 갈릴리, 지중해, 그리고 부산항" 초록, 4. 송영목은 이런 작업을 '갈릴리하기(Galileenization)'라고 표현하면서, 예수님께서 갈릴리바다라는 공적장소를 어떻게 선교를 위하여 총체적이고 창조적으로 활용하셨는가를 제시한다.

인들은 물론이고 이방인들에게까지 전파되었다막7:31~37. 회당에서 바다로 사역의 중심지를 옮기시는 것3:1,7과 18번이나 등장하는 배프로이온에 대한 언급은 복음이 유대인들은 물론이고 이방인들에게도 전파될 것을 암시하는 공간적인 장치들이다.[31] 이방의 갈릴리마4:15, 참조 사9:1~2라는 말에서 그 지역의 인종, 정치, 문화가 이미 상당히 국제화되었다는 것을 추측할 수 있다. 그런데 바로 그 갈릴리 바다를 하나님의 구속의 역사를 전全세계로 펼치기 위해서 사용하시는 것이다.

갈릴리바다에 떠 있는 배에 앉으셔서 설교하시는 예수님의 모습은 유대인을 넘어서 모든 사람들에게 복음을 전파하시려는 의지를 보여주고, 배를 타고 민족적, 정치적, 문화적으로 다양한 이곳저곳을 다니시는 것은 온 세상을 향해 선교하시는 의미와 상징을 지닌다. 또한 마가복음에서 배 모티브는 예수님께서 만물의 주권자이자 통치자 그리고 구원자로서 자신을 드러내시고, 천국교훈의 가르침의 배경이 되고, 인종적, 지역적, 종교적 장벽을 넘어 하나님의 백성이 되게 하는 매개체로서의 역할을 한다.[32] 즉 구약에서 하나님을 대적하는 역할을 했던 바다는 신약에 들어와서는 온 세상에 복음을 전파하는 통로와 집회 장소의 역할을 하는 것이다.

특별히 마가복음에서 갈릴리바다는 예수님의 사역에서 중요한 기능들을 한다. 즉 그곳은 베드로와 안드레 형제, 야고보와 요한 형제 등 제자들을 부르신 장소이고1:16~20, 무리들이 예수님께로 몰려든 장소이고2:13, 천국교훈을 가르치신 장소이다4:1. 다시 말해 천국복음의 산실이요, 학교이자 훈련소, 나아가 파송지가 되었던 곳이다. 또한 예수님께서 자신이 누구인지를 계시하신 장소요4:41요, 수많은 기적을 행하신 장소인데4:35-41, 이는 바다로 상징되는 하나님을 대적

---

31. 송영목, "공공선교신학에서 본 갈릴리, 지중해, 그리고 부산항" 초록, 4

32. 김선욱, "마가복음의 배 모티프의 문학적 기능과 신학적 의의: 문학적 접근 방법을 통한 막 4:35-8:21 연구,"
「신약논단」 26/1 (2019), 69.

하는 세력들을 제압하시는 예수님의 모습을 나타내는 것이라 할 수 있다. 즉 예수님께서는 그분의 선교를 방해하는 듯한 자연을 다스리시고4:39, 그 자연을 조작하는 듯한 사탄의 세력을 제압하시고6:45-53, 실제적으로 군대악령을 돼지 떼와 바다 속으로 내쫓으신다5:13. 특별히 바다를 다스리시는 것에서는 그리스-로마 신화에서 제우스 외에는 그 누구도 제압할 수 없었던 바다의 신 포세이돈을 제압하는 모습을 볼 수 있다.

　포세이돈을 말씀으로 제압하시는 사건이 조그만 호수인 갈릴리바다에서 일어났다. 이것은 헬레니즘 문화권의 이방인들에게 복음을 전하는 저자 마가에게는 아주 중요한 사건이었는데, 곧 바다를 다스리시는 예수님이 바로 창조주 하나님이시요, 하나님의 아들이시라는 것을 증명하는 것이다.[33] 또한 바다는 그동안 동과 서를 분리하던 역할을 하였는데, 이제는 오히려 그 둘을 연결해주는 장소가 된다.[34] 곧 갈릴리바다는 동서의 장벽을 넘어 둘을 연결함으로써 선교의 가교 역할을 하는 것이다. 예수님께서 배로 하는 이러한 전도여행은 장차 바울의 지중해 선교여행을 예고하는 듯하다.[35]

(4) 신약 저술의 배경이자 복음의 전파지로서 지중해

　성경연구에서 지중해는 복음이 로마제국으로 퍼져나가는 중요한 길들을 제공했다는 점에서 관심을 끌지만, 그 바다를 중심으로 형성된 "1세기 지중해역의 사회"라는 환경 속에서 성경이 기록되었다는 점에서도 크게 주목을 받는다.[36]

33. 박경은, "마가복음의 바다평정 이야기(4:35~41)에 대한 그리스-로마적 이해," 「Canon&Culture」 12/1 (2018), 103~127.
34. 김선욱, "마가복음에 나온 바다의 문학적 기능과 신학적 의미, 그리고 마가복음 7:31 번역 재고," 44~49.
35. 송영목, "공공선교신학에서 본 갈릴리, 지중해, 그리고 부산항" 초록, 6.
36. 사회-수사학 해석학의 선구자인 V. K. Robbins는 1984년에 마가복음을 1세기 지중해 세계의 맥락에서 사회적, 문화적 해석을 시도하였다. V. K. Robbins, *Jesus the Teacher: A Socio-Rhetorical Interpretation of Mark* (Philadelphia: Fortress, 1984).

이는 성경해석자로 하여금 연구범위에 지중해를 중심으로 하는 세계를 포함하도록 경계를 넓혀준다. 곧 지중해 연안의 사람들의 관습과 행동과 태도를 포함하도록 사회적·문화적 경계를 넓히고, 또한 저자와 독자들의 이념까지도 포함하도록 도전하는 것이다.[37]

신약 본문의 내부세계는 유대적 유산과 초기기독교 전통, 나아가 더 넓은 범위의 그리스-로마 문화와 사회를 포함한 외부세계와 상호작용을 하기에, 성경학자는 1세기 지중해 세계의 사회, 문화 및 사상에 관해 훨씬 깊고 폭넓게 이해하면서 성경의 사회적, 문화적, 이념적 문맥들을 연구해야 한다. 예를 들어, 1세기 지중해연안 세계의 사회적 계급, 역할군인, 노예 등, 인종로마인, 헬라인, 유대인 등, 기관제국, 회당, 가정 등, 코드명예, 환대 등 관계시혜, 친구, 친족 등, 그리고 문화의 가치, 스크립트, 체제, 상징 등을 연구하는 것이 성경을 보다 잘 이해하는 데 매우 중요하다.[38] 특별히 명예-수치의 문화, 이중적 성격과 계약의 문화, 도전-응징의 문화, 농경사회의 경제적 교환체계, 한정된 물질의 경제, 성결코드 등의 문화인류학적 지식은 성경을 이해하는 데 필수적이다.[39]

지리학적으로 보자면, 지중해는 유럽의 남안과 아시아의 서안, 그리고 아프리카의 북안으로 둘러싸인 바다이다. 그러나 지역학적으로 지중해는 지중해의 해상만이 아니라 그 연안 일원을 모두 통칭한다. 즉 동쪽의 시리아, 서쪽의 이베리아반도와 모로코, 북쪽은 피레네산맥과 알프스와 흑해, 그리고 남쪽은 사하

---

37. D. B. Gowler, "The Development of Socio-Rhetorical Criticism," in D. B. Gowler (ed), *New Boundaries in Old Territory: Form and Social Rhetoric in Mark* (New York: Peter Lang, 1994), 1. 예를 들면, K. E. Balley 는 고린도전서를 주석할 때, 그가 사용하는 렌즈는 고린도전서의 수사 스타일과 더불어서 절실하게 회복되어야 할 동지중해 연안 세계의 문화라고 했다. K. E. Balley, 『지중해의 눈으로 본 바울: 고린도전서의 문예-문화적 연구』 (서울: 새물결플러스, 2017), 29~30.

38. V. K. Robbins, *The Tapestry of Early Christian Discourse: Rhetoric, Society, and Ideology,* 95~191; Ibid., *Exploring the texture of texts: A Guide to Socio-Rhetorical Interpretation,* 40~94.

39. Malina는 문화인류학적 통찰력으로 신약의 문화와 사회의 코드들을 잘 밝히고 있다. B. J. Malina, *The New Testament World: Insight from Cultural Anthropology* (Louisville: W/JNP, 1993).

라사막까지의 넓은 지역을 모두 포함한다.[40] 그래서 지중해문명은 지중해연안의 다원적인 여러 문명들이 융합해서 생성된 복합적인 해양문화라고 할 수 있다. 다원적이고 이질적인 문명들이 함께 지중해문명이라는 하나의 이름으로 자리매김할 수 있는 데는 지중해 특유의 지리적 공통성이 작용한다.

지중해역은 지진과 화산활동이 많은 연안에 산들이 많고, 산들 사이에 간간히 평야가 펼쳐져있다. 따라서 대단위의 농사와 목축보다는 소규모의 올리브농사나 양을 가축하는 정도가 가능하기 때문에 일찍부터 농경보다는 상업과 식민활동에 의지하였다. 기후 역시 강수량이 많지 않고 건조한 바람이 불기 때문에 농사에 불리하지만, 늘 불어오는 계절풍으로 해상교통을 발전시키는 데는 유리했다. 이런 점에서 농사보다 상업에 눈을 뜬 사람들이 해안선을 따라 도시들을 형성하였고, 육로 망과 해로 망으로 그 도시들을 연결하였다. 따라서 지중해의 세계는 일찍부터 농경사회에서 도시사회로 이전하였고, 여러 해양문명들을 형성시켰다.[41] 고대에서 근대까지 이 지역을 중심으로 그리스-로마문명, 비잔틴문명, 이슬람문명, 그리고 르네상스문명이 출몰했다.

주전 3세기말부터 지중해의 강자로 부상한 로마는 주전 2세기 중엽에 지중해역의 패권을 확실하게 잡았고, 신약이 기록된 주후 1세기경에는 당시 지중해를 중심으로 한 세상의 대부분을 로마의 *오이쿠메네*정복지로 만들었다.[42] 그 후에도 계속해서 로마가 절대강자로 당시 세상을 지배할 수 있었던 것은 지중해에 관한 강력한 지배력 때문인데, 여기에는 군사적 지배력만이 아니라 상업적 지배력도 있었다. 이런 지배력은 바다만이 아니라 땅의 바다라 할 수 있는 강을 통해 내륙의 도시들에게까지 미쳤다. 당시의 해상운송비는 육상운송비의 1/60

---

40. 정수일, "지중해 문명과 지중해학," 「지중해지역 연구」 5/1 (2003), 3.
41. 같은 책, 7~8.
42. 송영목, "공공선교신학에서 본 갈릴리, 지중해, 그리고 부산항" 초록, 2~3.

밖에 되지 않았기 때문에 해상선의 제작기술이 발전했을 뿐만 아니라, 밀라노에서 로마로 운송하는 것보다 알렉산드리아에서 로마로 운송하는 것이 훨씬 저렴하였기 때문에 무역업도 엄청나게 발전하였다.[43]

대부분의 도시들은 지중해연안을 끼고 있거나 내륙의 경우에는 강을 끼고 있었는데, 이런 해상 및 육상 네트워크와 무역업의 발전이 커다란 제국을 하나로 결속시킬 수 있었다. 물론 제국의 내륙에서 이동하기 위한 로마의 도로망의 구축 역시 지배적 결속의 중요한 요인이 되었다.[44] 당연히 로마제국의 식민지 수탈은 주로 지중해를 통해서 이루어졌다. 지중해의 모양도 로마제국이라는 거대한 저택 앞마당에 만들어진 항아리 모양의 연못처럼 보였다.[45] 로마는 이러한 앞마당을 통해 제국 내에 있는 도시들을 언제나 수탈할 수 있었다. 그래서 로마시민들에게 이집트는 지중해의 빵 창고였고, 스페인은 로마의 돈 줄이었다. 보리죽만 먹었던 로마인들은 이제 빵을 지중해의 멸치 등으로 만든 소스나 가룸garum에 찍어먹는 호사를 누렸다.[46] 더불어 제국의 기축통화는 그리스의 드라크마를 밀어내고 로마의 데나리온으로 대체되었고, 이 통화를 중심으로 모든 무역과 세금징수가 이루어졌다. 로마인들은 그들이 쓰는 라틴어만이 아니라 그리스어도 인정하였는데, 그들의 수준 높은 문화수용성은 제국의 통일과 발전에 많은 기여를 했다.[47]

복음은 로마가 제국을 만들고 발전시킬 때 이용하였던 지정학적 이점과 그에 따른 여러 부수적인 이점들을 활용하였다. 지중해는 복음전파의 지리적 배경으로 사도 바울의 선교의 주요 루트를 제공하였다. 바울은 세 번의 선교여행

---

43. 차영길, "지중해는 로마 제국을 새롭게 이해하게 되었는가?"「지중해지역 연구」 7/1 (2005), 76.
44. 정덕희, "사도행전에서의 복음의 공간 이해: 지역과 길을 중심으로,"「장신논단」 51/5 (2019), 126~127.
45. 김정하, "지중해, 다문화 문명의 바다,"「통합유럽 연」 5/2 (2014), 30.
46. 권은중, "멸치, 로마제국을 먹여살리다,"「인물과 사상」 235 (2017), 125~126.
47. 윤용수, "고대 지중해 문명 교류의 거대사적 해석,"「지중해지역 연구」 18/4 (2016), 99~129.

을 했는데, 주요 루트가 지중해연안의 도시들이었다. 그 도시들은 실루기아, 살라미, 바보, 앗달리아, 버가이상 1차 선교여행, 에베소, 드로아, 네압볼리, 암비볼리, 데살로니가, 아테네, 고린도, 겐그리아이상 2차 선교여행, 에베소, 드로아, 데살로니가, 고린도, 앗소, 미들레네, 두로, 가이사랴이상 3차 선교여행 등이다. 바울이 로마 황제에게 재판을 받으러 가는 길도 지중해 수로였는데, 그가 배에서나 섬에서나 늘 복음을 전하는 모습은 당시 지중해가 복음전파의 길로 어느 정도까지 사용되었는지를 상징적으로 보여준다행27~28장.[48]

당시 지중해안의 도시들은 로마제국이 만들어놓은 선교의 공간이었고, 지중해상길은 선교의 길이었다. 로마가 정복과 착취를 위해 지중해에 세워놓은 길과 질서, 공간들이 복음의 전파와 확산을 용이하게 만들었으니 참으로 아이러니가 아닐 수 없다. 사도행전에 나오는 무수한 해안도시와 강변도시의 이름들, 육로와 해로의 이름들, 섬들의 이름들, 심지어 배의 이름들이 그 증거이다.[49] 이 모든 것들은 구약에 나오는 주의 길사40:3을 기억나게 하는 것으로, 예수님의 복음이 퍼져나가는 통로와 하나님나라가 확장되는 크고 작은 수많은 동맥들의 역할을 했다. 그중에서도 지중해는 대동맥의 역할을 했다.[50]

다시 말하지만, 로마인들에게는 제국의 힘을 과시하고 유지 및 유통하던 공간인 지중해가 초기 기독교인들에게는 복음이 전파되고 유통되는 공간이었으며, "교회가 세워진 수많은 지역들이 거미줄과 같이 촘촘히 연결되며 네트워크를 만들어서 독자들초기 기독교인들의 마음속에 하나님 나라의 심상mental image을 형성케 하는 중요한 근간이 되었다."[51] 바울서신이나 공동서신에서는 바다라는

---

48. 송영목, "공공선교신학에서 본 갈릴리, 지중해, 그리고 부산항" 초록, 7.
49. 정덕희, "사도행전에서의 복음의 공간 이해: 지역과 길을 중심으로," 137~138.
50. 같은 책, 136. 정덕희는 지중해만이 아니라 로마가 만들어 놓은 길 모두를 언급하면서 로마제국의 대동맥 같은 역할을 한다고 한다.
51. 같은 책, 136.

용어가 거의 등장하지 않는다. 다만 바울의 자서전적인 고난목록을 말할 때 두 번 정도 등장하는데, 곧 복음을 전하다가 파선하고 표류를 겪은 고난과 바다에서 만난 강도나 자연재해로 말미암은 고난에 관해 언급할 때이다고후11:25~26. 그러나 이것들도 결국 바다를 통해 복음이 확장되는 연장선상에 있는 경험이라고 하겠다.

(5) 하나님의 대적으로서 지중해

요한계시록에 27회나 나오는 바다는 여러 가지를 지칭한다. 가장 많은 경우에 하늘과 땅과 짝을 이루어 피조세계의 일부분으로 바다가 나온다. 그 외에도 간혹 "하늘 바다"로서 하나님 앞에 있는 수정 같은 유리 바다4:2나 혹은 불이 섞인 바다가 나온다. 또한 짐승이 올라오는 곳계13:1과 음녀 바벨론이 앉아서 위력을 행사하는 곳계17:1으로 바다가 나온다. 이때 바다는 지중해를 가리킨다.[52] 그리스도인을 박해하던 바다짐승인 로마의 황제가 이시스바다의 신를 숭배하고 또 지중해를 통해 수탈한 식민지의 자원을 로마로 운송해왔기 때문에, 그 바다는 로마의 앞마당이 된다. 여기서 지중해는 환상의 지리적 배경을 넘어 신학적 의미를 갖는데, 곧 악과 혼돈의 세력으로서 하나님을 대적하는 세력을 뜻한다. 하지만 그것은 결국 하나님의 주권적인 심판을 받는 존재이다. 하나님께서는 바다무역을 심판하시고계18:12~13, 바다와 섬도 심판하실 것인데, 이는 장차 로마제국이 심판을 받을 것임을 예고한다.[53]

(6) 경계선으로서의 요단강

요단강은 이스라엘 북쪽의 갈릴리바다와 남쪽의 사해 사이를 잇는데, 그 길

52. 송영목, 『요한계시록』 (서울: SFC, 2013), 234.
53. 송영목, "공공선교신학에서 본 갈릴리, 지중해, 그리고 부산항" 초록, 8.

이가 직선으로는 130km이지만 굽이쳐 흐르는 곡선으로는 무려 320km에 이른다.[54] 이 강은 침하된 요단계곡을 흐르며, 강의 최북단이 해발 -200m이고 최남단이 해발 -393m로 이미 해수면보다 낮은 북쪽에서 출발하여 그보다 더 낮은 남쪽으로 흘러내린다.[55] 이런 지형에서 요단야르덴이라는 이름은 내려가는 혹은 급히 흘러가는 물줄기라는 의미를 지닌다.[56] 강폭은 일반적으로 30m이지만, 그보다 훨씬 좁은 곳도 있다. 수심은 1~3m로 낮지만, 4월에 비가 오면 강둑을 넘쳐 흘러 홍수가 난다참조. 렘12:5.[57] 진흙투성이의 사행천인 이 강을 위에서 보면 거대한 누런 뱀처럼 보이는데, 잡목과 아열대성 나무로 우거져 있고, 여러 야생동물이 서식하는 곳이었다참조. 렘49:19. 요단강 동쪽에서 야르묵강, 얍복강, 아르논강, 세렛강 등의 지류가 요단강으로 흘러들어온다. 요단강을 둘러싼 요단계곡은 자연적인 지리학적 지형들 가운데서도 굉장히 특이한 지형으로 세계에서 하나밖에 없는 지형인데, 헤르몬산에서 홍해까지더 멀게는 아프리카대륙 남쪽까지 단층으로 이어졌으며, 바다보다 훨씬 낮은 계곡을 두고 양쪽 가로 아주 가파르고 경사가 급한 높은 산들이 솟아있다. 이 골짜기와 강이 팔레스타인 땅을 요단 서쪽과 트랜스요르단요단 건너편으로 구분 짓는 유효한 경계선이 된다.[58]

요단강은 구약에 80번 이상 나오고, 신약에는 11번 정도 언급된다. 아브라함 때부터 성경에 언급되는데, 여기서 일어난 가장 중요한 사건은 출애굽한 이스라엘 백성이 약속의 땅인 가나안으로 들어가기 위해서 이 강을 건너는 것이다. 요단강은 그 후 사사시대와 왕정시대에 군사적인 장애물로 존재했는데, 곧 요단강 나루터를 점령하는 일은 전쟁의 승패를 좌우하는 결정적인 요소가 되었

---

54. K. D. 크리스토퍼, 『한눈에 보는 성경인물, 지리, 사건』 (서울: 선한청지기, 2016), 80.

55. 『새성경사전』, 1358.

56. 『아가페성경사전』, 1357.

57. P. 로벗슨, 『성경지리 이해』 (서울: CLC, 2003), 69.

58. H. F. 보스, 『성경지리 개론』 (서울: CLC, 1999), 37.

다삿3:28~29. 그 후에는 엘리야와 엘리사의 활동 배경이 되었고, 특히 많은 이적들이 일어나는 장소가 되었다왕하2장. 신약에 들어와서는 세례요한이 활동하며 세례를 준 곳이었고, 예수님께서도 여기서 세례를 받으셨다. 예수님께서는 나중에 갈릴리에서 예루살렘으로 올라가실 때에 요단강을 따라가는 길을 이용하기도 하셨다.

그런데 성경에 나오는 요단강이 가장 많이 상징하는 의미는 "건너야 할 경계선a liminal entity to be crossed"이다.[59] 그런 의미에서 때로는 이 강을 쉽게 건너지 못했는데, 이는 물리적인 이유라기보다는 사회정치적이고 종교적인 이유 때문이었다. 그리고 이 강을 건널 때에는 그 결과가 항상 강을 건넌 당사자들에게 어떤 변화를 일으켰다. 예를 들어, 아브라함과 롯은 요단강을 두고 서로 다른 선택을 하였으며, 야곱은 얍복강요단강의 지류을 건널 때 많은 고민을 한 뒤 천사와 씨름을 했고, 결국 이스라엘이라는 새로운 이름을 얻었다. 또한 출애굽한 이스라엘 사람들이 언약궤를 가지고 요단강을 건너는 것은 약속의 땅에 들어가기 전의 마지막 장애물을 건너는 것이었다. 그들이 요단강을 건널 때 요단강이 홍해와 같이 갈라지는 역사가 일어났고, 마침내 요단강은 이스라엘이 약속의 땅인 가나안을 정복하도록 길을 열어주었다.

엘리사는 요단강을 건넘으로써 엘리아보다 갑절의 능력을 지닌 사람이 되었는데, 그가 겉옷을 치는 곳마다 요단강은 갈라졌다. 나아만 장군은 요단강에 들어갔다 나옴으로써 나병이 사라진 새 사람이 되었다. 오랜 세월 후에 세례요한은 요단강에서 세례를 베풀었는데, 그때 요단강에 들어갔다 나온 사람들은 적어도 완전히 새로운 삶을 살겠다고 고백한 사람들이었다. 그리고 예수님께서 요단강에 들어갔다 나오실 때에는 성령님께서 임하시며 하늘에서 "너는 내 사

---

59. C. Z. Peppard, "Troubling waters: the Jordan River between religious imagination and environmental degradation," *J Environ Stud Sci* (2013-3), 109.

랑하는 아들이다"라는 음성이 들려왔다. 이렇듯 요단강은 건너면 존재가 달라지는 경계선의 역할을 하였다. 그런 의미에서 찬송가에서 사람이 죽는 것을 가리켜 요단강을 건넌다는 메타포를 사용하는 것은 어느 정도 연관이 있다고 하겠다. 성경학자들은 문학적 장치로서 'Transjordanian Motif'를 사용하여, 어떤 사람이 요단강을 건너는 것은 그에게 새로운 권위의 자리를 얻게 하거나 새로운 인격자로 변화하는 것으로 해석한다.[60]

(7) 사해와 홍해

사해는 말 그대로 죽음의 바다이다. 지구에서 해수면이 가장 낮고, 염도는 엄청나게 높다. '사해'라는 단어는 주후 2세기 파우시니아스와 저스틴의 저서에서 제일 먼저 확인되는데, 구약에서는 염해창14:3, 아라바 바다신3:17, 동해겔47:18, 슥14:8라는 이름들로 나오지만, 신약에서는 언급이 없다. 요단계곡의 지구대가 가장 낮아지는 곳이 사해인데, 그 수면은 해발 -394mm이고, 수심은 평균 396m이다. 사해에서 가장 깊은 곳은 해발 -792m정도나 된다. 호수의 길이는 80km이고, 폭이 가장 넓은 곳은 18km이다.[61] 주위에는 상당히 높은 산들과 고원들로 둘러싸여 있다. 사해에서 일어난 중요한 사건으로는 소돔과 고모라의 멸망이 있다창13:10. 에스겔은 사해를 두고 예언하기를 죽음의 바다에서 생명의 바다로 탈바꿈할 것이라고 했다겔47:8~9, 슥14:8. 1946년 이후에 사해의 북서연안 근처의 와디 쿰란 지역에서 발견된 사본들은 성경 본문과 신구약 중간 시대의 유대교에 관한 중요한 초기 자료들이다.

홍해에 해당하는 히브리어는 '얌쑤프'인데, 이는 '갈대바다'라고 번역하는 것이

---

60. C. Z. Peppard, "Troubling waters: the Jordan River between religious imagination and environmental degradation," 113.
61. 『아가페성경사전』, 759.

더 좋다. 최근에는 'ﬕreed'을 'ﬕend'으로 읽어서, '땅끝바다'라고 번역해야 한다고 주장하는 이도 있다.[62] 갈대바다라고 해서 마치 갈대가 잔뜩 난 바닷가를 가리키는 것은 아니다. 아마 갈대가 많았기에 갈대바다라고 이름을 붙였겠지만, 엄연히 깊은 바다이다. 애굽의 병거들이 다 수장될 정도로 말이다. 성경은 그 바다를 가리켜서 '깊은 물'이라고 했다출15:4-5. 성경이 말하는 홍해가 어디인지에 대해서는 의견들이 많이 제시되는데, 수에즈 북쪽 이집트 삼각주에 있는 Bitter Lakes 지역, 수에즈만 지역, 아카바만 지역 등이 주로 제시되고 있다. 홍해는 하나님께서 이스라엘을 붙잡고 있던 애굽을 수장시키고 승리하신 사건, 그래서 진정한 출애굽이 일어난 곳이다. 그런데 출애굽기 13장 18절과 15장 22절에서는 '홍해혹은 갈대바다, 땅끝바다'를 지리적으로 특정화시키면서, 바로 거기서 이스라엘 백성을 광야로 들어가게 하였다고 언급한다. 비록 그 장소가 어디인지 정확히 확정할 수는 없다 하더라도, 당시 하나님께서는 광야를 통하여 가나안 땅에 들어가게 하시려는 구속의 역사의 출발지로서 홍해를 건너게 하셨음은 틀림없다. 그리고 그 역사의 마침표는 요단강을 건너는 사건이 될 것이다.[63]

5. 성경에 나타난 하늘과 바다·강, 어떻게 설교할까?

첫째, 성경에 나타난 하늘과 바다·강을 제대로 설교하려고 할 때, 당시의 사람들이 가졌던 세계관 속에서 이해하도록 해야 한다. 성경시대의 우주 지형도나 하늘과 바다·강에 대한 개념이나 이미지 등을 먼저 알고, 그 관점에서 그것

62. T. B. Dozeman, "The yam-sup in the Exodus and the Crossing of the Jordan River," *Catholic Biblical Quarterly* 58/3, 409.
63. T. B. Dozeman, "The yam-sup in the Exodus and the Crossing of the Jordan River," 410.

들에 관한 표현들을 이해해야 한다. 성경이라고 무조건 근대에 과학적으로 밝혀진 우주관인 코페르니쿠스적인 우주관을 가지고 있다고 생각해서는 안 된다. 그들은 고대인으로 살았고, 보았고, 생각하였다. 하지만 하나님께서 언뜻언뜻 비춰주는 사물의 실상을 설교자가 무시하거나 놓칠 필요는 없다.

둘째, 성경에서 하늘이나 바다·강이라는 주제 또는 지형을 가지고 하나님의 일을 펼쳐가는 현상에는 주목할 필요가 있다. 반대로 사탄이 그것들을 이용하는 것에도 주목할 필요가 있다. 예수님의 생애에서 '예루살렘으로 올라가는 길'이 중요한 모티브를 제공하는 것처럼, 갈릴리바다의 항해와 배, 폭풍이라는 모티브나 지중해의 항구도시들과 항로의 모티브는 성경해석에 중요한 단서들을 제공한다. 그런 단서들을 따라 설교한다면 청중의 관심과 이해, 감동, 기억을 끌어낼 수 있고, 더불어서 성경의 지역들을 흥미롭게 탐사할 수 있다.

셋째, 성경에 나오는 바다·강과 관계된 사회, 역사, 문화, 이념 등을 연구하는 것이 중요하다. 그런 연구들은 성경 본문 자체의 문법, 문학, 신학을 연구하는 것만큼이나 중요하다. 이것들은 성경을 기록한 저자에게나 그 성경을 읽는 일차적인 독자들 모두에게 지대한 영향을 미치기 때문에 현대의 독자들에게도 이런 것들을 고려해서 설교해야 한다.

3장

산과 동산, 어떻게 설교할 것인가?

송재영

1. 들어가면서: 구속사와 공간

바울은 복음의 자유를 설명하면서 시내산과 예루살렘성전 산을 연결하며, 위의 예루살렘과 대조한다갈4:25~26.[1] 이 해석은 시내 산 언약을 이해하는 열쇠로서 구속사에서 산의 이해가 율법과 복음의 이해와 직결됨을 시사한다.

역사는 시공간에서 발생하는 사건이며, 역사로서 구속사[2]는 하나님의 경륜을 따라 정해진 시간 속에서 발생하는 사건으로서 필연적으로 공간을 요구한다. 구속의 역사는 반복된 예표적인 사건으로 이루어진다.[3] 시간 속에서 한 번으

---

1. 갈라디아서 4장 24절에서 사도는 이를 분사형 ἀλληγορούμενα(개역개정: 비유, KJV: allegory, 이에 상응하는 동사형이나 명사형도 신약에 없는 hapax legomenon)으로 말한다. 그러나 여기서 바울의 설명을 일반적으로 풍유적 해석으로 이해하는 알레고리(allegory)로 이해해선 안 된다. 오히려 사도의 해석은 철저히 모형론적이다. Cf. L. Gopelt, 『모형론, 신약의 구약 해석』, 최종태 역 (서울: 새순출판사, 1991), 224~226. 알렉산드리아(Alexandria)의 유대인 필로(Philo)의 헬라 철학적 구약읽기, 그 후 오리겐(Origen)과 이어지는 알렉산드리아 학파 그리고 중세로 이어진 알레고리적 해석은 모형론적 해석과 다르다. 이는 안디옥(Antioch)이 알렉산드리아에서 먼만큼 구분되어야 한다. 모형론은 구약에 대한 신약의 기본적 이해이며, 이레니우스(Irenaeus)와 안디옥 학파를 거쳐 개혁자들로 이어지는 읽기이다.

2. 모형론적 해석은 신약의 성취를 일반사와 구분된 하나님의 구속사로 이해한다(L. Gopelt, 『모형론』, 27). 알레고리가 본문의 문자적 의미와 그 역사성에 무관심하고 다른 의미에 관심을 둔 반면, 모형론에서 역사성과 문자적인 의미는 기초로 작용한다.

3. R. T. France, 『마태복음』, 권대영, 황의무 역 (서울: 부흥과개혁사, 2019). 신약이 구약의 인용과 암시 속에서 성

로 마치지 않고 반복적으로 지속되며, 그 반복성은 공간을 통해 명확히 감지된다. 본 글은 구속역사의 **반복된** 장소로서 산동산을 살펴보려 한다. "산동산을 어떻게 설교할 것인가?"는 그 구속사적 의미를 드러냄으로써만 바르게 답할 수 있는 질문이다.

하나님께서는 영이시다. 따라서 물리적 공간은 그분을 담을 수 없다. 이 점에서 하나님께서는 모든 곳에 계신다omnipresence. 그럼에도 하나님께서는 그분의 형상으로 사람을 만드시되 육체를 가진 존재로 만드시고, 필연적으로 물리적 공간에서 살게 하셨다. 하나님께서는 물리적 장소에서 물리적 부피volume를 가진 인간을 만나신다. 우리는 반복된 사건들 속에서 장소를 분리하여 사건을 볼 수 없다. 장소는 사건을 담는 공간으로서 그릇이다. 하나님의 구속 사건이 반복적으로 같은 유형의 장소에서 발생한다면, 우리는 그 장소의 상징성을 감지해야만 한다. 그리고 이는 순환적으로 자증自證된다. 파악된 상징성이 반복된 사건들을 일관된 의미로 해석해 낸다면, 그 상징은 옳다고 말할 수 있다.

2. 하나님의 계획의 원점으로서 동산

동산은 창조의 절정이다. 첫 창조는 6일의 단계를 거쳐서 진전되었다. 창조의 정점에 사람이 있고, 장소적으로 에덴의 동산이 그 절정의 무대이다. 그의 존재는 그의 사명으로 정체될 수 있고 또 그렇게 되어야 하는데, 그것은 에덴을 다스리며 지키는 것이다창2:15.[4] 하나님의 형상으로서 아담의 일은 에덴과 불가분

취를 이해하는 방식은 모형론이다. 신약의 첫 복음서인 마태복음도 마찬가지이다(42). 구약 예언의 성취에 있어서 마태의 예표론적 관점은 단회적이 아니고 반복적인 성취를 말한다(93).

4. 창세기 2장 15절 "다스리며 지키게"는 일반적으로 영어로 'dress, cultivate, till, keep'으로 번역된다. G. K.

의 관계이며, 그가 지닌 하나님의 형상의 본질을 드러낸다.[5]

반대로 그의 타락으로 말미암은 형벌은 창조의 순서를 뒤집는다. 생령이 되었던 아담은 에덴의 제사장이 되었지만, 타락한 그는 생기를 빼앗기고창3:19, 에덴에서 쫓겨나3:23~24 에덴 대신 그의 창조의 근본인 토지를 갈게 된다. 이 모두가 에덴이란 공간을 중심으로 발생한다. 창조와 타락 그리고 구원은 에덴과 불가분의 관계에 있다. 그런데 성경은 에덴의 이름에 덧붙여 그 지리적 형태를 처음부터 자세히 밝히고 있다. 에덴 안에 동산이다.

동산의 히브리어 גן gan은 닫힌 정원으로, 일반적으로 'enclosure, garden'으로 번역된다. 70인경LXX은 παράδεισος창2:8f와 3:1f와 κῆπος전2:5, 아4:12f로 번역했다.[6] 국어에서 동산의 사전적 의미는 '작은 언덕' 혹은 '산'이다. 집과 관련될 경우 큰 집 **안**에 위치한다. 즉 동산은 아무나 들어갈 수 없는 울안의 작은 산이라는 의미를 가진다. 이는 창세기의 동산의 의미를 잘 드러내는 번역이다.

(1) 에덴 속in 동산의 지도

세상에서 어떤 사건을 이해하기 위해 빠트리지 않는 것이 있다. 바로 현장검증이다. 타락의 죄와 그 심판과 회복의 역사를, 현장을 떠나서 이해하고 설명하려는 것은 세상도 용납하지 않는 것이다. 현장검증 또는 현장 이해는 필수적인

Beale, 『성전신학』, 강성열 역 (서울: 새물결 플러스, 2014), 88~94에서는 '섬기고 보존하다'의 의미로 읽을 것을 권하는데, 이는 제사장적 직무와 연관되는 것이라고 말한다. 유대교 주석가들도 같은 견해라고 지적한다. 그의 사역에 의하면, 아담은 첫 제사장이었다. 한편 제사가 post-fall의 개념이라면 동산지기가 더 낫겠다. 주님의 부활의 첫 목격자인 여인이 잠에서 깨어난 예수님을 동산지기(κηπουρός)로 알았던 것은 단순히 여인의 무지를 성경이 기록한 것이 아니다(요20:15). 자세한 것은 "5. 에덴 산과 골고다 산"을 보라.

5. A. A. Hoekema, 『개혁주의 인간론』, 이용중 역 (서울: CLC, 1990), 26~28. 아담의 사역은 하나님의 형상의 중요 부분이다.

6. Cf. J. H. Thayer, "παράδεισος," *A Greek-English Lexicon of the New Testament* (American Book: New York, 1889), 480. 다수는 이것이 Persian Orion과 관계된 것으로 생각한다. 이 경우 동산은 닫힌 공간으로 물이 풍부하며 동물이 있는 즐거운 장소로 이해될 수 있다.

걸음이다. 이제 그 첫 걸음을 시작한다. 다시 말해, 동산의 영적 지형을 파악하는 것이다. 편의상 에덴 동산으로 불리지만, 사실 에덴과 동산은 구분되어야 한다. 동산은 에덴 내부에 있는 구분된 지역이다. 우리의 관심은 에덴 속 동산이다.

측 면	설 명
위치, 방향	**동쪽**
접근성	닫힌 곳
고도	**높은 곳**
물	**수원지**[7]
나무	많은 나무와 더불어 특별히 그 중심에 **두 나무**선악지식, 생명**가 있는 곳**
계명	생명과 사망의 **계명**법**이 주어진 곳**
아담	① 고향이 아닌 사역지[8] ② 아담이 깊이 잠들고 깨어난 곳일종의 무덤
하와	아담의 몸과 피를 받아 생명을 얻은 곳, 고향?
아담과 하와	① 결혼식장 ② 옷이 없던 곳 ③ 타락의 장소
심판과 구원 쫓겨남과 복귀	① 쫓겨난 곳 ② 영생을 위해 돌아가야 할 곳창3:22 ③ **동쪽 동산의 동쪽 입구**창3:24[9]**로 들어가야 하는 곳** ④ 불칼불에 의한 죽음을 통과해야 들어갈 수 있는 곳

7. 강은 에덴에서 나와 동산을 적셨고, 다시 세상에 물을 대었다. 동산은 수원지는 아니다. 동산은 높은 산이며, 에덴은 그보다 더 높은 곳이다.
8. 아담의 고향은 동산이 아닐 개연성이 크다. 아담은 동산 창설 이전에 창조된다(창2:7~8). 에덴이 아닌 그냥 땅(의 먼지, 흙)으로 아담을 만드셨다고 말한다. 2장 15절은 지으신 아담을 취해서(개역개정: "이끌어") 동산에 두셨다고 말한다. 동산 밖에서 창조된 동산으로 들어왔다면, 아담에게 동산을 주셨음을 보여준다. 한편 하와의 경우 창조 후 아담에게 이끌려 간다(22절). 아담은 동산에서 잠들고 하와는 갈빗대로 동산 밖에서 지어져 이끌려 들어왔을 수도 있다. 필자도 아직까지 확정하지는 못했다. 다만 동산을 중심으로 아담과 하와가 죽음(잠)과 생명을 교환한다는 것을 기억하는 것이 중요하다.
9. 창세기 2장 8절에서 ① 에덴이 동쪽에 있었고 거기에 동산을 창설하셨는지 ② 에덴의 동쪽에 동산을 창설하셨

이것이 성경이 말하는 지성소로서 동산의 영적 지도이다. 이제 우리는 동산의 성경적 풍수지리를 가져야 한다. 성경에서 (동)산은 고도가 높고 기온이 내려가고 산소가 줄어들거나 경치가 좋은 장소가 아니라, 하나님의 임재의 장소로서 성전의 장소임을 기억해야 한다. 물론 성경의 모든 산이 언제나 그런 영적인 의미를 가진다는 것은 아니다. 그러나 중요한 구속사적 사건이 등장하는 장소로서 산을 만날 때 우리는 우선 에덴의 동산을 떠올려야 한다. 이는 최후의 옵션이 아니라 기본적인 구성setting이다.

에덴 동산의 이미지는 이후 구속사 속에서 반복적으로 등장한다. 여자아내와 잠긴closed, 개역개정: "잠근" 수원지로서 나가 있는 장소가 동산으로 묘사된다 전2:5~6; 아4:12, 15; 사58:11. 또한 동산은 무덤의 장소로도 등장한다왕하21:18. 이 모두는 구속사적으로 의미를 가진다. 심지어 시편 전체의 서론에 해당하는 첫 편의 이미지 또한 단순한 목가적 풍경이 아니라 에덴을 복사한다. 시편 1편의 '복', '악', '심판', '나무', '물', '열매' 그리고 결정적으로 '율법계명'은 에덴의 강력한 이미지이다.

아담은 오직 은혜로 에덴의 소유권통치권과 생명의 열매 그리고 그 아래서 나오는 물생명수을 얻었다. 아담에게 땅에덴의 동산을 받음과 생명은 처음부터 행위에 근거하지 않는다. 그러나 아담은 타락했다. 생명열매을 환수당하고 타는 목마

는지는 결정적이지 않다. 어느 쪽이던 동산은 결국 동쪽(혹은 앞쪽)에 있었음을 말한다. 현대인에게 위쪽 혹은 앞쪽은 북쪽을 연상하지만, 과거 지도학과 마찬가지로 성경에서 앞쪽은 동쪽이다. 창세기 3장 24절에서 화염검의 천사는 에덴 동산의 동쪽(앞쪽)에 위치한다. 칠십인경(LXX)은 ἀπέναντι τοῦ παραδείσου, 즉 동산의 맞은편(앞쪽)으로 번역했다. 이는 칠십인경이 MT의 두 절([2:8] גַּן־בְּעֵדֶן, [3:24] לְגַן־עֵדֶן) '에덴' 앞의 전치사 בּ(in)의 유무를 구별하고 있음을 의미한다. 즉 2장 8절에서 동쪽은 에덴과 관계된 반면, 3장 24절에서는 동산과 관계된다. 칠십인경의 구별은 좋으나, 창세기 3장 24절에서의 칠십인경의 번역 용어 사용은 아쉽다. 동산의 동쪽으로 번역하는 것이 옳다고 본다. 종합하면, 화염검은 동쪽에 있는 동산의 동쪽과 관련된다. 이를 word play하면 '동산(garden)의 동산(east mountain)'이 우리가 들어가야 할 생명의 장소이다. 이를 기억하면 이스라엘이 출애굽 후 동쪽으로 이동하다가 다시 동쪽으로 돌아 요단을 건너 들어간 것과 예수님께서 동쪽 베다니에서 벳바게를 거쳐 동쪽의 감람산을 통과해 죽음의 장소로 들어가심의 의미를 파악하는 단초를 얻을 수 있다.

름으로 에덴 동산을 뒤로 하여 쫓겨났다. **공간적으로 구원은 에덴으로의 복귀이다. 높은 곳으로 올라감이고, 생명의 열매와 물을 찾는 것이다. 결혼식의 회복이며, 그 영생을 지키는 불을 지남이요, 칼을 지남이다. 이는 구속사에서 하나님의 구원을 말하는 용어와 이미지의 청사진**blueprint**이 된다.**[10]

양심συνείδησις이 하나님의 율법을 반영하듯롬2:15, 인간 본성φύσις의 갈망은 에덴을 향한 원초적 소망을 복사한다. 사람들은 아침에 일어나 건강을 위해 운동을 한다. 여러 가지 유형 중 꽤 대중적인 것은 등산이다. 그리고 많은 경우 산에서 물을 먹곤 한다. 우리는 나무가 풍성한 산에서 먹는 물이 건강에 좋다고 생각한다. 물은 낮은 곳으로 흐른다. 확률적으로 물을 찾을 확률은 낮은 곳일수록 높다. 그러나 우리는 물을 찾아 높은 곳으로 오르곤 한다. 아담 이후 모든 인류가 아담의 죄라는 치명적인 유전병에 걸린 후, 그 병증인 탈수로 인해 에덴의 생명수를 향한 갈증을 느끼고, 그 갈증을 해소하기 위해 무의식적으로 산을 찾고 있다고 말하는 것은 비약이 아니다. 성경을 모르는 죄인도 성경적인 증상을 느낀다. 다만 참 생수가 무엇인지 모를 뿐이다. 수가성의 여인은 이점에서 모든 인류의 전형이다. 다시 목마르지 않는 생수는 오직 그리스도라는 산에서만 찾을 수 있다.

3. 재현된 동산들

(1) 아라랏 산

에덴에서 쫓겨난 인류는 땅을 경작해야 했다. 그러나 도리어 인류의 타락은

---

10. 예수님은 길이요 진리요 생명이다(요14:6). 본 절은 철저히 이 창세기 은막을 배경으로 읽어야 한다. 모형이었던 에덴의 막힌 생명길과 대조적으로 예수님은 모형이 아닌 실체인 생명으로 가는 열린 길이다.

가속되어 더욱 타락했고 결국 쫓겨난 땅에서조차 다시 쫓겨나게 되는데, 그것이 바로 노아의 홍수로 말미암은 심판이다. 홍수는 죄인들에게 발 디딜 땅을 빼앗는 에덴 추방의 재판이다. 홍수는 죄의 씻음이요, 동시에 의인인 노아에게는 첫 사람 아담처럼 에덴으로의 복귀이다. 첫 세상이 물에서 나와 창조되었듯이, 새 세상은 다시 물에서 나와야 한다. 구원으로서 노아의 홍수는 이런 의미에서 세상의 새로운 창조이다. 세상이 다시 물홍수에서 나왔다. 그것이 창조이다. 그리고 그 새 창조의 새 출발 역시 다시 한 번 높은 곳에서 시작된다.

아라랏 산의 위치는 누구도 확정할 수 없다. 그러나 그 영적 위치만큼은 분명하다. 재창조의 출발지로서 새 에덴이다. 노아는 새 아담이고, 그는 아담이 받았던 명령을 다시 받는다창9:1. 노아는 땅을 경작하고 나무를 심었다창9:20. 성경신학적으로 이는 아담의 사역의 회복과 더불어 에덴의 회복을 상징한다. 신약의 눈으로 설명하면, 그리스도는 포도나무이며요15장, 포도주는 예수님의 생명의 피를 상징한다. 이런 문맥에서 우리는 노아가 포도주를 마심이 어떤 의미인지를 해석해야 한다. 노아는 에덴의 잃어버린 나무와 물을 찾았다. 창조의 7일째 안식을 찾은 것이다. 포도주에 취함은 도덕적으로 읽혀선 안 된다.[11] 이는 성경에서 안식과 기쁨의 용어이다신14:23; 요2:3~10; 마11:19. 이처럼 에덴으로의 복귀의 문맥에서 노아의 옷 벗음도 이해하게 된다. 이는 도덕적 추태가 아니다. 성경은 노아가 당대의 '의인이었지만'이라고 말하지 않고 '의인이었다'라고 말한다. 아담과 하와의 벗음을 도덕적으로 해석하지 않는 이유는 정확히 노아의 벗음을 해석하는 이유와 같아야 한다. 이 해석의 확증은 성경에서 발견된다. 성경

---

11. 구약에서 술에 대해 부정적으로 말하는 특정 설명(ex, 나실인 규정, 렘35:8의 레갑 자손의 금주)을 구속사적으로 이해할 수 있어야 한다. 구약에서 피는 먹을 수 없는 것이었다. 그러나 신약은 피를 먹어야만 한다. 구속사적으로 구약은 참 피가 아닌 가짜를 경고한다. 마찬가지로 신약은 참 술, 새 술을 먹어야만 한다고 말한다. 이는 그리스도의 피다. 이를 상징하는 데 신약은 여전히 술을 사용한다. 예수님의 명령인 성찬의 술도 도덕적으로 이해해서는 안 된다.

은 창세기 9장 21절의 노아의 행동을 결코 잘못으로 정의하지 않는다. 이는 노아가 아니라 그를 비웃은 함의 자손이 하나님의 저주를 받은 것에서 불같이 확증된다. 성경이 내린 판결을 우리가 바꿀 권한이 없다.

(2) 바벨 산

노아 이후 구속사는 새로운 국면을 갖는다. 인간의 역사는 새롭게 출발한다. 성경의 사건을 모든 세부사항까지 기계적이고 도식적으로 완벽히 설명할 수 있다고는 생각하지 않는다. 하지만 성경신학적으로 큰 윤곽은 말할 수 있다. 노아는 아담의 모습으로 등장한다. 아담의 기사에서 아담의 창조창2:7에 이어 곧바로 등장하는 것이 바로 동방의 에덴이다창2:8. 동쪽의 동산에 주목하는 것이다. 그런데 성경은 노아의 후손의 행동을 이렇게 시작한다. 그들은 동방으로 이동했다창11:2.[12] 그리고 평야에 도착했다. 하지만 그들은 평야에 만족하지 않고, 높은 곳을 원했다. 그래서 성과 대를 쌓아 평지를 산으로 만들었다. 그들이 만들려고 한 것은 다름 아니라 성전이었음을 알아야 한다. '성city, town과 대tower'는 그것이 closed mountain이었음을 의미한다.

노아 이후 인류는 성전을 만들려고 했다. 여기서 중요한 것은 스스로의 힘으로 만들려고 했다는 것이다. 거짓 성(전)으로서 바벨은 인간이 만든 인공 산으로서 인공 성전이고 짝퉁 성전이며, 곧 짝퉁 구원을 상징한다. 인간의 산성전, 바벨은 하나님의 산성전이 아니라 실상은 사단의 성이며 뱀의 동산이었다.[13]

---

12. P. Leithart, House for My Name, *A Survey of the Old Testament* (Moscow, ID: Cannon Press, 2000), 52~53은 동산의 동쪽 문에 주목하며 동산으로 가려면 서쪽으로 가야 함을 강조한다. 따라서 동쪽으로 이동하는 것을 동산에서 멀어지는 것으로 해석한다. 가인이 에덴의 동쪽인 놋으로 이동하는 것도 같은 맥락으로 본다. 그러나 필자는 오히려 동쪽의 동산을 인간적인 노력으로 찾아가는 것으로 이해한다. 하지만 결과적 해석은 크게 다르지 않다.

13. 출애굽 역사의 장소인 애굽 제국의 상징성을 주목하는 것은 의미가 있다. 이스라엘은 당시 가장 연약한 나라였다(신7:7). 반면 당시 세상의 최강대국으로서 애굽의 국가적 믿음은 피라미드(pyramid)으로 특징된다. 피라

구속사적으로 바벨탑 사건은 하나님에게 도전한 아담의 죄가 거짓된 구원을 말하는 거짓 종교와 그것을 상징하는 거짓 성전 건축의 병증으로 재발한다는 것을 보여준다. **앞으로의 인간 역사는 하나님의 참 구원의 종교와 그 중심으로서 하나님께서 지으신 산인 '참 성전'과, 인간의 거짓 종교와 그 손으로 지은 '거짓 성전'이라는 두 성전의 이야기로 증폭될 것이다.** 여기서 중요한 것은 거짓된 성전으로서 바벨 탑성을 하나님께서 무너뜨리셨다는 것이다. 이는 후에 이스라엘이 소망을 둔, 손으로 지은 돌 성전이 하나님의 심판을 받게 됨으로써 구속사에서 최종적으로 성취된다.

우리는 이런 읽기의 정당성을 계시록에서 찾게 된다. 계시록은 두 성(전)의 이야기이다. 하나는 바벨탑에서 시작된 바벨론 성으로 땅으로부터 높아진 용의 성이며, 그 반대는 지극히 높은 하늘에서 땅으로 내려오는 예루살렘 성, 하나님의 성이다. 전자는 무너져야 할 거짓 성전이며, 후자는 영원한 참 하나님의 성전이다. 전자의 다른 이름은 소돔이요 애굽으로서 예수님을 못 박은 예루살렘의 돌 성전이다^{계11:8}. 한편 하늘의 새 예루살렘 성의 모습은 에덴의 모습을 빼닮았다. 신부가 있고, 강이 있고, 나무가 있으며, 보석이 등장한다.

미드의 연대는 아브라함 이전으로 올라간다. 아브라함도, 그리고 출애굽 세대 역시 당시 초강대국의 상징으로서 피라미드를 목도했다. 피라미드는 형태적으로 인공 산이다. 부활을 꿈꾸는 파라오(Pharaoh)의 믿음의 장소이며, 태양신의 경배의 장소이다. 피라미드는 나일 강을 따라 건축되었다. 산과 강의 이미지는 인류의 역사가 시작되는 장소의 낯익은 결합이다. 심지어 E. J. Kunkel, *Pharaoh's Pump* (Columbiana, Ohio: Peg's Print Shop, 1973)은 피라미드가 거대한 펌프로서 나일 강과 연결되었다고 말한다. 피라미드는 에덴 동산의 복제품이다. 더욱이 피라미드는 자체가 무덤이다. 아담처럼 거기에서 부활을 소망하며 잠든 왕이자 제사장으로서 바로의 머리의 왕관은 그가 숭배하는 대상을 극명하게 드러낸다. 그것은 뱀이다. 구원의 역사로서 탈출(exodus)의 장소가 애굽이었던 것은 우연이 아니다. 그 상징성을 생각한다면, 인류 역사상 애굽만큼 이를 강력히 보여주는 제국은 없었다. 뒤에 설명하겠지만, 구원의 역사는 서쪽 산에서 하나님을 경배하는 동쪽 산으로의 이동이다. 이점에서 피라미드가 나일 강 서쪽에 위치함은 의미가 있다. 출애굽은 뱀 숭배의 서쪽 산에서 동쪽 예루살렘 산으로의 이동이다.

(3) 시내 산

아브라함 이후 구속의 역사는 또 다시 새로운 단계로 반복된다. 그 후손인 이스라엘의 구속역사에서 가장 중요한 산은 시내 산이다. 구속의 역사가 시간의 축을 따라 발전하고 진전하면서 공간의 축에서도 확대되고 분명해지며 또한 세분화된다. 하나님의 임재의 장소로서 동산은 또 다시 산으로 자리 잡고, 하나님의 임재는 더욱 극적으로 표현된다출19:16~19: 우뢰, 번개 구름, 연기와 진동. 그곳은 더욱 세밀하고 분명한 계명의 산이다. 시내 산은 닫힌 장소였다출19:12. 함부로 침범하는 자는 죽임을 당한다. 또한 그곳은 이스라엘 백성이 아담과 마찬가지로 제사장 나라로 공식적으로 부름 받은 장소이며, 동시에 이스라엘의 결혼의 장소였다렘31:32. 이점에서 시내 산은 분명한 에덴 동산의 복사판이다. 물론 시내 산은 애굽의 동쪽이다.

한편 시내 산은 이스라엘이 여호와의 신부로서 공식적으로 십계명을 받기 전에 먼저 모세가 하나님을 만난 장소로 소개된다. 모세에게 하나님의 임재의 장소 역시 산이었으며, 모세는 (신을) '벗고' 하나님을 만난다. 그 산에서 하나님께서는 **나무 속에서** 자신을 계시하셨다. 창조의 하나님께서는 첫 사람 아담과 동산에서 교제하시며, 그 동산에서 자신의 생명 되심을 생명나무로 드러내셨다. 이제 출애굽의 하나님께서는 이스라엘모세에게 다시 나무와 함께 자신을 드러내신다. 그러나 여기에 반복과 더불어 진전이 있다. 나무만이 아니라 가시와 함께 하나님께서 나타나신다. 바꿔 말하면, 역설적이게도 출애굽의 하나님, 구원과 능력의 하나님 자신은 나무에서 가시에 찔리신 하나님으로 등장하신다. 창세기 타락의 이야기에서 가시는 죄에 대한 하나님의 심판이다창3:18. 따라서 가시떨기 속의 현현은 저주를 스스로 담당하시는 하나님을 드러낸다. 인간이 져야 할 저주를 하나님께서 스스로 지시는 것이다. 이 자체가 순수한 복음이다. 따라서 이 이미지에서 그리스도의 십자가를 보지 못한다는 것은 거의 불가능에

가까운 것이다.[14]

한편 시내 산에서 우리는 계명을 빼고 생각할 수 없다. 시내 산은 계명을 받은 산이다. 다른 말로 시내 산은 계명의 산이다. 이 점에서 우리는 시내 산이 에덴 동산의 이미지를 강력히 드러냄을 본다. 에덴의 중심엔 두 나무가 있었고, 그 나무는 단순한 식물의 종이 아니라 계명의 물화physical embodiment로서 보고 만질 수 있는 계명이었다. 즉 에덴 동산의 중심에 계명이 있었고, 에덴은 그 계명의 동산이었던 것이다. 이런 점에서 계명의 산으로서 시내 산의 위치는 에덴, 더 정확히는 동산이다. 뒤에 보겠지만 그 동산의 서쪽 반half이다.

그런데 여기서 중요한 것은 이스라엘 백성은 시내 산에 정착하지 않았다는 것이다. 이스라엘 백성의 최종 목적지는 더 **동쪽**에 있었다. 이는 성경신학적으로 매우 중요하다. 시내 산에서 세워진 성막은 이동되어야 했다. 최종적으로 세워져야 할 성전성막의 장소는 첫 창조 때와 마찬가지로 두 번육지의 출현과 노아 홍수로 씻김 물을 건너야 한다. 구속사적으로 시내 산 세대, 곧 물홍해에서 나온 첫 세대는 심판을 받은 반면, 두 번째 물요단에서 나온 세대는 아브라함의 약속의 복을 얻게 된다. 뒤에서 보겠지만, 이는 후에 가나안 땅 안에서 다시 한 번 반복된다. 구속사적 모형이 패턴으로 반복되는 것이다. **이스라엘은 모세가 전한 계명의 성전 산에서 더욱 동쪽을 보아야 한다.**[15] 이를 이해하기 위해 우리는 모세 자신의 말로서 신명기를 좀 더 살펴보아야 한다.

---

14. 십자가는 가시의 형벌이다. 손과 발에 철가시를 박아 죽이는 형벌이다. 특히 예수님의 십자가 형벌의 경우 이를 더욱 심화한다. 머리의 가시관과 옆구리의 창이 추가되는데, 이 둘은 본질적으로 가시이다. 가시의 목적은 구멍을 만드는 것이고, 그것의 가장 기본적인 목적은 피를 흘리게 하는 것이다. 피 흘림이 없이는 (죄)사함이 없다(히 9:22). 십자가의 설교에서 고통이 강조되지만, 사실 그 중심은 고통을 넘어 피 흘림에 있다.
15. 시내 산과 대조적으로 가나안은 젖과 꿀이 흐르는 땅으로 묘사된다(출3:8). 에덴에서 흘러 땅을 적신 강물은 젖과 꿀로 표현되어 약속의 땅을 적시고 있다.

(4) 또 다른 모세, 또 다른 성전 산

계명의 동산으로서 에덴은 아담과 불가분의 관계에 있다. 데칼코마니아의 한 면은 '에덴 동산—아담', 이렇게 그려졌고, 그 반대쪽에는 에덴의 반영reflection 으로 '계명의 산, 시내 산—모세'가 등장한다. 모세와 토라는 분리될 수 없는 것 이다. 좀 더 정확히 말하면, 동산성전과 그 계명 그리고 아담은 분리될 수 없고 또 분리되어서도 안 되듯이, 시내 산성전과 토라 그리고 모세 역시 그렇다. '시 내 산—토라—모세'의 묶음 속에서 하나의 변화는 필연적인 상호연관 속에서 나 머지의 변화를 요구한다.[16] 이를 기억하면 이스라엘의 이동을 이해하게 된다.

이스라엘은 시내 산에서 이동해야 한다. 출애굽의 여정이라는 측면에서 말 하자면 Exodus는 계속된다. 여정은 마쳐져야 하며, 다른 산이 필요하다.[17] 이를 인격으로 표현하면 새로운 율법의 전달자, 즉 새 모세가 필요하다. 실제로 이것 이 신명기의 핵심 중 하나이다. 놀랍게도 이스라엘은 또 다른 모세를 기다려야 했다신18:15. 시내 산의 주인공은 십계를 든 모세이다. 모세 율법과 신명기는 온 통 율법과 모세의 이야기다. 그런데 신명기모세의 설교를 말하고 퇴장하는 모세 는 뜬금없는 대사를 한다. 즉 "나는 주인공이 아니다. 나와 같은, 아니 내가 보 여준 바 그 실체로서 주인공을 기다려라."하는 것이다. 이는 함축적으로 또 다 른 계명을 기다려야 한다는 것을 의미한다. 메시아는 모세와 같은 분이다. 모세 는 출애굽의 구원자요, 토라의 전달자이다. 즉 메시아는 새 출애굽과 새 토라를 가져올 것이다.

---

16. 토라는 성전 안의 일들을 규정한다. 토라는 성전법이다. 예수님께서 참 성전이심으로 돌 성전의 기능은 정지된 다. 참 이스라엘이신 예수님께서 성취하심으로 말미암아 언약적 관계는 이제 율법으로 정의될 수 없다. 이강택, "이스라엘의 언약 이야기 관점에서 본 마태복음의 율법", 「Canon & Culture」 6/1(2012).

17. 이런 점에서, 뒤에서 보겠지만, 이스라엘은 토라와 돌 성전 산에서 나와서 그리스도의 말씀과 참 성전이신 그 리스도로 들어와야 한다. 누가복음은 이를 실제로 exodus라고 부른다(눅9:31). 성전 산은 애굽이요 무너져야 할 바벨 성(탑)이다(계11:8).

마태복음은 예수님을 출애굽의 또 다른 모세로 묘사한다.[18] 뒤에 보겠지만 예수님께서 오신 목적을 마태는 **율법과 관련하여** 정체한다. 예수님께서는 새 율법을 주러 오신 분이시다. 신명기의 결론으로서 모세의 유언에 의하면, 이스라엘은 '새로운 성전에서―새로운 계명을―주시는 새 모세'를 기다려야 한다. 모세 자신과 그가 전한 토라는 결국 새 모세를 말함으로써, 함축적으로는 새 모세 이전의 이스라엘에게 진정한 출애굽을 가져올 '모세와 율법 그리고 성전'의 부재absence를 말하는 것이다. 이것을 반드시 기억해야 한다. 메시아가 오시기까지 이스라엘은 '참 성전과 ―참 율법―참 모세'가 없다! 이를 모세 자신이 말한 세겜 언약은 극명히 보여준다.

(5) 그리심 산과 에발 산

신명기 27장에서 모세는 이스라엘 백성이 가나안에 들어가면 가나안 땅의 지리적 중심인 세겜에서 행할 언약식을 말한다. 예견되었듯이 하나님과 백성의 만남과 교제로서 언약의 장소는 다시 한 번 산이다. 또한 세겜은 물의 장소이다요 4:12, 야곱의 우물. 이는 우연이 아니다. 그런데 세겜에서 우리는 두 개의 산을 본다. 다시 한 번 중요한 것은 이 두 산이 계명과 직접적으로 연결되고 있다는 것이다. 그리심 산과 에발 산은 계명의 산이었다. 잘 알듯이 그리심 산은 축복의 산이며 에발 산은 저주의 산이다. 에발 산에는 저주와 관계된 저주의 12조항Dodecalogue이 선언된다. 여기서 중요한 것은 복의 계명이 예견된 그리심 산에서 단 하나의 복도 선언되지 않았다는 것이다. 세겜 언약은 본질적으로 이스라엘 백성에게 복의 계명이 부재하다는 것을 극명히 보여준다. 복은 계명을 통해 얻게 된다.

---

18. D. C. Alison(Jr.), *The New Moses, A Matthean Typology*, (Minneapolis, Fortress Publishing, 1994), 19~20, 그는 모형론의 6가지 장치를 제시한다.

의가 율법의 문맥에서 정의되는 개념이듯이,[19] 성경에서 복 또한 계명의 문맥에서 정의되는 개념이다. 하나님의 복과 저주는 법과 무관히 부과될 수 없다. 따라서 이스라엘은 신명기 전체가 약속한 복이 아직 지연되고 있음을 세겜에서 보아야 한다. 이스라엘은 복을 가져올 새 율법을, 그리고 그것을 가져올 새 모세를 기다려야만 한다. 이것을 보지 못하면 세겜 언약의 본질을 알지 못하는 것이다.

따라서 이스라엘이 모세만을 추앙한다면, 즉 토라만을 고집한다면, 그들은 여전히 시내 산에만 머무는 것이며, 한 번의 물에서 나온 에덴에 머무르는 것이다. 갈라디아서 4장 25~26절에서 사도가 분명히 말하듯이, 그들은 시내 산이 아니라 예루살렘으로 나아가야 하며, 에발 산이 아니라 그리심 산으로 나아가야 한다.[20] 그 산에서 복을 가져올 율법을 전할 새 모세를 기다려야 한다. 반드시![21]

---

19. 성경의 의는 독립적, 추상적 개념으로서 옳음을 의미하지 않는다. 이는 구체적으로 올바른 언약적 관계에 있음을 말하는 전형적인 용어이다. Cf. E. P. Sanders, "On the Question of Fulfilling the Law in Paul and Rabbinic Judaism," in D. David, E. Bammel and C. K. Barrett ed., *Donum Gentilicium: New Testament Studies in Honour of David Daube* (Oxford: Oxford Univ. Press, 1978), 107. 언약적 관계는 언약의 법과 떨어져 정의될 수 없다. 쉽게 말해 법 없이 의는 존재할 수 없다. 성경의 복 또한 같은 맥락에 있다. 복은 의로운 언약적 관계의 결과이다. 법 없는 복과 의는 불가능한 개념이다.

20. 그리심 산은 에발 산의 동쪽에 있지 않다. 구속사는 진전과 변형이 있다. 방향의 불일치가 있지만 전체 의미는 분명하다. 성경신학적으로 아래보다 위가 중요하고, 동쪽이 중요한 만큼 또한 북쪽이 중요하다. 복음서는 예수님 사역의 중심인 갈릴리가 남쪽의 예루살렘과 대조적으로 참 성전의 지역으로 대조된다. 부활하신 예수님께서는 예루살렘 계시지 않고 갈릴리로 가셨다. 북쪽의 가이사랴 빌립보(Caesarea Philippi) 역시 구속사적으로 매우 중요한 위치를 차지한다. 요지는 이것이다. 성경신학적 대조는 동과 서만이 아니라 때로는 북과 남으로도 나타난다. 심지어 반대로도 등장한다. 분열 왕국 이스라엘에서 북쪽은 도리어 심판의 지역이다. 북쪽의 에발 산은 잘 대응되는 듯하다. 핵심은 대조이지, 기계적인 일치가 아니다.

21. 모세와 그리스도의 율법을 중심으로 한 대조는 만나를 중심으로 한 대조와 정확히 같은 맥락에 있다. 모세가 주었던 만나는 먹어도 죽었으며, 새 만나를 먹어야 했다(요6:49). 이는 생명의 열매(떡)인 그리스도 자신이다. 모세가 준 율법은 그것을 따랐어도 생명을 줄 수 없다(롬3:20). 이는 바울 서신 전체가 바다의 모래처럼 말하는 것이다. 그리스도의 새 율법을 따라야 한다.

4. 실현된 동산

(1) 수훈垂訓 산

마태복음에서 예수님께서 오신 목적은 율법과 관계된다. 즉 율법을 완성하심이다마5:17f. 그 의미는 몇 문장으로 설득될 수 없다. 이는 수백 년의 목소리를 30분짜리 카세트recording tape에 담는 것과 같이 불가능한 일이다. 그러나 완성한다는 것이 무엇을 의미하든지 한 가지 분명한 것이 있다. 그것은 모세가 준 율법이 어떤 의미에서 완전하지 못했다는 것이다. 예수님께서는 단순히 토라의 본뜻을 해석하기 위해 오신 것이 아니다. 신명기의 성경신학적 관점에서 새 모세는 새 율법과 함께 오신다. 예수님께서는 해석자Law-interpreter가 아니라 수여자Law-giver이시다. 예수님께서 주신 교훈은 모세 율법의 해석이 아니라 새로운 것이다. 심령이 가난한 자가 천국을 얻고 마음의 청결이 하나님을 보는 것은 신명기 규정의 설명이 아니다. 핍박 받은 자가 천국을 소유한다는 것은 토라의 주해가 아니다.

이를 이해하는 큰 걸림돌은 천지가 없어지기 전에 토라의 일점일획도 없어지지 않는다는 말씀이다마5:18. 이 구절은 토라의 영원을 강력히 지지하는 구절로 읽히곤 했다. 그러나 이는 그 영원성을 강조하는 수사적 표현이 아니다. 도리어 이는 역설적으로 토라의 유한성을 말한다. 그리스도의 오심으로 만물은 새것이 되었다. 새로운 창조가 도래했으며, 새 하늘과 새 땅이 열렸다. 이는 논리적으로 토라의 종결을 결론한다.[22] 사실 이점을 이해하는 것이 핵심이다. 마태복음 5장

---

22. Matuesz Kusio, "Apocalypse on the Mount the Relationship between Matthew 5:18 and 27:45, 51b," *BibAn* 11/1(2021), 79~97은 5장 18절과 24장 34~35절의 유사 정도에 주목한다. 십자가 사건을 통해 종말이 도래했다. 하늘과 땅이 사라졌다. 말씀은 영원하지만, 전체 토라는 지나갔다. W. D. Davies, "Matthew 5 17, 18," *Christian Origins and Judaism* (London Darton, Longman & Todd, 1962), 60~66도 종말적인 천지의 사라짐이 발생함에 같은 입장이다.

20절의 바리새인과 서기관의 의보다 나은 의의 무게중심은 사람이 아니라 율법 자체에 있다. 모세의 자리를 계승하는마23:2 바리새인들 및 율법사들의 토라와 예수님께서 주시는 새 법 사이의 구속사적 차이를 말한다.[23] 법의 차이가 의의 차이를 만든다. 더 나은 의는 더 나은 법을 의의 관점에서 재진술한 것이다. 새 모세인 예수님께서는 새 율법을 주러 오신 메시아시다.

이제 이런 이해 위에 우리는 신약마태이 예수님의 새 법의 본질을 **복**의 측면에서 정의했다는 것을 주목해야 한다. Μακαριοιblessed, 복이 있나니! 예수님의 말씀은 복의 법이다. 다시 말해 마태의 예수님께서는 새 출애굽의 모세 같은 율법을 전하는 선지자시며, 그분의 법은 그리심 산의 지연된 복을 가져오는 법이다. 여기서 반드시 기억해야 할 것은 메시아의 8복[24]이 산에서 선언되었다는 것이다. 세겜에서 이스라엘 백성은 저주를 규정하는 모세의 법을 들었다. 그러나 복의 법이 선언되어야 할 산을 향해 고개를 돌린 이스라엘은 충격적이게도 아무것도 듣지 못한다. 이스라엘에게 복을 가져다 줄 법이 없다.[25] 세겜 언약의 관점에서 메시아는 복을 주는 계명을 전할 모세이다. 마태는 정확이 이 관점에서 예수님을 소개한다. 극단적으로 과격하게 말해 복의 법이 없는 모세의 토라를 그리스도께서 채움으로 완성하신다fulfill. 드디어 고대된 그리심 산의 복의 계명을 이스라엘은 듣게 된다. 팔복 산은 실상 그리심 산이다!

---

23. D. Gallington, "The better righteousness: Matthew 5:20," *Bulletin for Biblical Research* 20/4(2010), 498, 498~499는 Przybylski의 더 나은 의의 양적 접근을 반대한다. 제자들은 바리새인과 서기관과 달리 다른 율법이 아니라 다른 율법의 해석을 따라 살아야 한다는 입장을 거부한다. 더 나은 의는 기독론적, 종말적으로 해석되어야 함을 강조한다. 예수님께서 율법을 단순히 해석함을 **능가하심**을 강조한다.

24. 8은 새로움의 숫자이다. 7일의 창조 후 타락으로 쉬시던 하나님께서는 새로운 역사를 시작하셨고, 이를 보여 주는 성례가 할레이다. 할레는 8일째 받게 된다. 그리스도의 법이 8복으로 제시되는 것 자체는 그 법이 이미 새로운 법임을 드러낸다.

25. 이 법의 부재를 말하는 결정적인 본문이 로마서 7장 18절(육신에 선한 율법이 거하지 아니하다)이다. 7장의 문맥에서 선한 것은 추상적 개념의 선(goodness)이 아니라 앞 절에서 이미 구체적으로 말한 선한 법이다. 로마서 7장 12~13절을 보라. 자세한 것은 J. Song, *Paul's Disinterest in the Fulfilling of the Law - A New Reading of Pauline Theology-* (Bloemfontein: UFS, 2015), Ch. VIII을 참조하라.

이것이 무엇을 말하는가? 모세는 에발 산의 법만을 전했다는 것이다. 토라는 에발 산의 법이다. 즉 저주의 법이다. 저주의 법이라는 표현이 매우 불편하게 들린다. 하지만 바울은 그보다 더 심하게 표현한다. 죄의 법과 사망의 법롬7:25; 8:2이다. 이는 에덴의 용어로 정의하면 선악나무의 계명이다. 에덴의 두 계명, 선악나무의 계명과 생명나무의 계명은 세겜에서 에발 산의 계명과 그리심 산의 계명으로 진전되어 드러난다. 아담이 상실한 생명나무의 계명, 즉 생명의 계명, 복의 계명은 모세가 아니라 오직 예수님의 몫이다.[26] 이를 이해하는 것이 구속사의 골수이며, 복음의 지식빌3:8이다.

이스라엘은 성전과 시내 산의 토라 대신 예수님과 8복 산의 수훈을 받아야 했다. 그러나 아담의 후손은 아담의 선택을 반복한다. 바벨탑 성전을 택한 아담의 후예는 시내 산 광야에서 엎드러졌고, 그 후손은 다시 한 번 인간이 손으로 만든 예루살렘 성전 산과 토라를 선택한다. 에덴에서 시날 평야와 광야를 거쳐 가나안 땅에 들어와 예루살렘에 이르렀지만, 이스라엘은 영적으로 조금도 움직이지 않았다. 그들은 언제나 생명나무의 계명 대신 선악나무의 계명에 집착했다. 이스라엘이 예수님의 말씀 대신 토라를 고집하는 한 생명과 복은 상상할 수 없다. 토라는 근본적으로 구원을 위해 주어진 것이 아니다갈3:11~12. 토라의 위치는 시내 산, 즉 홍해 이후이다. 이는 토라의 구원론적 위치를 분명히 보여준다. 생명의 복은 오직 예수님으로부터만 얻을 수 있다.

(2) 골짜기between the mountains: intermission

우리는 산에 대해 생각해 왔다. 여기서 다음 산으로 옮기기 전에 골짜기에서 쉬며 잠시 막간을 가져본다. 토라가 복을 줄 수 없다? 토라는 하나님께서 주신

---

26. 이는 본인의 해석이 아니라 바울의 해석이다. 골로새서 2장 21절을 보라. 바울은 모세의 토라를 창세기 선악나무의 계명의 용어로 정의한다.

것인데, 어떻게 부정적일 수 있는가? 이는 지금 우리만이 가진 궁금함이 아니다. 이는 정확히 예수님 당시 유대인들이 가졌던 것이기도 하다. 그러나 이에 관한 답은 진리로서 복음처럼 의외로 간단히 말할 수 있다. 첫 계명인 선악지식의 나무의 계명은 하나님께서 주신 법이다. 그러나 그것은 인간에게 저주와 사망을 가져왔다. 이런 점에서 이 법은 하나님께로부터 왔지만, 죄인인 인간에게 본질적으로 죄의 법이요 사망의 법으로 작용한다. 바울의 표현을 기억하라! 죄의 율법과 사망의 율법롬7:25; 8:2. 이런 점에서 선악나무는 정확히 선악의 **지식**의 나무이다. 그 나무와 그 계명은 선과 악을 알게 하여 생명이 없음을 알게 하는 데 있다. 실제로 아담과 하와가 진정한 의미에서 생명나무를 먹어야 함을 알게 된 것은 선악지식의 나무 열매를 먹고 난 후이다창3:22. 선악나무의 계명으로서 토라는 그 안에 생명이 없음을 통해 그리스도와 오직 그분의 법을 역설적으로 알게 한다. 그러나 비극적이게도 세겜 골짜기에 선 이스라엘은 토라가 가리킨 예수님이 아니라 토라의 손가락 끝만을 보는 데 그쳤다.

토라에 대한 집착은 성전에 대한 집착으로, 다른 말로 성전 산에 대한 집착으로 드러난다. 이스라엘은 사람의 손으로 지은[27] 돌 성전을 자랑했다. 이스라엘이 돌 성전 산을 떠나지 않는다면, 그들은 결단코 새 성전으로서 예수님과 그분의 말씀이 주는 복을 얻을 수 없다. 이스라엘은 예루살렘에서 나와야 한다. 누가복음 9장 31절과 요한계시록 18장 4절의 용어는 출애굽의 용어이다.[28] 이스라엘은

---

27. 손으로 지은(χειροποίητος, handmade, manmade) 성전은 바벨 성을 시작으로 인간이 만든 거짓 성전의 정의(definition)이다(막14:58; 히9:11). 그 절정에 예루살렘의 돌 성전이 있다. 실제로 모세는 두 번째 십계명의 돌 판을 깎아 만들었다(출34:1). 이는 언약을 깬 이스라엘의 입장에서 언약 문서를 다시 작성한다는 의미로 읽을 수도 있지만, 돌 성전과 돌 판 모두 인간이 만든 것이라는 것은 돌 성전의 실상을 상징적으로 보여준다.
28. 신약은 예루살렘과 그 지도자들 그리고 종교적 시스템에 매우 도전적이다. 예수님께서는 예루살렘 성전을 하나님의 성이 아니라 불법과 불의의 강도의 소굴로 정체하신다. 바벨론 성과 애굽 성이 무너졌듯이 예루살렘 성전은 무너져야 한다(마24:2; 요2:20; 계11:8). 누가복음 9장 31절은 예수님께서 예루살렘에서 죽으심으로 떠나시는 사건을 Exodus라고 부른다. ἔλεγον **τὴν ἔξοδον αὐτοῦ**, ἣν ἤμελλεν πληροῦν ἐν Ἰερουσαλήμ, 예루살렘에서 이루실 그분의 Exodus를 말씀하고 계셨다.

돌 성전 산에서 나와야출애굽 한다. 스데반의 설교의 논지는 바로 이것이었다행 6:13; 7:48. 이스라엘은 '성전 산—모세—토라'를 떠나 새 성전이신 그리스도 안으로εἰς 들어와 새 산에 올라야 한다. 이런 점에서 옛 세대의 세례요한은 쇠해야 하고 그리스도는 흥해야 하듯이, 돌 성전은 무너져야⇩ 하고 그리스도는 들려야⇧ 한다. 이스라엘은 다른 산에서 예배해야 한다.

구속사에서 율법에 대한 선택은 성전에 대한 선택이며, 동시에 산에 대한 선택이다. 모세의 인격과 그가 전한 토라 그리고 토라 위에 지어진 돌 성전은 불가분의 관계에 있다. **모세가 메시아가 아니라는 말은 돌 성전이 참 성전이 아니라는 말과 같고, 토라가 생명의 계명이 아니라는 말과 동의어이다.** 오직 예수님만이 메시아시다. 그분만이 참 성전이시고, 말씀이신 그분 자신과 그분의 말씀만이 생명의 새 법이다.

한편 구속사에서 모세는 예수님의 예표이다. 출애굽은 예수님의 구원을 분명히 보여준다. 그러나 그것은 단지 모형일 뿐이다. 이런 점에서 본질적으로 연속과 불연속이 존재한다. 마찬가지로 돌 성전과 성전 산은 예수님과 그분의 산의 예표τύπος, ὑπόδειγμα, ἀντίτυπος이다. 연속과 불연속이 존재한다. 돌 성전과 그 산은 에덴의 동산을 투영하지만, 그것은 본질적으로 모형의 실체진리, ἀλήθεια가 아니다. 실체는 따로 있다. 이것을 이해해야 성전 산과 감람산의 관계를 이해하게 된다.

5. 두 나무와 두 산

(1) 예루살렘의 두 산

예루살렘의 성전은 산위에 세워졌다. 사실 성전 산은 한국의 정서로 보면 언덕에 가깝다고 할 수 있다. 하여간 성전은 다시 한 번 산위에 등장한다. 그 산의 중심에 성전이 있고, 그 가장 깊은 곳 지성소에 계명을 담은 언약궤가 있다. 사실 이 점에서 언약궤는 계명의 궤, 즉 법궤이다. 다시 한 번 성전 산의 이미지는 에덴 동산의 이미지를 복사하고 있다.

이는 실로암의 지리적 모습으로 다시 한 번 확증된다. 산 아래 기혼에서 물이 흘러 나가고 있다. 그리고 그 물은 땅을 적시고 실로암의 소경을 치유함으로 생명의 물로 정체된다. 이는 네 강의 발원지였던 첫 성전 산, 곧 에덴의 모습의 복사판이다. 그러나 신약은 예수님의 노골적인 성전산에 대한 반대를 말한다. 예수님 자신이 성전이시다요2:21. 이런 점에서 성전 산은 에덴 동산을 **투영하지만**, 종국적으로 돌아가야 할 에덴은 **아니다**. 이를 이해하기 위해 우리는 에덴 동산의 두 나무를 주목해야 한다. 미리 말하면 **성전 산은 에덴 동산의 일부를 복사한다.** 즉 선악나무의 계명이다. 이를 이해하기 위해 예수님의 인격과 그 사역 속에서 성전을 파악해야 한다.

예수님이 성전이시다. 예수님이 진정한 에덴의 동산이시다. 여기서 중요한 것은 신약에서 성전의 위치가 지표의 좌표적 차원에서 예수님의 인격의 차원으로 이동했다는 것이다. 한 마디로 말해, 이제 그리스도께서 이동하시는 곳이 바로 참 성전이 된다. 이제 에발 산에 대조되는 그리심 산은 GPSGlobal Positioning System의 좌표로 한 곳에 제한될 수 없다. 8복 산이 그리심 산이다. 또한 예수님께서 대제사장으로서 속죄의 기도를 하시면서 피를 뿌리신 감람 산이 그리심 산이다. 그리고 속죄의 어린양 되신 예수님께서 피 흘리신 골고다가 지성소이며, 최종적으로 그리스도의 몸이 바쳐지고 부활하여 다시 나오신 예수님의 무덤이 성전이요 시은좌이다. 예수님의 머리와 발에 있던 천사요20:12는 시은좌의 천사 모형의 실체로서 예수님께서 지성소에 들어가셨음을 증언한다. 또한 토라는 대제사장의 속죄일의 사역에서 그의 의복에 대해 말한다. 대제사장은 지성소에서 제물을 드린 후 의복을 벗어 거기 두어야 한다레16:23. 예수님의 세마포와 수건은 무덤에 남겨졌다요20:6-7. 대제사장은 나와서 제사의 열납을 몸으로 보이며, 그 기반 위에 백성을 향해 복을 선언함으로써 제사를 마친다민6:24~26, cf 레9:22~23. 이를 기억하면 예수님께서 두 손을 들고 복을 선언하며 승천하시는 것눅24:50은 속죄제의 완성과 그 위의 대제사장적 복의 선언임을 보게 된다.[29] 승천의 감람산은 성전의 축복의 자리인 것이다.

그런데 여기서 우리는 예수님의 구속사역이 예루살렘에서 두 산으로 구분되어 성취됨을 주목해야 한다. 십자가와 무덤은[30] 성전 산에서 발생하고 감람 산에서는 기도와 축복과 승천이 이루어진다. 올리브 산은 기름나무의 산이요 한 마디로 빛의 산이다사60:1. 성전 산은 예수님의 저주와 가시와 심판과 죽음의 장소인 반면, 감람 산은 기도와 대제사적 축복의 산이다. 성전 산은 구속사에서 에발 산의 역할을 함으로 시내 산과 동산의 선악나무로 이어진다. 반면 감람 산은 그리심 산의 역할을 했고, 동산의 생명나무로 정체된다.[31]

성전 산이 아니라 올리브 산이 에덴 동산 중앙의 돌아가야 할 생명나무이다. 이런 의미에서 성전 산이 아니라 올리브 산이 **죄인에게** 구원의 참 성전 산이다. 왜냐하면 죄인에게 필요한 것은 동산의 생명나무이기 때문이다. 이런 맥락에서 죄인에게 참 성전은 바로 예수님이시다. 아담 이후 모든 인류는 이미 선악나무의 저주 아래 있다. 이런 점에서 모든 인류는 사실상 시내 산에 있는 것이다. 따

---

29. 오늘날 목사의 축도는 대제사장적 그리스도의 사역을 계승하고 있다. 물론 그 권위는 목사직이 아니라 그가 전한 말씀이다. 말씀이신 그리스도께서 복 주심을 설교한 목사가 그것도 설교한 후에만 할 수 있는 사역이다. 따라서 축도보다는 강복선언이 나은 용어라 할 수 있다.

30. N. F. Hutchinson, "Notes on our Lord's Tomb," *Palestine Exploration Quarterly* (1870), 379~381은 예수님의 무덤을 감람 산에 위치한 것으로 말한다. 이는 매혹적인 제안임에 분명하다. 그러나 모형론적으로 무덤은 성전 산이 더 어울린다. 이어지는 아래의 설명을 보라.

31. 나무와 산의 연결이 일견 어색해 보이나, 나무는 하늘로 올라가는 산과 계단에 상응하는 것으로 성전을 상징한다. Cf. J. Jordan, *Through New Eyes: Developing a Biblical View of the World* (Eugene: Wipf and Stock Publishers, 1999), 81~93.

라서 예수님을 거부한다면 유대인과 이방인은 다르지 않다. 바로 이런 맥락에서 로마서 7장에서 바울은 아담과 유대인을 동일시한다. 토라는 죄인인 모두에게 사망을 선언한다. 유대인도 예외는 아니다. 시내 산에서는 공의와 심판을 만난다. 우리에겐 생명나무가 필요하다. 죄인에겐 생명의 다른 성전산이 필요하다. 이런 점에서 **구원은 선악나무에서 생명나무로의 이동이고, 시내 산에서 예루살렘으로의 이동이며, 성전 산에서 감람 산으로의 이동이다.** 바로 이것이 갈라디아서 4장 25~26절의 바울의 선언이기도 하다. 바벨 산탑과 성이 아니라 예수님이라는 산과 성 안으로 도피하는 자는 생명을 얻는다. 세례는 이를 보여준다. 삼위 하나님의 이름 안으로εἰς 세례를 받는다. 우리는 물에서 나와 성전이신 예수님 안으로 들어간다.

예수님께서는 그분의 이러한 생명나무 됨을 감람 산의 사역을 통해 드러내신다. 예수님께서는 감람 산을 통해 왕으로 입성하셨고마21:1, 선지자로서 강화를 주셨다마24장. 예수님께서는 감람 산에서 제사장으로 피 뿌리는 기도를 하셨고눅39, 44장, 이 산에서 왕으로 승천하셨다눅24:50. 다시 한 번 공교롭게도 그 산은 성전 산의 **동쪽**에 위치한다. 이스라엘은 성전 산 위 성전의 아름다움이 아니라 그 맞은 편 동쪽 감람 산의 참 성전 되신 예수님의 영광을 보아야 한다.

'성전 산과 그 동쪽의 감람 산'은 '손으로 지은 모세의 성전과 그리스도의 인격과 그의 구속 역사로 점철된 참 성전'의 모습을 대조한다. 성전 산이 에발 산이며, 감람 산은 그리심 산이다. 성전 산은 저주와 관련된 산이며, 따라서 무너져야 한다. **이스라엘 백성이 에발 산에서 모세의 법을 따라 저주를 선언했고, 새 모세이신 그리스도께서는 제자들과 함께 감람 산에서 맞은편 돌 성전 산을 향해 저주를 선언하신다.** 어디가 그리심 산인가? 이 질문은 요한복음 4장에서 구속사의 절대 절명의 질문으로 등장한다. 어디서 예배해야 하는가? 성전 산은 그리심 산인가? 사실 이 질문은 그 자체가 촌철살인 같은 답을 유도한다. 예루살렘의 성전이 모세가 말한 그리심 산인지 보라는 것이다. 그리심 산도, 예루살렘 산도 아니라 예수님께서 참 성전이시다. 우리는 그 안에서 예배해야 한다.

(2) 성전 산과 변화 산

예수님의 구속 역사로서 삶의 마지막인 예루살렘 입성은 왕이신 하나님의 '입-성전'이다. 그러나 그 성전은 이미 하나님의 집이 아니었다. 상과 의자를 엎으심은 실상 성전을 엎으심이다. 이미 성전은 그날 그렇게 무너졌다. 마태복음 21장의 이어지는 날 무화과나무 저주 사건은 예수님의 행동의 의미를 설명한다. 그리고 이를 이해하는 것은 마태복음 17장의 비슷한 말씀을 이해하는 열쇠를 제공한다.

예수님께서는 무화과나무에 다가가신다. 그러나 무화과나무에는 열매가 없었다. 예수님께서는 저주를 선언하신다. 이에 놀란 제자들에게 예수님께서는 산과 믿음의 이야기를 하신다마21:21. 여기서 매우 중요한 것은 나무와 산 그리고 열매라는 강력한 에덴의 이미지가 반복되고 있다는 것이다. 여기서 저주라는 결정적 단어는 성전 산의 가면을 벗기고 그 진면을 드러낸다. 예루살렘 성전과 그 산은 열매 없는 성전이며, 저주와 관련된 성전이다. 그 성전, 그 산에서는 열매를 기대할 수 없다.

이런 문맥에서 믿음이 있고 의심치 않으면, 이 산더러 들려 바다에 던져지라 해도 그대로 될 것이라는 말은 믿음의 능력을 강조하는 수사적 과장이 아니다. 본문의 산을 세상에서 일반적으로 말하는 무거운 땅덩어리로 읽으면 그 의미를 결코 손에 쥘 수 없다. 본문은 초나라 항우의 '역발산기개세'의 성경판Biblical Version이 아니다. 문맥은 심판의 문맥이다. 산이 바다에 던져짐은 무화과나무가 마른 것과 같은 문맥에 놓인다. 긍정적이지 않고 부정적이다. 바다에 던져짐은 심판의 용어이다. 첫 세상은 바다에 침몰되었고, 애굽의 군대는 바다에 던져졌고, 거라사 돼지 때 역시 바다에 수장되었다. 결정적으로 본문에서 산은 수사적 구성요소로서 어떤 산이 아니라 예수님께서 입성하시는 산, 강도의 굴혈이 되어버린 **이 산**τῷ ὄρει τούτῳ이다. 문법적으로 지시 형용사와 더불어 관사와 단수는 그 산을 분명히 특정한다. 신자들 인생의 장애로서 어떤 산들이 아니라 바로 그 산이 바다에 던져져야 한다.

이런 설명은 일견 매우 이상히 들릴 수 있다. 그러나 이는 17장의 기사를 통해 검산할 수 있다. 21장 21절과 17장 20절은 대조 속에서 서로를 해석한다 intertextual interpretation. 예수님께서는 여기서도 산을 믿음과 함께 말씀하신다마 17:20. 참 믿음은 산을 옮긴다. 그러나 이 또한 믿음의 능력power을 강조하기 위한 수사적 과장이 아니다. 본문은 여기서도 어떤 무거운 것으로서 산이 아니라 특정한 산을 말하기 때문이다. 바로 변화 산이다. 구속사에서 성경신학적으로 산은 성전을 의미한다. 변화산은 변하신 그리스도의 신적 현현의 장소로서 성전 됨을 남김없이 드러낸다. 베드로가 집을 짓는다는 것은 거주의 장소를 건축하는 것을 말함이 아니다. 이는 사실상 성전을 짓겠다는 의미이다. 다윗의 경우에도 그렇듯이, 성전은 아무나 짓는 것이 아니다. 다윗이 아니라 다윗의 자손에게 허락되었다. 마찬가지로 베드로가 아니라 베드로의 고백 위에 예수님께서 지으시는 것이다. 다시 한 번 성전은 인간의 손으로 짓지 아니한 것이어야 함이 반복된다.

변화 산은 비록 성전이 위치하고 있지 않았지만, 그곳이 참 성전 산이었다. 베드로가 신앙을 고백한 헐몬 산 아래 샘으로 유명한 가이사랴 빌립보가 예수님께서 세우시는 교회, 즉 성전의 토대였듯이, 그리스도께서 자신의 신성을 드러내신 변화 산이 참 성전 산이다. 이는 예루살렘 성전 산과 그 위의 성전이 진짜가 아님을 즉각적으로 함축한다. 바로 이때 예수님께서는 의미심장한 말씀을 하신다. 바로 이 산이 옮겨져야 한다는 것이다. 그리고 그것은 믿음과 관련된다.

그러나 아직도 제자들은 믿음이 없다. 그렇지 않았다면 변화 산과 성전 산의 실체를 이미 보았을 것이다.

17장의 변화 산의 배경 위에 21장의 입성 기사를 겹쳐놓고 읽을 때, 그 대조와 반전을 비로소 파악하게 된다. 합법적, 즉 토라에 의해 돌 성전이 세워진 성전 산은 가짜이며 바다에 던져져야 한다. 나는 이미 입성 시 예수님께서 성전을 던지셨음_{엎으심}을 말했다. 예수님의 사역 속에서 성전과 토라는 바다에 빠졌고, 첫 에덴 성전 (동)산을 중심한 옛 세상_{하늘과 땅}은 이미 물에 잠겼다.[32] 세상은 이제 물에서 다시 나와야 한다. 그리고 그 자리에 변화 산이 옮겨져 새롭게 세워져야 한다.[33] 이 둘_{무너뜨림과 세움}은 믿음으로만 파악되며, 또한 믿음으로만 성취된다.

예수님의 성전 심판은 결국 예수님의 일을 계승한_{요14장} 제자들을 통하여 수행된다. 성전의 무너짐은 예수님의 사역 중에 이루어지지 않고, 그 제자들의 사역을 통해 성취된다_{주후 70년}. 제자들의 복음을 거절하고 그들을 반대한 이스라엘에게 쏟아진다. 실행의 측면에서 제자들을 통해 성전은 무너졌다. 믿는 제자들은 결국 그리스도께서 하셨던 무화과나무를 마르게 함보다 더 큰 일, 즉 성전 **산**을 바다에 던졌다. 그리고 하나님의 성전으로서 교회 역시 믿음의 제자들을 통해 옮겨져 십자가 위에 세워진다. **믿음은 성전을 던지고 참 교회를 옮겼다.**

---

32. C. H. T. Fletcher-Louis, "The Destruction of the Temple and the Relativization of the Old Covenant: Mark 13:31 and Matthew 5:18," in K. E. Brower and M. W. Elliott ed., *"The Reader Must Understand": Eschatology in the Bible and Theology* (Leicester: Apollos, 1997), 163은 마태복음 5장 18절의 하늘과 땅을 상징적으로 읽는다. 하늘과 땅은 성전을 의미한다. 따라서 토라는 성전이 무너지면서 사라지는 것이다.

33. 여기서 예수님의 용어 사용의 정밀함에 민감해야 한다. 마태복음 17장 20절과 21장 21절은 그 유사함으로 같은 교훈, 즉 믿음의 능력을 말하는 것으로 두루뭉술하게 이해되곤 한다. 그러나 변화산은 이동(μεταβαίνω)되어야 하고, 성전산은 던져져야(βάλλω)한다.

6. 에덴 산과 골고다 산

그리스도의 십자가는 산에 세워졌다. 이는 매우 중요하다. **생명** 되신 예수께서 **나무**에 달려 산 위에 서셨다. 이는 에덴 이후 인류의 역사에서 가장 선명한 이미지이다. 십자가의 예수님께서는 에덴의 생명나무의 열매이시다. 그 예수님께서 우리를 위해 저주를 담당하신다. 예수님께서는 스스로 저주가시를 당당하신 하나님이시며, 이런 점에서 십자가는 호렙 산의 가시떨기이다. 십자가 형의 특징은 고통이 아니라 찔림이다. 이점을 망각함은 호렙과 골고다의 구속사적 고리를 끊는 것이다. 채찍도 사실상 온 몸을 가시로 찌르는 것이며, 채찍에 이어 가시관과 십자가에 박히신 그리스도께서는 머리에서 손과 발끝까지 가시에 찔리신 예수님이시다. 그리고 그분의 죽음의 마지막은 가장 큰 가시창로 찔려 피를 쏟는 것이다. 생명나무로서 십자가의 다른 이름은 가시나무이다.

여기서 다시 한 번 십자가의 극명한 상징성은 소름끼치도록 반복된다. 옷 벗으신[34] 예수님의 옆구리를 통해 물이 쏟아진다. 그리스도의 피는 생명의 물이다. 십자가를 타고 땅에 부어진 그리스도의 보혈은 에덴 동산 중심의 생명나무를 지나 세상을 적셨던 생명의 물이 무엇을 말하려 했는지를 드러낸다. 이제 온 세상은 그리스도의 피로 적셔져야 하며, 새 인류인 교회는 아담처럼 복음으로 세상을 정복해야 한다. 제자들은 다시 한 번 산에서 예수님의 왕적 권세를 받고 세상을 다스릴 명령을 받는다마28:16~20.

십자가, 그 곳이 바로 돌아가야 할 에덴 동산의 나무이다. 첫 동산지기, 옷 벗은 아담이 옆구리를 상해 아내에게 생명을 주었던 곳이 동산이듯이, 참 성전지

---

34. 예수님의 옷 벗김은 중의적이다. 아담의 맨몸은 처음엔 그의 의였다. 그러나 타락 후 죄의 부끄러움을 상징한다. 그리스도의 옷 벗김은 이 양자를 포괄한다. 인간의 죄의 부끄러움을 당하신 그리스도께서는 부끄러움이 없었던 첫 사람 아담의 모습을 회복하는 마지막 아담으로 구속의 절정에 등장하신다.

기, 즉 제사장이신 예수님께서는 진정한 동산지기이시다. 동산지기 예수님께서는 그분의 아내 된 교회를 위해 옆구리를 상하신다. 요한은 부활하신 예수님을 첫 번째로 만난 인물을 여인으로 소개하며, 그가 예수님을 동산지기로 불렀다는 것을 증언한다요20:15. 이는 우연이 아니며 지나가는 표현이 아니다. **잠에서 깬 동산지기가 여인을 만난다! 이 한마디가 온 인류 역사와 그 역사를 온 몸으로 뒤틀어 제자리로 옮겨 놓으신 예수님을 설명한다. 비록 이를 들을 수 있는 자들에게만 해당될지라도 말이다!**

머리뼈해골 언덕, 골고다에 선 나무에 가시 찔린 그리스도의 발은 뱀의 머리를 밟으신 메시아의 상한 발이다창3:15. 선지자행1:16; 4:15 다윗은 이를 예표하여 골리앗의 해골을 예루살렘으로 가져왔다삼상17:54. 골고다 이름의 기원은 지형이 아니라[35] 다윗의 구속 **역사적** 기사에 근거한다. 다윗의 후손이신 그리스도께서는 십자가에서 상한 발로 골고다, 즉 골리앗의 머리를 밟으심으로써 원시복음창3:15을 성취하시고, 에덴의 동산 동쪽의 불길을 여신다. 성령의 불을 통과한 자는 생명나무의 열매, 십자가에 달리신 그리스도의 몸과 피를 마신다.

---

35. 1883년, 영국 C. G. Gordon 장군이 성지를 탐구하다 다마스쿠스(Damascus) 문 북동쪽 암반 언덕을 보고 그 모양이 해골을 닮았다고 주장한 것에 기인한다. 그러나 이는 역사가 아니라 상상에 기반을 둔 것이다. 그러나 놀랍게도 골고다를 해석함에 Gordon의 이야기를 하는 것은 역사적 접근인 반면, 다윗의 골리앗 이야기를 하는 것은 알레고리적 접근이라는 비판을 듣는다.

7. 지성소와 성소 - 성전 산과 감람 산

나는 앞장 "두 나무와 두 산"에서 성전 산과 감람 산을 에덴 동산의 두 나무로 연결했다. 에덴의 동산의 두 나무는 창조 때부터 이미 구속사의 작정예정을 여실히 드러낸다. 그런데 이 작정이 모형적으로 에발 산과 그리심 산으로 확대되지만, 또 한편으로 성전 자체의 구조 속에서도 축약적으로 반복되어 구현된다.

지성소와 동쪽의 성소는 둘 다 하나님의 거룩한 성전 내부이지만 구분이 있다. 이는 단순한 거룩의 등급이 아니다. 지성소는 법궤의 장소이다. 법궤에는 계명의 돌판, 아론의 싹 난 지팡이율법의 나무와 만나가 있었다히9:4. 대조적으로 동쪽 성소에는 분향단, 등대, 진설병이 있다. 양쪽에 나무 형상이 있고, 떡이 있다. 그러나 이 유비와 대조 속에서 어느 것이 진짜 인류에게 필요한 나무이며 만나떡인지를 보게 한다. 오른쪽 나무 모양의 등잔대와 생명나무가 연결될 수 있다.[36] 진설병 역시 아담의 양식과 연결된다.[37] 왼쪽은 돌판의 계명을 따라 심판과 피 뿌림의 중심이고, 오른쪽은 기도와 빛과 참 만나떡의 장소이다. 익히 알고 있듯이, 분향단은 기도를 상징한다. 참 떡이신 그리스도께서는 빛의 산 올리브나무 산에서 기도하셨다. 무엇을 보는가? 성전 산에서 피를 흘리시고 죽으신 예수님과 빛의 산기름 산에서 기도하시는 예수님. 성전 내부의 서-동편은 예루살렘의 두 산, 서쪽의 성전 산과 동쪽의 감람 산의 모습을 예표하고 있다. 여기까지 필자의 설명을 충분히 이해했다면, 이 동서의 대조에서 빠진 것에 대한 마지막 질문이 떠올라야 한다. 모형적 대조 속에서 성전 산의 십자가가 심판과 죽음의 선악나무라면, 감람 산의 생명나무는 어디에 있는가?[38] 이를 이해하기 위해 새 창

---

36. G. K. Beale, *The Book of Revelation*, NIGTC (Grand Rapids: Eerdmans, 1999), 234~236.

37. J. H. Walton, *Genesis*, NIVAC, (Grand Rapids: Zondervan, 2001), 182

38. N. F. Hutchinson, "Surveys in Palestine by Captains Mieulet and Derrien, of the French Etat Major,"

조의 의미를 이해해야 한다.

새 하늘과 새 땅은 옛 하늘과 옛 땅과 전혀 다른 것이 아니다. 새 것은 옛 것이 변화된 것이다. 육으로 난 나와 성령으로 거듭난 나 또한 마찬가지이다. 나는 전혀 다른 인격과 영혼의 복제품clone이 아니다 나는 동일한 나다. 그러나 새로운 피조물로 바뀐 완전히 새로운 사람이다. 모세의 토라와 그리스도의 새 법은 연속과 불연속이 있다. 율법은 일점일획도 폐기되지 않고 그리스도의 새 법으로 바뀐다. 이는 새 해석의 차원이 아니다. 이것을 이해하면 옛 성전과 새 성전의 연속과 불연속을 이해한다. 옛 성전은 그리스도를 예표하는 면에서 연속하지만, 본질적으로 그리스도만이 참 성전이시다. 옛 성전과 그 법 토라가 참 성전과 새 법으로 새롭게 변화되어 창조된다. 이 새 창조를 성경은 구속Redemtion이라고 부른다.

이렇게 구속의 새 창조 속에서 선악나무와 그 사망의 계명이 생명나무와 생명의 계명으로 변화 성취된다. 옛 성전과 그 법을 통해, 즉 선악나무가시나무를 통해 하나님을 만났던 이스라엘은 참 성전과 새 법을 통해, 즉 생명나무를 통해 하나님을 만나야 했다. 한 마디로 구속의 역사는 **선악나무를 생명나무로 바꾸는 하나님의 새 창조이다.** 다시 거슬러 올라가 말하자면, 옛 성전을 참 성전으로 바꾸며, 물을 포도주로 바꾸며, 옛 세상을 새 세상으로 바꾸는 참 창조의 역사이다. 이런 점에서 선악나무인 가시나무, 즉 십자-나무가 생명나무로 변화된다. 그리스도의 죽음이 세상의 생명으로 바뀐다.

Palestine Exploration Quarterly July(1873), 113~115의 주장을 이어 E. Martin, *The Place of Christ's Crucifixtion: Its Discovery and Significance* (Pasadena, Calif: Foundation for Biblical Research, 1984)는 골고다를 성전 산이 아니라 감람 산에 위치한 것으로 주장한다. 이 소책자는 *Secrets of Golgotha: the forgotten history of Christ's Crucifixion* (Alhambra, Calif, ASK Publication, 1988)로 증보된다. 매력적인 이 제안은 연구할 가치가 있다. 하지만 성전 산이 가시와 저주 그리고 죽음의 산으로 그 동쪽 감람 산은 생명과 부활의 산으로 대조된다면 골고다의 위치는 감람 산 서쪽의 성전 산이 더욱 그럴 듯하다.

바로 이렇게 선악나무가 생명나무와 구속역사에서 겹쳐진다. 마치 아담 안의 내가 그리스도 안의 나와 겹쳐지듯이 말이다. **이렇게 구속사의 진전 속에서 모형론적으로 성전 산과 감람 산은 구분되면서 동시에 중첩된다. 이를 이해해야 십자가가 선악나무요 가시나무이며 동시에 그리스도의 몸에서 물과 피를 쏟아내는 생명나무임을 보게 된다.** 지리적으로 옛 성전의 토라의 저주를 받아 가시 박힌 십자가는 서쪽 성전 산에 세워졌지만, 실상은 그리스도께서 엎으시고 이미 옮겨 세우신 참 성전의 동쪽 감람 산에 서 있는 것이다. 하나님께서는 이렇게 동쪽 감람 산에 예견된 생명나무를 성전 산 십자가에서 드러내신다.[39]

7. 나오면서

우리는 어느 산에 있는가? 신자는 거듭난 자들이다. 세례는 거듭남을 의미하고 더 정확히 물에서 두 번 나옴을 말한다. 우리는 어머니의 뱃속의 양수에서 나오고, 세례를 통해 다시 물에서 나온다. 성경은 세례의 도구를 물로 말하지만, 그 실상은 불임을 말한다. 성령의 세례는 불로 세례 받음이다. 오순절의 성령 받음은 교회가 성령의 불세례로 새롭게 탄생했음을 증거한다. 세례 받은 자는 불을 지난 자들이다. 지성소로 들어가기 위해 불의 제단_{번제단}을 지나야 하는 것과 같다. 번제단은 더러운 것을 제하는 칼과 불의 제단이다. 신자는 그리스도의 말씀의 칼로 더러움을 잘라내고, 성령의 불로 씻김으로써 제단을 지난다. 오순절 신자들의 머리에 임한 성령은 갈라지는 혀 같은 불로 나타났다_{행2:3}. 성령의 불을 지난 신자들은 여러 방향으로 오가는 불 칼을 지난다_{창3:24}. 그렇게 예수님과 함

---

39. 이런 읽기를 알레고리로 거부한다면, 성전과 그 모든 기물은 절대적으로 물리적 의미에만 머물러야 한다. 결코 그리스도 예표적 의미로 해석될 수 없다. 그것이 바로 예수님을 거부한 유대인들의 해석법이다.

께 우리가 임한 곳은 하늘의 예루살렘, 즉 참 성전 산이다히12:22. 우리가 이른 산의 십자가는 쫓겨난 동산의 생명의 나무요 생명수의 근원이다.

이렇게 성령의 세례 후, 즉 두 번째 강요단 강을 건넌 후,[40] 우리는 예수님 안에 있다. 즉 참 성전 안에 있다. 우리는 이미 영적으로 에덴 동산에 들어와 있다. 새 동산엔 오직 생명의 나무만 있다. 우리가 이미 들어와 있는 생명나무의 동산 성전을 우리는 교회 예배를 통해 드러낸다. 우리는 성전 되신 예수님 안에서 교회 공동체로 모여 그 성전 중심에 있는 십자가를 만나고, 새 법이신[41] 예수님의 말씀을 받는다. 동산의 중심에 계명이 있었듯이, 예배의 중심에 말씀이 있다. 생명의 계명이 생명나무 열매와 물과 연관되었듯이, 듣는 설교 말씀은 먹는 말씀인 성찬이 되고, 우린 그 성찬의 떡과 포도주를 통해 생명 열매와 생명수를 마신다. 이렇게 우리는 특히 예배 속에서 우리가 어디에 있는지를 본다. 우리가 예배하는 곳은 그리심 산도, 예루살렘의 성전 산도 아니고, 참 하늘의 예루살렘, 새 에덴 동산의 생명나무이다. 우리가 지금 여기 한반도에서 예배하지만, 실상은 에덴의 동쪽에 있다.

설교를 통해 그리스도의 말씀인 생명의 법을 듣는 자는 저주 대신 복을 약속받는다. 사망이 아니라 생명의 약속을 성례를 통해 맛보고 끝으로 복의 선언축도을 받는다. 산꼭대기에서 손을 든 모세가 그랬듯이출17:10~11, 산에서 손을 드신 채 강복하며 승천하셔서 하늘의 참 지성소에 들어가시고 그 손을 여전히 내리지 않으시는 그리스도의 복 내림강복을 목사를 통해 보고 듣는다. 땅에서 우리가 이른 곳은 하늘 대제사장의 하늘 성전이다. 아버지의 뜻이 하늘에서와 같이

---

40. 이런 맥락에서 요단 강은 죽어서 건너는 곳이 아니다. 성령으로 세례 받은 우리는 이미 요단을 건넌 자들이다. 히브리인의 문자적 의미를 강을 건넌 자로 볼 때 우리가 바로 히브리인들이다.
41. 예수님 자신이 하나님의 말씀이시다(요1:1, 14). 예수님 자신이 율법을 대체하신다. F. Thielman, *Theology of the New Testament A Canonical and Synthetic Approach* (Grand Rapids: Zondervan, 2005), 91.

땅에서도 이루어져야 하듯이, 하늘 지성소가 땅에서 이루어진다. 우리가 드리는 예배는 바로 그런 것이다!

거자씨만한 믿음이 있는 자는 본다.
땅의 예루살렘 성전이 **던져진 뒤**
하늘의 새 예루살렘 성전이
지금 여기 우리의 예배 가운데 **옮겨졌음을!**

마17:20; 21:21

4장

도시와 제국, 어떻게 설교할 것인가?

신득일

1. 들어가면서

현대어로 '도시'란 촌락과 구분된 말로서 사회적, 경제적, 정치적 중심이 되는 장소를 의미한다. 그러면 도시에 대해서 논할 때 도시의 발전과 역사 및 생활과 관련된 도시의 다양한 기능과 의미를 설명해야 하겠지만, 본고에서는 도시의 신학적 의미를 드러내는 데 치중한다. 그것은 본문의 흐름을 따라 구속사적인 의미를 이끌어내는 작업이다. 여기서 구약에 나타난 도시를 다 언급할 수 없기 때문에 아우구스티누스가 "하나님의 도시The City of God"에서 분류한 방식을 따라서 설명할 것이다. "우리는 이 인류를 두 갈래로 분류해왔다. 하나는 인간을 따라 사는 사람들로 구성되고, 다른 하나는 하나님을 따라 사는 사람들이다. 우리는 이것을 또한 신비하게 두 도시 또는 인간의 두 공동체라고 부른다."XV. I. 1.[1] '제국'에 대한 설명도 같은 방식으로 전개할 것이다.

---

1. Augustine of Hippo, "The City of God," in *St. Augustin's City of God and Christian Doctrine*, ed. Philip Schaff, trans. Marcus Dods, vol. 2, A Select Library of the Nicene and Post-Nicene Fathers of the Christian Church, First Series (Buffalo, NY: Christian Literature Company, 1887), 284.

2. 용어와 개념

구약에서 도시를 가리키는 주된 히브리어 단어 '이르ʿîr'는 1092번 사용되었다.[2] 그렇지만 이 단어가 한글번역에서는 획일적으로 한 단어로 번역되지 않고, '성, 성읍, 도성, 도시'등으로 다양하게 번역되었다. 이 번역만 보아도 '이르'가 한 유형의 거류체제나 현대 사회적, 정치적 개념을 지닌 도시를 의미하지는 않는다는 것을 알 수 있다. 구약의 도시란 어떤 제도적 기준이 있는 것은 아니고, 기본적으로 유목민의 거류지와 구분되는 지역으로서 다소간 영주할 수 있는 정착지를 의미한다. 그것은 인구규모나 도시면적의 크기와는 상관이 없다. 이 도시는 주로 견고한 성벽에 둘러싸여 있고, 성벽이 없는 거주지를 '고을ʿārê hǎppᵉrāzîm'이라고 번역했다신3:5. 그러니까 성벽이 없는 정착지도 '도시이르'인 셈이다.

한글로 '성읍' 또는 '성'으로 번역된 또 다른 히브리어는 '키르야qiryā'이다신2:36; 3:4; 욥39:7; 잠10:15; 11:10; 18:11, 19; 29:8; 사24:10 25:2, 3; 26:5; 합2:8, 12, 17. 이것은 '이르'와 같은 의미로 쓰이기도 했지만, 주로 소도시나 마을을 의미한다.[3] 구약의 수많은 지명이 이 단어의 합성어이다기럇-아르바, 기럇-세벨, 기럇-여아림 등.[4]

구약은 이스라엘이 가나안 땅을 점령하기 이전의 도시를 왕mḝlḝk이 통치하는 도시국가의 형태로 제시했다수10:5. 가나안의 도시국가의 형태는 성경의 외적 증거에서도 나타난다. 당시 가나안은 이집트의 통치하에 있었기 때문에 그곳 도시의 통치자들은 바로의 봉신들이었다. 그때 도시의 통치자들을 '지방장

---

2. Ludwig Koehler et al., *The Hebrew and Aramaic Lexicon of the Old Testament* (Leiden: E.J. Brill, 1994-2000), 821. *ʿîr*는 '보호하다, 돌보다'를 의미하는 *ʿyr*에서 온 것으로 보인다(신32:11; 욥8:6). Ott Eissfeldt, *TDOT*, Volume 11, 54.
3. *HALOT*, 1142.
4. *qiryat*는 *qiryā*의 연계형이다.

관*ḫazannu*'이나 '왕*šarru*'이라고 불렀다.[5] 그러나 가나안을 점령한 이후 이스라엘에서는 어떤 형태로든 도시국가의 형태가 사라졌다.

제국은 여러 민족을 하나의 통치체제를 이루어서 다스리는 정치체제를 의미하지만, 구약에는 '제국'에 해당하는 단어가 없다. 다만 제국에 해당하는 개념의 용어로 제국의 수도가 되는 도시명바벨론이나 "땅의 모든 나라들*kōl-mamlᵉkōt 'ereṣ*"이란 용어가 사용되었다렘34:1. 이런 표현은 지구상의 모든 나라를 의미하는 것이 아니기 때문에 현대인이 생각하는 제국의 개념과는 다르다고 할 수 있다. 성경의 용어는 그 당시의 제한된 세계관을 반영한 표현이거나 왕의 통치권을 과장해서 쓴 것으로 보인다.

3. 도시

(1) 인간의 도시

① 성경에 나타난 최초의 도시는 가인이 건설한 에녹이란 이름을 가진 도시이다창4:17. 그런데 가인은 농사짓는 사람이지 도시를 건설하는 데는 잘 맞지 않는다. 그래서 본문을 이렇게 번역하기도 한다. "⋯⋯ 에녹을 낳았는데 그가 성을 세우고 그 성의 이름을 그의 아들*이랏*의 이름을 따라서 불렀다."[6] 이 도시의 이름이 '*이랏Irad*'이라면, 이 도시는 메소포타미아의 전설에 최초의 도시로 알

---

5. William L. Moran, *The Amarna Letters*, English-language ed. (Baltimore: Johns Hopkins University Press, 1992), xxvii.

5. William L. Moran, *The Amarna Letters*, English-language ed. (Baltimore: Johns Hopkins University Press, 1992), xxvii.

6. Gordon J. Wenham, *Genesis 1-15*, WBC, Volume 1 (Dallas: Word, Incorporated, 1987), 93. "특이하게 주어가 동사와 너무 떨어져 있지만 그것은 아마도 에녹이 '부르다'라는 동사의 주어가 되어야 할 것을 의도한 필사자의 실수일 것이다." 111.

려진 '에리두Eridu'와 유사한 이름을 가졌다고 할 수 있다.[7] 하지만 그것은 언어적인 추측일 뿐이지, 같은 도시인지는 알 수 없다.[8]

성경은 이러한 도시건설을 통하여 하나님을 떠난 세속도시의 모습을 보여준다. 거기서 미개하고 열등한 유목생활이 아닌 목축을 시작하고야발, 관악기와 현악기가 제조되고유발, 고대사회의 금속도구와 무기와 같은 기계문명이 시작되었다두발가인. 이런 도시문명이 얼핏 보기에는 크게 문제가 없는 것 같지만, 결국 그들의 풍요로운 삶이 창조질서를 거스르는 결과를 가져왔다. 대표적으로 살인과 일부다처제를 행한 것이다라멕. 일부다처제의 결과는 나중에 홍수심판으로 이어진다. 세속도시는 인간의 쾌락과 욕망을 드러내는 장으로 나타난다.

② 바벨탑 사건은 전형적인 도시의 모습을 보여준다. 언어가 하나일 때 사람들이 시날 평지에서 도시를 건설한 것은 여러 도시 가운데 한 장소에서 일어난 사건이 아니고 전체 인류인 노아의 후손들의 거주형태로 보아야 할 것이다.[9] 시날 땅은 메소포타미아 지역으로 볼 수 있다. 왜냐하면 "벽돌로 돌을 대신하며"라는 표현은 돌이 없는 지역을 가리키기 때문이다. 팔레스타인에는 돌이 매우 많은 곳이기 때문에 벽돌을 구울 필요가 없다.[10] 따라서 이곳은 석재가 귀한 메소포타미아 남부 수메르 지역으로 봐야 할 것이다.[11]

---

7. 아카드어 *eridu*의 'u'가 주격인 것을 고려하면 격어미가 없는 히브리어로는 *Irad*로 표기할 수 있다. 물론 모음은 변화되었다고 봐야 한다.

8. John H. Walton, *Genesis*, The NIV Application Commentary (Grand Rapids, MI: Zondervan, 2001), 276.

9. 창세기 10장은 노아의 후손을 분류하면서 각 민족의 언어가 흩어진 것을 언급하고 있다(5, 20, 31). 그렇지만 이 언어는 바벨탑 이후에 생긴 것으로 봐야 한다. 왜냐하면 이 족보는 이미 노아의 후손으로 인해 형성된 민족이 각 지역으로 흩어져서 독자적으로 존재했기 때문이다.

10. "한 유대의 우화에 따르면, 하나님께서 창조시에 두 마리 큰 황새에게 모든 돌을 땅위에 흩어놓으라고 나누어주셨다. 그런데 한 마리의 황새가 팔레스타인 위에서 부대를 터뜨렸다. 그래서 세상의 돌의 반이 성경의 땅에 떨어졌다." O. Palmer Robertson, *Understanding the Land of the Bible: A Biblical-Theological Guide* (Phillipsburg, NJ: P&R Publishing, 1996), 30.

11. "시날은 티그리스-유프라테스 강 유역의 낮은 지대를 가리키는 성경의 명칭 중 하나이다. 이 말은 오랫동안 언어적으로 '수메르'와 일치하는 것으로 여겨졌다." Victor Harold Matthews, Mark W. Chavalas, and John H.

본문이 말하는 사람들의 계획은 성읍과 탑을 건설하는 것이었다. 그들의 궁극적인 의도는 자신의 이름을 내고 온 지역으로 흩어지지 않는 것이었다. 이 성읍은 잘 계획된 도시로 보이고, 탑은 도시 중앙에 있는 신전이었던 것으로 보인다. 여기서 꼭대기가 하늘에 닿는 높은 탑은 고고학적 발굴로 발견된 지구라트로 추측된다. 지구라트는 하늘에까지 닿은 탑으로 올라가서 하늘을 공격하는 것이 아니고, 신이 강림하는 길을 내어주는 것이다.[12] 이것은 고대사회의 도시화의 전형을 보여주는 것이다. 즉 도시는 신전을 중심으로 구성되었다.[13] 바벨탑도 이런 관점에서 이해할 수 있다.

바벨탑 사건에 대한 유대교와 기독교의 전통적인 견해는 백성이 하나님을 향해서 반란을 일으켰다는 것이다. 그것은 "그 탑 꼭대기를 하늘에 닿게 하여"라는 표현에서 나타나는 것으로 본다. 그러나 이런 표현 자체가 하나님의 보좌에 대한 도전으로 보기는 어렵다. 느부갓네살이 꿈에서 본 나무도 "하늘에 닿았다" 단4:11라고 했는데, 이것은 시각적으로 매우 높은 나무를 나타내는 것이지, 이 나무가 하늘에 도전한다는 의미를 지니지는 않는다. 이런 표현은 고대사회의 관용어로서 마천루와 같은 의미로 사용된다.[14] 그것은 한글에서 '하늘을 찌르듯이' 높은 구조물이라고 할 때의 의미와 같다고 할 수 있다.

그렇다고 해서 이 사건이 인간의 죄나 하나님의 심판과 무관하다고 할 수는 없다. 하나님의 심판이 아니라고 보는 견해에서는, 이 사건을 동일한 언어와 동

Walton, *The IVP Bible Background Commentary*: Old Testament, electronic ed. (Downers Grove, IL: InterVarsity Press, 2000), 창세기 11장 2절.

12. 존 H. 월튼, 『고대근동사상과 구약성경』, 신득일, 김백석 역 (서울: CLC, 2017), 38.

13. 같은 책, 390~391. 고대인들은 고대도시의 중앙에 행정을 위한 공간과 함께 정중앙에는 항상 신전단지와 같은 것을 두어서 도시와 신을 연결시킴으로써 우주의 질서와 조화를 이루려고 했다. 그래서 각 도시마다 수호신이 있고, 그 신을 위한 신전이 있었다.

14. 산헤립이 유다의 성읍들을 점령할 때 아세가의 요새에 대해서 "그것은 산꼭대기에 위치하고…… 높은 하늘에 닿았다."라고 묘사했다. William W. Hallo and K. Lawson Younger, *Context of Scripture* (Leiden; Boston: Brill, 2000), 304.

질의 문화를 소유한 사람들의 집합을 금지함으로써 다양한 문화를 형성하기 위한 시도였다고 이해한다.[15] 즉 하나님께서는 이 사건을 통해서 문화의 다양성을 요구하셨다는 것이다.

바벨탑 건축 과정에서 문제가 되는 본문은 다음과 같은 것이다. 탑을 하늘에 닿게 하는 것은 건축의 규모를 말하는 것이고, 그 도시와 탑의 건설 목적은 "우리의 이름을 내고 온 지면에 흩어짐을 면하자"라는 것이다. 그런데 건축의 규모와 이름을 내는 것과 백성의 연대는 별개의 것이 아니다. 고대사회에서는 건축물의 규모가 개인이나 집단의 힘을 과시하는 성격을 지닌다. 아무 실용적인 기능이 없는 고인돌도 그 씨족의 힘과 위용을 나타내고, 피라미드 같은 건축물도 파라오의 힘을 과시한다는 것은 말할 필요도 없다.

특히 이름이란 구약에서 특별한 의미를 지닌다. 그것은 존재를 의미한다. 즉 하나님의 이름을 두는 곳이나 하나님께서 거하시는 처소는 같은 말이다. 성경은 하나님만이 자신을 위해서 이름을 내신다사63:12, 14; 렘32:20; 느9:10. 여기서 "우리를 위해서 이름을 내자"라는 말은 하나님의 전유물을 탈취하려는 시도로 이해해야 한다. 인간에게 허용된 것은 하나님의 구속의 일을 위해 아브라함과 다윗에게 하신 약속에서 나타나는 것뿐이다창12:2; 삼하7:9.[16] 성도는 우리의 이름을 내는 것이 아니라 주님의 이름이 거룩히 여김을 받도록 기도해야 한다. "땅위에서 흩어짐을 면하자"라는 것은 그들이 한 지역에 살면서 인간적인 유대와 결집을 통해서 삶을 지탱하고, 거기서 영속적인 행복을 추구하려는 인본주의를 뜻한다. 그것은 "생육하고 번성하여 땅에 충만하라"창1:28는 하나님의 문화명령에 위배되는 행위라고 간주할 수 있다.

바벨탑의 정체가 지구라트라고 할 때, 그 기능은 신이 인간세계로 내려오도

---

15. Theodore Hiebert, "The Tower of Babel and the Origin of World's Culture," *JBL* 126/1 (2007), 29~58.
16. Wenham, *Genesis 1-15*, 239.

록 하는 것이다. 이것은 숭배의 대상뿐만 아니라 하나님을 섬기는 방법에서도 잘못되었음을 의미한다. 그 도시의 구조는 신을 중심으로 하고 있지만, 그 의도는 신이 인간을 위해서 일하도록 하는 것이다. 이것은 신을 조정하려는 타락한 인간의 자기중심적인 모습을 잘 보여주는 것이다.

바벨탑의 계획은 하나님의 개입으로 무산되었다. 그 이유는 도시와 성을 세우는 일이 문제가 되기 때문이다. 왜 문제가 되는지는 본문에 명확하게 언급되지 않지만, 앞에서 설명한 내용이 근거가 되는 것으로 볼 수 있다. 그런데 하나님께서는 사람들의 죄성과 관련된 근본적인 문제를 지적하지 않으시고, 땅위에서 세속적인 영광과 행복한 삶의 의미를 추구하려는 계획을 도모하지 못하도록 언어를 혼잡하게 하셨다. 이것이 심판이냐고 의심하는 학자들도 있지만, 인간이 도시건설을 통해 더 이상 죄를 짓지 못하게 하시려는 하나님의 의도를 생각할 때, 이것을 심판으로 보는 것이 합당하다. 이런 언어의 혼잡에 따른 소통의 문제는 구속사의 새로운 기원을 이루는 오순절의 방언으로 하나님의 큰일을 전파할 때 해결되었다행2:6~11.

인본주의로 대표되는 바벨탑 건설에서 보여주는 도시는 기술문명을 통해서 인간의 욕망을 구체적으로 표현하고 체계화하는 장소로 나타나고, 나아가 하나님의 창조질서의 명령을 거역하고, 자기 주도적인 타락한 종교를 양산한다.[17]

③ 세속도시의 전형적인 모습을 보여주는 곳이 바벨론이다. 한 마디로 세속적 영광의 결정체라고 할 수 있다사13:19a. 델리치F. Delitzsch는 바벨론의 고고학적 탐사를 통해서 "바벨론은 이미 삼 천년기 말부터 문화와 학문과 문학의 이러한

---

17. 참고로, 고대근동에서는 도시가 인간 이전에 존재했다고 믿었다. 도시는 신들의 창조물이었고, 신들을 위해서 만들어졌다고 믿었다. 이런 신적인 기원을 가진 도시는 그 존재가 신성한 영역으로 여겨졌다. 그래서 수메르 문헌에서는 도시를 신격화하여 키쉬, 바빌론과 니푸르를 찬양하고, 아카드어 문헌은 바빌론, 아르바일과 아슈르를 찬양했다. Eissfeldt, "עין and עיר," 53.

초점이자 근동의 '두뇌'였고 모든 것을 지배하는 세력이었다."라고 극찬했다.[18] 그러나 성경은 바벨론을 이스라엘의 대적으로서 부정적인 면을 부각시킨다. 비록 그 도시가 정치권력의 중심으로서 하나님의 심판의 도구로 사용되기도 했지만, 결국 하나님의 심판을 받아야 하는 교만한 세력으로 제시된다. 바벨론은 불경과 우상숭배와 교만과 욕망의 대명사가 되었다. 그러나 결국 그 영광은 쇠하고 교만은 꺾여서 가장 처참한 꼴을 당하게 된다사13:19; 14:4~6, 12~15; 47:1; 렘51:53.

바벨론의 세속적 특징에 대해서는 신약성경이 잘 정리해준다. 곧 그 도시는 사치와 음행을 일삼는 음녀이고계17:1~6, 귀신과 악령의 처소이자 불의와 향락과 허영의 도시계18:2~6, 11~19였다. 이것은 거룩한 성, 새 예루살렘과 대조되는 도시로서 멸망한 도시였다.

(2) 하나님의 도시

하나님의 도시는 도시 자체가 특별한 것은 아니고, 그 도시에 사는 백성이 하나님의 뜻을 따라 살아가는 도시를 가리킨다. 즉 하나님의 임재와 통치가 이루어지는 곳이다. 그 대표적인 도시가 예루살렘이다. 예루살렘은 다윗이 여부스 족을 점령함으로써 이스라엘의 지배하에 들어간 곳이요삼상5장, 다윗이 수도로 삼은 곳이었다. 통일 왕국의 왕이 된 다윗이 처음으로 한 국책사업이, 기럇여아림에 약 백년 간 방치되었던[19] 언약궤를 '다윗의 도시'인 시온에 안치함으로써 그곳을 하나님의 거처가 되게 하는 것이었다삼하6장. 그래서 예루살렘은 신정국가의 중심지가 되었다. 이렇게 다윗의 업적으로 이루어진 곳에 관해 성경은 "여호와께서 시온을 택하시고 자기 거처로 삼고자 하셨다."라고 기록한다시132:13. 이스라엘의 성인 남자들은 이스라엘의 3대 절기 때마다 예루살렘으로 순

18. Fridrich Delitzsch, *Babel und Bibel: Ein Vortrag* (Leipzig: Hinrichs, 1902), 3.
19. Deuk-il, Shin, *The Ark of Yahweh in Redemptive History* (Eugene, Oregon: Wipf & Stock, 2012), 84~97.

례의 길을 가야 했다.

이 예루살렘은 당시 고대근동의 다른 도시와 같이 신격화되지는 않았지만,[20] 이상화된 도시로서 시편 기자의 칭송을 받았다시87:3. 이 도시는 "만군의 여호와의 도성", "하나님의 도성"으로 불리고, 하나님께서 견고하게 세우신 도시로 언급된다시48:8. 이 도시에서는 악인이 하나님께서 기름 부으신 왕에 의해서 제거되고, 공의가 바르게 선다시101:8. 이 도시에 사는 사람은 성취와 번영이 자신의 노력에 달려있는 것이 아니라 하나님의 은덕에 달려있다시127:1는 것을 알고서 그 도시의 평화와 안전을 노래한다시122; 51:18. 하나님께서 거기에 거하시기 때문에 다른 민족의 왕들로부터 공물도 받는다시68:29. 하나님의 도시는 하나님의 언약관계 속에서 약속의 풍성한 복을 누리는 곳이다시132:15~17. 물론 그 복은 그 도시에 산다고 해서 자동적으로 보장되는 것은 아니다.

예루살렘에 성전과 언약궤가 있기 때문에, 만일 그곳의 시민이 "하나님께서 우리 가운데 계신다."라고 믿고서 언약의 임무를 저버린 채 온갖 불의를 행할 경우에 그 도시는 황폐해질 것이다미3:11~12. 거룩한 도성의 사람들이 교만하게 될 때, 그 도성은 인간의 도시가 된다렘13:9~14. 결국 예루살렘은 버려지고 백성은 포로로 잡혀가게 된다. 그런데 대부분의 포로들이 예루살렘을 잊었지만, 남은 자로 대표되는 회개한 포로들은 바벨론에서도 시온을 그리워하며, 자기 저주를 내리면서까지 그 도시에 대한 확고한 사랑을 고백한다시137편.

하나님께서는 황폐하고 배교한 예루살렘을 다시 일으키시고슥8:4~5, 인류구원을 위한 일을 그 도시로부터 행하신다. 따라서 그 회복된 도시가 경배의 중심이 된다. "많은 백성이 가며 이르기를 오라 우리가 여호와의 산에 오르며 야곱의 하나님의 전에 이르자 그가 그의 길을 우리에게 가르치실 것이라 우리가 그

---

20. 각주 17 참고.

길로 행하리라 하리니 이는 율법이 시온에서부터 나올 것이요 여호와의 말씀이 예루살렘에서부터 나올 것임이니라"사2:3. 그러나 예루살렘의 영광은 하늘의 예루살렘에 대한 대응물에 불과하다. 옛 언약시대에는 예루살렘이 백성의 순례의 목적지였지만, 계시의 전진에 따라 새 언약시대에는 새 예루살렘이 성도의 목적지가 된다계21:2. 왜냐하면 바울은 땅에 있는 예루살렘에 대해서 이미 조종弔鐘을 울려버렸기 때문이다갈4:25~26.

구약은 도시 자체를 정죄하지도 않고 칭송하지도 않는다. 다만 그 도시에 사는 주민이 하나님의 임재 가운데 그분의 통치를 받으며 의와 사랑과 평화라는 하나님 나라의 가치를 추구하며 살 경우, 그 도시는 영광스런 거룩한 도시가 되는 것이다. 성경이 제시하는 완전한 도시는 거룩한 성, 새 예루살렘이고, 이곳이 우리가 살게 될 영원한 도성이다.

4. 제국

제국이란 말은 성경에 나오지 않는 낱말이다. 영어로 제국을 의미하는 empire라틴어 imperāre, 명령하다란 말이 중세 때 생겼기 때문이지는 몰라도, 앞서 언급했듯이, 성경에서는 다른 용어를 사용하고 있다. 이 단락에서는 제국의 내용을 담고 있는 성경의 내용을 다룰 것이다.

(1) 인간의 제국

구약은 네 개의 제국을 소개한다. 곧 이집트 제국, 아시리아 제국, 바빌로니아 제국, 페르시아 제국이다. 구약은 이집트를 제국으로 소개하지 않지만, 이집트는 역사적으로 여러 민족과 영토를 지배한 제국을 이룬 적이 있었다.[21] 구약에서 언급된 이집트의 이미지는 풍요와 권력으로 드러난 부정적인 측면이 강하다. 특별히 출애굽과 광야의 여행에서 드러나는 이집트는 세상을 대표하는 나라로 여겨진다. 그럼에도 불구하고 야곱의 가족이 한 민족으로 성장하는 배양기의 역할을 한 이집트는 하나님의 구속사에서 특별히 자기 백성을 조성하는 도구로 사용되었다.

아시리아 제국은 사마리아를 함락시킴으로써 이스라엘을 멸망시키고 지배한 하나님의 백성의 대적이었다왕하17:3~6. 그러나 그것은 하나님의 심판의 도구로서 사용된 것이었다사10:5. 하지만 그들이 과도한 침략 야욕을 드러내며 여러 나라를 무차별하게 공격하고 짓밟음으로써 그들 또한 하나님의 심판을 초래했다사10:6~7. 실제로 나훔 선지자는 아시리아가 얼마나 비참하게 멸망하는지를 상세하게 예언한다. 그 멸망의 원인으로부터 아시리아 제국의 특징을 알 수 있다. 곧 여호와 하나님께 대한 사악한 공모나1:9~11, 우상숭배나1:14, 하나님의 보복에 대한 군사적인 방어나2:1; 3:14~15, 뱀파이어 같은 물질에 대한 탐욕나2:11~13; 3:16 그리고 정치, 경제, 군사적 연대나3:16~17 등이다.[22] 이러한 제국의 침략과 멸망은 하나님의 주권 하에 자기 백성을 다루시는 방식에서 나타난다.

바빌로니아 제국은 역사적으로 유다를 침략하여 예루살렘과 성전을 파괴하고 백성을 사로잡아간 것으로 잘 알려졌다왕하25:9~11. 바빌로니아 제국도 다른 제국과 마찬가지로, 인간 욕망의 집합체라는 것을 보여준다. 힘겨루기를 통해

---

21. 이집트는 제12왕조 시대에도 제국을 이루었지만, 신왕국시대인 제18왕조 때는 시리아 팔레스타인 지역을 점령하여 통치력을 확대했다. William J. Murnane, "Egypt, History of: New Kingdom (Dyn. 18-20)," ed. David Noel Freedman, *The Anchor Yale Bible Dictionary* (New York: Doubleday, 1992), 349~350.

22. 아시리아의 마지막 수도였던 니느웨의 멸망에 대한 나훔의 예언에 관한 상세한 설명에 대해서는 다음을 참고하라. Daniel C. Timmer, "Nahum's Representation of and Response to Neo-Assyria: Impreialism as a Multifaceted Point of Contact in Nahum," *Bulletin for Biblical Research* 24/3 (2004), 349~362.

서 이루어지는 끝없는 권력찬탈과 유지, 제국의 숭배제의를 통한 완전한 지배력 행사단3:1~7, 신성모독을 불사하고단5:1~3 땅에서 누릴 수 있는 모든 영광을 누리려는 끝없는 추구단4:11 등이 이 제국에서 나타난다. 이런 세속적 권력 가운데서도 하나님께서는 다니엘과 같은 선지자를 통하여 제국의 흥망성쇠를 주관하신다는 것을 보여주시고, 포로로 잡혀간 백성에게 전혀 희망이 보이지 않는 상황에서도 합법적인 다윗의 계승자인 여호야긴을 보호하심으로써 메시아의 길을 열어주셨다왕하25:27~30.

페르시아 제국은 하나님의 종이라고 불리운 고레스를 통하여 바빌로니아 제국을 접수하고,[23] 그의 문화관용정책에 따라 유대인의 남은 자들 중 일부가 고국으로 돌아가게 된다. 유다 백성들은 페르시아의 지원을 받아서 예루살렘에 이상적인 신앙공동체를 이룰 수 있었다스1:4. 특별히 에스더서는 페르시아 제국의 중심에서 언약에 불충한 모르드개와 에스더를 통해 일어난 사건에서[24] 하나님의 개입이 어떻게 나타났는가를 보여준다. 여기서 유대인들이 말살당할 뻔 한 위기에서 하나님께서 그들을 보호하시고, 모르드개와 에스더에게 제국의 권세를 주심으로써 메시아의 길을 보호하셨다에10:3.

구약은 인간의 제국이 인간의 욕망이 극대화된 결과물인 것을 보여준다. 이렇게 하나님의 뜻에 적대적인 제국의 권력의 판도 가운데서 하나님께서는 그분의 주권을 나타내시며 그분의 백성을 다루셨다. 그 과정에서 제국이 일어나기도 하고 망하기도 했다. 제국의 흥망성쇠가 보여주는 것은, 인간의 어떤 권력도

---

23. 나보니두스 연대기는 주전 539년 10월 12일에 망명자 구바루와 그의 군대가 바빌론으로 '전쟁 없이' 들어갔다고 확증한다. 바벨론 주민들은 고레스를 정복자가 아니라 해방자로서 맞이했다고 '고레스 원통'이 전한다. Edwin M. Yamauchi, "Persians," in *Peoples of the Old Testament World*, ed. Alfred J. Hoerth and Gerald L. Mattingly (Grand Rapids, MI: Baker Books, 1998), 111~112.
24. 모르드개와 에스더가 언약에 불충한 생활을 한 것에 대해서는 이 부분을 참고할 수 있다. J. R. 비스케르커, 『그래도 하나님은 승리하신다』, 에스더서 강해, 고재수역 (서울: SFC, 1989), 35~37.

결국 한시적일 뿐이고단2:44; 렘51:37~40, 오직 하나님의 통치가 이루어지는 나라만이 영원하다는 것이다.

(2) 하나님의 제국영적 제국

언어는 사회성이 있기 때문에 '하나님의 제국'이란 말은 이치에 맞지 않다. 그렇지만 하나의 통치권이 여러 나라와 민족에게 뻗쳐있는 것이 제국이라면, 하나님의 통치가 이루어지는 열방, 즉 모든 나라가 주님의 통치권에 복종한다면, 그것은 내용적으로 하나님의 제국이 될 수 있을 것이다.

구약에는 이스라엘이 작은 제국이 된 것을 보여준다. 다윗은 이스라엘의 이상적인 왕의 표준으로서 그의 통치로 하나님의 공의를 드러내야 했다. 다윗이 처음부터 침략전을 벌인 것은 아니었지만, 그는 주변의 블레셋, 암몬, 에돔, 모압, 아람을 점령함으로써 하나의 제국을 만들었다삼하8, 10~12장. 다윗의 제국에 대한 평가는 없지만, "여호와께서 주위의 모든 원수를 무찌르사 왕으로 평안히 거하게 하신 때에"라는 표현은 그것이 하나님의 일이었음을 알게 해준다삼하7:1. 그러나 그 제국이 열방이 하나님의 통치 아래로 들어왔음을 말해주는 것인지는 모르겠다.

바울은 구약의 세 부분, 즉 제문서와 율법서 그리고 선지서를 인용하면서 이방인이 주께로 돌아와서 하나님께 영광을 돌릴 것이라고 했다롬15:9~12.[25] 먼저 이방나라들 중에서 주께 감사하고 주의 이름을 찬송할 것시18:49은 하나님의 의로운 통치를 모르던 자들이 그분의 통치에 순종하게 되는 것이다. 또한 민족들이 이스라엘과 함께 즐거워할 것을 요청받고 있다신32:43. 마지막 인용은 이사야 11장 10절의 좀 변형된 형태로 쓰였는데, 이새의 뿌리, 곧 열방을 다스리는 메시

---

25. Douglas J. Moo, *The Epistle to the Romans*, The New International Commentary on the New Testament (Grand Rapids, MI: Wm. B. Eerdmans Publishing Co., 1996), 878.

아를 언급하면서 열방이 그에게 소망을 둘 것이라고 한다. 메시아를 중심으로 이루어지는 나라와 공동체는 세상의 어떤 제국보다 큰 통치체제가 될 것이다. 이것은 아브라함에게 약속하신 큰 민족과 같은 것이다창12:2.

나중에 하나님의 보좌 앞에 "구원하심이 보좌에 앉으신 우리 하나님과 어린 양에게 있도다"라고 고백하는 이는 각 나라와 족속과 백성으로 이루어진 무리이다계7:9. 또 세상 나라가 주와 그리스도의 나라가 되는 것은 한 민족의 통치권을 넘어서는 것이다계11:15. 결국 하나님의 통치는 모든 민족에게 이르고, 그 무리에 대한 통치권을 체제로 표현한다면 개념상 일종의 제국이라고 말할 수도 있을 것이다. 그분의 통치가 이루어지는 '제국'은 영원한 제국이 될 것이다.

5. 결어

구약에서 인간의 도시는 생활의 편이, 번영과 풍요를 나타내지만, 동시에 인간의 욕심이 드러나는 인간중심의 삶을 영위하는 장소로 제시되었다. 하나님의 도시는 하나님의 임재와 통치를 받는 지역으로 묘사되었다. 그러나 도시의 위치나 장소 자체가 그 도시의 성격을 규정하는 것이 아니다. 그보다 그곳의 거민이 하나님의 언약에 충실한 삶을 사느냐 그렇지 않느냐에 달렸다. 그곳에 사는 백성이 언약을 파기하면, 하나님의 도시도 인간의 도시가 될 수 있다.

제국은 인간의 욕망이 극대화된 권력구조를 가진 체제이다. 그러나 아무리 막강한 제국이라도 그것은 영원하지 않다. 비록 모든 세속적 요소를 갖춘 제국이라도 하나님께서는 주권적으로 그분의 구속사역을 위해서 그 나라를 사용하셨다. 이상적인 '제국'이란 하나님의 통치하에 모든 민족이 하나님 나라의 가치인 의와 사랑과 화평을 추구하는 체제일 것이다.

5장

광야, 어떻게 설교할 것인가?

김명일

1. 들어가면서

주님만 내 도움이 되시고

주님만 내 빛이 되시는

주님만 내 친구 되시는 광야

주님 손 놓고는 단 하루도 살 수 없는 곳 광야 광야에 서 있네

주께서 나를 사용하시려

나를 더 정결케 하시려

나를 택하여 보내신 그곳 광야

성령이 내 영을 다시 태어나게 하는 곳 광야 광야에 서 있네

히즈윌이라는 CCM 가수가 부르는 <광야>라는 곡의 가사이다. 이 노래에서 광야는 주님만을 철저하게 의지해야 하는 곳이며, 주님께서 나를 정결케 하시는 곳이며, 나를 이끌어 보내신 곳이다. 그런데 광야는 정말 어떤 곳인가? 성경에서 광야는 위와 같이 개인적인 의미만을 담고 있지 않다. 광야는 다양한 신학

적인 의미를 지닌 곳이다. 이 글은 그중에서 특별히 언약적인 측면에서 광야를 다루어보려고 한다. 개인적인 의미가 아닌 언약적인 의미로서 광야는 오늘 이 땅에 살아가는 그리스도인들에게 어떤 의미로 다가갈 수 있을까? 광야에서의 언약의 하나님을 어떻게 설교할지를 살펴보도록 하자.

2. 광야: 황폐함

누가복음은 '광야'를 아무도 없는 곳, 악한 영들이 귀신들린 자를 이끌어 가는 장소로 묘사한다눅8:29. '광야'는 유리하는 곳히11:38이기도 하고, 위험이 도사리고 있는 곳이기도 하다고후11:26. 또한 광야는 박해를 피해서 도망하는 곳이면서도[1] 반란을 일으킬 준비를 하는 곳이기도 하다행21:38.[2] 특히 하나님을 향한 반란이 일어나는 곳이기도 하다. 광야는 그 이미지를 떠올릴 때, 척박하고 사람을 경험할 수 없는 외롭고 황폐한 장소가 연상된다.

척박하고 황폐한 이미지는 접근하기 힘든 두려움과 혐오감을 불러일으킬 수 있다. 광야의 황폐함과 혼돈[3]의 상태는 하나님의 자기 백성에 대한 심판과 연결된다.[4] 이사야는 다음과 같이 여호와 하나님께 간구한다.

---

1. 미드바르(מִדְבָּר)는 도망의 장소이다. 하나님께서는 경작하는 땅에서 황폐한 땅(מִדְבָּר)으로 가인을 쫓아내신다(창4:11~14). 하갈은 여주인 사라로 인해 광야로 도망한다(창16:6~14). 모세는 바로를 피해 미디안 광야로 도망한다(출2:15 이하; 3:1). 다윗은 사울에게서 도망할 때 유다 광야에 있었다(시62편, בְּמִדְבַּר יְהוּדָה, 참조. 삼상 22:1~5; 23:24, 25; 삼하15:23~29; 대상4:41). 엘리야는 브엘세바 광야로 피한다(한글 번역에는 없음. 왕상19:3). Shemaryahu Talmon, *TDOT*, Volume 8, 104.
2. Gerhard Kittel, *TDNT*, Volume 2, 657~658.
3. 광야는 혼란의 상태이다. 광야는 기본적으로 인간이 살아가기에 너무나 좋지 않은 장소이며, 생명을 유지하기 힘든 장소이다. 이것은 하나님의 창조의 질서와 비교할 때, 생명이 없는 혼돈과 혼란을 의미한다. 욥은 이곳을 사람이 살지 않는 곳이라고 말한다(욥38:26~27). Duane A. Garrett, *Hosea, Joel*, NAC 19A (Nashville: Broadman & Holman Publishers, 1997), 88.
4. Talmon, *TDOT*, 91.

"여호와여, 너무 분노하지 마시오며 죄악을 영원히 기억하지 마시옵소서 구하오니 보시옵소서 보시옵소서 우리는 다 주의 백성이니이다 주의 거룩한 성읍들이 광야가 되었으며 시온이 광야가 되었으며 예루살렘이 황폐하였나이다 우리 조상들이 주를 찬송하던 우리의 거룩하고 아름다운 성전이 불에 탔으며 우리가 즐거워하던 곳이 다 황폐하였나이다"사64:9~11

이사야서의 본문에서 하나님의 분노가 너무 큰 나머지 이스라엘은 이 땅에서 결국 황폐하게 된다. 이스라엘을 향한 하나님의 분노는 당연하지만 그 분노가 더 길어지지 않도록 본문에서 이사야는 간구한다.[5] 하나님의 심판은 이스라엘을 황폐한 광야와 같이 만든다렘22:6; 호2:3; 습2:3; 말1:3.

광야에서 반역한 이스라엘 세대는 약속한 땅으로 들어가지 못하고 광야에서 죽음을 맞이한다민14:33; 20:24; 27:14; 신6:16; 9:22; 32:51; 33:8; 시81:7; 95:8~11. 신약에서도 광야에서 방황하는 그림은 불순종으로 특징지어진다히3:8~11; 시78:17, 40.[6] 그 불순종은 "전체 세대를 죽음으로 이끌었다."라고 신약의 기자들은 말한다고전10:5; 히3:17. 광야에서 하나님께서는 그들에게 진노하셨다. 광야에서의 40년은 그 진노의 기간이었다히3:10.[7] 이것은 신약시대의 교회와 우리에게도 모형이 된다고전10:11.

3. 광야, 보존과 회복의 장소

광야는 이스라엘의 불순종을 드러내고 하나님의 심판을 경험한 기간이기도

---

5. Gary Smith, *Isaiah 40-66*, NAC 15B (Nashville: Broadman & Holman Publishers, 2009), 693.
6. Kittel, *TDNT*, 658.
7. Craig R. Koester, *Hebrews*, AB 36 (New Haven; London: Yale University Press, 2008), 261.

하지만, 이스라엘의 회복을 보여주는 기간이기도 하다. 광야에서 하나님께서는 이스라엘을 징계하시지만, 자기 백성에게 특별한 기사와 표적을 베풀기도 하신다.[8] 스데반은 이렇게 말한다. "이 사람이 백성을 인도하여 나오게 하고 애굽과 홍해와 광야에서 사십 년간 기사와 표적을 행하였느니라"행7:36. 그곳에서 하나님께서는 만나를 베푸셨다요6:31, 49. 일반적으로 광야는 각 개인이 하나님을 만나는 곳으로 이해될 수 있지만, 또 한편으로 그곳은 하나님의 백성, 곧 이스라엘 온 백성이 만나를 공급받는 곳이기도 하다출16:11-16. 이 만나로 하나님께서는 자기 백성을 보존하신다.[9]

또한 광야에는 살아있는 하나님의 말씀이 있었으며행7:38, 증거의 장막으로 하나님의 함께하심이 있었다행7:44. 하나님의 함께하심을 신명기는 이렇게 노래한다.

"여호와께서 그를 황무지에서, 짐승이 부르짖는 광야에서 만나시고 호위하시며 보호하시며 자기의 눈동자 같이 지키셨도다 마치 독수리가 자기의 보금자리를 어지럽게 하며 자기의 새끼 위에 너풀거리며 그의 날개를 펴서 새끼를 받으며 그의 날개 위에 그것을 업는 것 같이 여호와께서 홀로 그를 인도하셨고 그와 함께 한 다른 신이 없었도다"신32:10-12

(1) 광야: 언약의 장소

앞의 내용과 같이 광야는 하나님의 보호와 임재의 장소이기도 하지만, 언약의 하나님께서 그분의 백성과 특별한 관계를 맺으시는 장소이다. 하나님께서는 이 기간 동안 언약을 맺으시며, 이스라엘 백성을 가르치시고, 언약적인 신실함

---

8. Kittel, *TDNT*, 658.
9. Garrett, *Hosea, Joel*, 89.

을 계속해서 유지하신다신8:2~6.[10] 즉 광야는 언약의 장소이다.[11]

1) '앎ידע'의 장소

하나님께서는 그분의 백성을 아시는 분이다. 호세아 13장 5절은 "내가 광야 마른 땅에서 너를 알았거늘"이라고 말한다. '알다ידע'는 단순한 앎이나 지식을 말하지 않는다. 이 단어는 '돌보다'까지를 포함하는 의미로 확장할 수 있다.[12] 즉 단순한 앎으로 끝나지 않고, 여호와 하나님께서 이스라엘과 사랑하는 관계를 맺으시는 언약적인 의미까지 포함할 수 있다.[13] 또한 언약 백성으로의 선택과 의미가 겹칠 수도 있다.[14]

'알다'가 하나님과 이스라엘 사이의 특별한 관계를 보여준다는 것은 앞 구절 인 호세아 13장 4절에서도 확인할 수 있다.

> "그러나 애굽 땅에 있을 때부터 나는 네 하나님 여호와라 나 밖에 네가 다른 신을 알지 말 것이라 나 외에는 구원자가 없느니라"호13:4

호세아서는 '알다'로 하나님과 이스라엘의 유일한 관계를 설명하며, 그 관계 가 광야에서부터 시작되었다고 말한다. 하나님께서 그분의 백성을 아시는 특별 한 관계에서의 '앎'은 이스라엘 백성에게서도 일어난다. 또한 광야는 하나님의 백성이 그 하나님에 대한 지식을 알아가는 장소이다물론 이것은 계시를 통해서이고 만 나주시는 하나님을 통해서이다.

---

10. M. V. Fox, "Jeremiah 2.2 and the 'Desert Ideal'," *CBQ* 35 (1973), 446.

11. Talmon, *TDOT*, 94.

12. A. A. Macintosh, *Hosea*, ICC (Edinburgh: T&T Clark International, 1997), 528. 호세아 15장 6절의 "먹여준 대로"가 '알다'의 의미가 하나님의 보존과 돌봄의 의미까지 확장할 수 있다는 가능성을 보여준다.

13. Macintosh, *Hosea*, 528~529.

14. 같은 책, 528~529.

"그러므로 내가 그들을 애굽 땅에서 나와서 광야에 이르게 하고 사람이 준행하면 그로 말미암아 삶을 얻을 내 율례를 주며 내 규례를 알게 하였고 또 내가 그들을 거룩하게 하는 여호와인 줄 알게 하려고 내 안식일을 주어 그들과 나 사이에 표징을 삼았노라"겔20:10~12

광야에서의 하나님을 아는 언약적인 관계는 에스겔서 20장과 같이 설명할 수 있다. 광야는 언약적인 관계를 규정하는 계명을 알고, 그 결과 언약의 하나님을 알아가는 곳이다. 에스겔서에서 광야는 율법과 규례가 계시되는 장소이며,[15] 안식일을 주는 장소이다. 즉 시내산 언약의 율법을 주는 데 초점을 맞추고 있다.[16] 광야는 계시의 장소이며, 토라가 주어지는 장소이다.[17] 그곳은 이스라엘 백성이 언약적인 관계에서 자신이 택하심을 받았음을 보여주는 장소이다.

따라서 광야는 하나님을 만나는 장소출3장이며, 그곳에서 이스라엘은 하나님을 만나고 토라를 받는다. 광야에서 엘리야는 하나님의 말씀을 경험한다왕상 19:10~18.[18] 호세아는 이 개념을 광야에서의 언약적 관계성을 말하기호2:15~16 전에 말하고 있다호2:14. 여호와께서는 이스라엘을 타일러 거친 들광야, מִדְבָּר로 데리고 가서 말דֵּר로 위로하시는 분이시다. 즉 여호와 하나님께서는 그분의 백성에게 율례와 규례, 그리고 안식일을 주셔서 여호와를 알게 하신다겔20:12.[19]

---

15. Walther Zimmerli, *Ezekiel*, Hermeneia (Philadelphia: Fortress Press, 1979), 410.

16. Zimmerli, *Ezekiel*, 410.

17. Lynne Wall, "Finding Identity in the Wilderness," in *Wilderness: Essays in Honour of Frances Young*, ed. R. S. Sugirtharajah (London: T&T Clark, 2005), 67.

18. Garrett, *Hosea, Joel*, 90.

19. Lamar E. Cooper, *Ezekiel*, NAC 17 (Nashville: Broadman & Holman Publishers, 1994), 203.

(2) 광야: 언약적인 관계가 드러나는 장소

1) 아버지와 아들

하나님을 아는 지식은 그분이 우리에게 무엇을 원하시는지 그리고 어떤 관계를 맺고자 하시는지와 연관된다. 하나님께서는 '자신이 누구신가'를 광야에서 알리고 이스라엘을 선택했다고 선언하신다. 출애굽기 4장 22~23절은 이스라엘이 '아들'이라는 것을 보여준다. 이 구절들에서 '첫 아들'은 특별히 상속의 개념과 밀접한 관련이 있다. 이스라엘은 하나님과의 특별한 관계에서 상속자이다. 이스라엘이 하나님의 아들이라는 개념은 성경 곳곳에서 등장한다신14:1; 32:6, 18, 19; 시1:2-20; 3:9; 렘3:19, 22; 4:22; 31:9, 20. 특히 호세아서는 출애굽기 4장 22~23절을 반영하여 출애굽의 시작점을 하나님의 아들이라는 개념과 연결시킨다.[20]

"이스라엘이 어렸을 때에 내가 사랑하여 내 아들을 애굽에서 불러냈거늘"호11:1.

그 아들인 이스라엘을 여호와 하나님께서 '사랑하셨다אהב'. 이 사랑은 언약적인 개념으로 설명된다신6:5; 7:8, 13; 10:15; 23:6.[21] 그 아들을 여호와 하나님께서 '불러내셨다קרא'. 부르심에 대한 강조는 '선택'의 개념이며, 부르심은 하나님의 보호와 인도의 개념과 함께 이해할 수 있다.[22] 호세아는 이렇게 선언한다.

"그러나 내가 에브라임에게 걸음을 가르치고 내 팔로 안았음에도 내가 그들을 고치는 줄을 그들은 알지 못하였도다"호11:3.

---

20. Hans W. Wolff, *Hosea*, Hermeneia (Philadelphia: Fortress Press, 1974), 198.
21. Douglas Stuart, *Hosea-Jonah*, WBC 31 (Dallas: Word, 1987), 177~178.
22. Stuart, *Hosea-Jonah*, 177~178.

아들로 부르신 하나님께서는 그 부르심의 목적을 계속해서 성취하시는 분이시다. 여호와 하나님께서는 아버지로서 자기 아들에게 걸음을 가르치시고, 팔로 안으시고, 고치신다. 여호와 하나님께서는 애굽에서 그들을 불러내셔서 광야기간 동안 그들을 인도하고 지키고 돌보시는 하나님이시다.[23]

2) 목자와 양

하나님께서는 또한 이스라엘의 목자시다. 특별히 이스라엘이 광야에 있을 때, 그들을 이끄시는 목자셨다. "그가 자기 백성은 양 같이 인도하여 내시고 광야에서 양 떼 같이 지도하셨도다"시78:52. 애굽에 대한 심판시78:44~51과 대조적으로 하나님께서는 이스라엘을 구원하시고, 광야기간 동안 그들을 인도하고 지도하셨다.[24] 여호와 하나님과 이스라엘의 관계는 목자와 양의 관계에서 잘 드러난다. 그분께서는 광야에서 큰 능력으로 구원한 이스라엘을 보존하시고, 그들의 모든 필요를 채우셨다. 그런데 하나님과 이스라엘의 관계는 비단 목자와 양의 관계만이 아니라 다른 관계로도 그려진다.

3) 남편과 아내

광야에서 하나님께서는 그분의 백성인 이스라엘을 아내로 삼으셨다. 광야는 이스라엘의 시작점이다. 그리고 그 시작점을 예레미야는 여호와 하나님의 결혼으로 묘사한다렘2:2, 6.[25] 남편은 아내와 깊은 관계를 누리는 사람이다.[26] 예레미야 2장 2절의 "나의 바알"이라는 표현은 '나의 주'라는 의미로, 아내의 주인이

---

23. Garrett, *Hosea, Joel*, 223~224.
24. Frank-Lothar Hossfeld and Erich Zenger, *Psalms 2: A Commentary on Psalms 51-100*, Hermeneia (Minneapolis: Fortress Press, 2005), 298.
25. Macintosh, *Hosea*, 70.
26. Wolff, *Hosea*, 49.

자 소유자로서의 남편의 지위를 보여준다.[27] 예레미야는 이 표현으로 이스라엘과 여호와 하나님과의 관계를 바알을 선택하는 방식과 비교해서 임의적인 관계가 아님을 보여준다. 오히려 그 관계는 참된 헌신과 사랑으로 연결되어야 한다.[28] 여호와 하나님께서는 이스라엘을 광야에서 이끄셨다. 거기에는 바알이 없었고, 오로지 하나님께서만 이스라엘과 함께하셨다.[29] 그 관계에서 하나님께서는 그분의 아내 이스라엘을 "공의צֶדֶק와 정의מִשְׁפָּט와 은총חֶסֶד과 긍휼רַחֲמִים"로 대하셨고 또 대하실 것이다호2:19.

(3) 광야: 언약적인 특징이 드러나는 장소

관계는 특정한 조건을 요구한다. 아들이라면 아버지와 관계를 맺을 때, 어떤 방식으로 행동해야 할지가 정해진다. 남편은 아내에게 행해야 할 일들이 있다. 광야는 하나님께서 이스라엘을 그분의 백성으로 삼는 언약의 관계를 맺으신 장소이다. 특별히 광야가 나타날 때, 언약적인 관계가 가지는 특징에 관해 생각해 보도록 하자.

1) 광야: 징계와 훈련의 장소

하나님께서는 광야에서 자신이 이스라엘의 아버지이심을 직접 보여주셨다. 하나님께서는 그 아들을 돌보고 사랑하시는 아버지시다. 그런데 한편으로 광야에는 징계와 훈련도 있다. 앞에서 읽은 신명기 8장 5절에서도 징계를 말한다.

"너는 사람이 그 아들을 **징계함** 같이 네 하나님 여호와께서 너를 징계하시는 줄 마

---

27. 같은 책, 49.
28. 같은 책, 49.
29. 같은 책, 41.

음에 생각하고"신8:5.

하나님을 아는 지식신4:39은 지적인 기능만을 의미하지 않는다. 하나님을 아는 지식은 그 지식을 따라 살아가는 것을 의미하고, 그 결과는 하나님을 아버지로 모시는 실제적인 삶으로 나타난다. 이 관계에서 아버지로서 하나님께서는 그분의 자녀를 징계하시고신4:36, 교육하신다신4:16.[30]

앞에서 말한 것처럼, 광야는 시험과 겸손케 하는 장소이면서 동시에 하나님의 채우심이 있는 장소이다. 광야는 하나님의 말씀이 있는 장소이기도 하다. 또한 광야는 훈련의 장소이자 겸손과 시험을 위한 장소이다.

"네 하나님 여호와께서 이 사십 년 동안에 네게 광야 길을 걷게 하신 것을 기억하라 이는 너를 낮추시며 너를 시험하사 네 마음이 어떠한지 그 명령을 지키는지 지키지 않는지 알려 하심이라 너를 낮추시며 너를 주리게 하시며 또 너도 알지 못하며 네 조상들도 알지 못하던 만나를 네게 먹이신 것은 사람이 떡으로만 사는 것이 아니요 여호와의 입에서 나오는 모든 말씀으로 사는 줄을 네가 알게 하려 하심이니라"신8:2~3

만나는 하나님의 기적적인 공급이자 배고픔과 광야에서 이스라엘을 지키는 하나님의 보호이다. 즉 광야생활에서의 배고픔에서도 이스라엘은 하나님의 보존을 신뢰해야 한다. 하나님의 보존은 여호와의 입에서 나오는 모든 말씀으로 정의된다.[31] 하나님의 특별한 백성인 이스라엘은 하나님의 말씀에 순종하는 자이며, 그 순종이 광야에서의 시험을 이겨낼 수 있게 만든다.

---

30. S. R. Driver, *Deuteronomy*, ICC (Edinburgh: T. & T. Clark, 1902), 108.
31. Duane L. Christensen, *Deuteronomy 1-21:9*, rev. ed. WBC 6A (Dallas: Word, 2001), 173.

2) 복의 장소

40년의 광야의 생활은 하나님의 시험과 징계가 있는 시간이었다신8:2~6. 그렇다면 이 시간에서 하나님의 신실하심은 어떻게 유지되었는가? 신명기 2장 7절은 40년의 광야기간을 시험과 징계의 시간만이 아니라 '복'의 시간이었다고 선언한다.

> "네 하나님 여호와께서 네가 하는 모든 일에 네게 복을 주시고 네가 이 큰 광야에 두루 다님을 알고 네 하나님 여호와께서 이 사십 년 동안을 너와 함께 하셨으므로 네게 부족함이 없었느니라 하시기로"신2:7

복은 언약적인 복이며, 조상들과 이스라엘 백성들에게 약속하신 것이다. 광야는 부족함 없는 장소이며, 하나님의 복이 그들에게 임한 장소이다신1:11, 7:13, 12:7, 14:24, 29, 15:4, 6, 10, 14, 18, 16:10, 15, 23:21, 24:19, 28:8, 12, 30:16, 참조. 26:15.[32] 이 구절에서 이스라엘 백성의 광야 생활에서의 '복'이 두드러짐을 알 수 있다. 예레미야 2장 2절은 이 기간을 다음과 같이 해석한다.

> "여호와께서 이와 같이 말씀하시기를 내가 너를 위하여 네 청년 때의 인애와 네 신혼 때의 사랑을 기억하노니 곧 씨 뿌리지 못하는 땅, 그 광야에서 나를 따랐음이니라"렘2:2

3) 인애의 장소

광야의 그 기간은 인애와 사랑이 드러나는 기간이었다. 인애와 사랑은 한글

---

32. Driver, *Deuteronomy*, 34-35.

번역과는 다르게 이스라엘에 대한 하나님의 인애와 사랑이라고 할 수 있다.[33] 예레미야는 광야에서 이스라엘의 방황을 긍정적으로 묘사한다.[34] 예레미야서에서 이 장면은 종이었던 이스라엘이 자유를 누리게 되는 의미를 보여준다.[35] 이 측면은 이후에 하갈의 광야에서 살펴보도록 하자. 하나님의 언약적인 인애는 예레미야서 31장 2~6절에 강하게 나타난다.

> "여호와께서 이같이 말씀하시니라 칼에서 벗어난 백성이 광야에서 은혜를 입었나니 곧 내가 이스라엘로 안식을 얻게 하러 갈 때에라 옛적에 여호와께서 나에게 나타나사 내가 영원한 사랑으로 너를 사랑하기에 인자함으로 너를 이끌었다 하였노라"렘31:2~3

하나님께서 광야에서 이스라엘에게 보여주신 언약적인 인애는 영원한 사랑으로 표현된다. 광야에서 나타난 언약적인 인애와 신실함이라는 주제는 호세아서에서도 읽을 수 있다. 신실하지 않은 백성들은 하나님의 신실하심을 경험하게 될 것이다호2:16~21.[36] 호세아서에 나타나는 신실하지 않은 그분의 백성에 대한 하나님의 인애와 신실하심은 마치 광야에서 이스라엘이 경험했던 것과 같다. 그들의 날은 마치 "애굽 땅에서 올라오던 날과 같이" 될 것이다호2:15. 호세아서의 인애와 광야의 결합은 신실하지 못한 아내인 이스라엘과 변함없는 인애를 보여주시는 하나님께 초점을 맞추고 있다호2:16.[37] 헤세드는 하나님의 일방적인 은혜이며, 특별한 언약적인 관계에서만 일어난다. 따라서 주로 언약이라는

---

33. Michael V. Fox, "Jeremiah 2:2 and the Desert Ideal," 442.
34. Talmon, *TDOT*, 91.
35. 같은 책, 91.
36. 같은 책, 115.
37. 같은 책, 115~116.

단어와 특별하게 등장한다.[38]

예레미야 2장 2~3절은 하나님의 헤세드가 드러난 광야의 시기를 보여준다. 여기서는 하나님께서 그들에게 헤세드를 보이신 장소적인 측면이 강조된다. 여호와께서는 이스라엘의 어려움을 알고 계셨고, 그래서 그분의 선함과 헤세드를 보여주셨다신2:7. 즉 심판 중에도 하나님의 헤세드를 유지하셨다.

4. 두 여인의 광야

언약적인 측면에서 광야를 생각해보았다. 그렇다면 성경에 나오는 광야에서의 사건을 언약적인 측면에서 어떻게 이해할 수 있을까? 신약과 구약의 한 장면을 살펴보려고 한다. 이 광야에서는 두 명의 여인이 등장한다.

(1) 하갈의 광야

광야는 버려짐의 장소가 아니라 하나님께서 지켜보시는 피난처이다. 마찬가지로 다윗은 적들에게 쫓길 때 광야로 피했다삼상23:14. 이것은 하나님의 생명을 채우고 보존하시는 그분의 계시가 있는 곳으로 광야를 정의할 수 있게 한다.[39] 하갈은 이 피난처인 광야를 경험한다. 그녀는 여주인의 학대를 받았고ענה 광야로 도망했다. 그곳에서 하갈은 하나님의 약속을 받는다. 여호와께서는 사자를 통하여 그분께서 하갈의 "씨를 크게 번성하여 그 수가 많아 셀 수 없게 하리라"고 약속하신다창16:11.

"씨를 크게 번성하다"라는 약속은 아브라함에게 약속하신 내용을 담고 있다

---

38. Fox, "Jeremiah 2:2 and the Desert Ideal," 443.

39. Diane Treacy-Cole, "Women in the Wilderness: Rereading Revelation 12," in *Wilderness*, 47.

참조. 창17:2; 22:17; 26:24.[40] "그 수가 많아 셀 수 없게 하리라"는 약속도 아브라함에게 하신 약속이다창13:16; 15:5; 참조. 32:13. 이 약속은 구약에서 어떤 여인에게도 말씀하신 바가 없다.[41] 16장에서는 하갈이 아브라함에게 돌아가서 여주인에게 복종하는 것으로 하나님께서 아브라함에게 하신 약속을 누리게 될 것을 보여준다.

하갈은 하나님의 이름을 '엘로이'라고 부른다. 즉 '나를 보시는 하나님'이라는 의미이다. 그녀의 아들의 이름인 이스마엘'하나님께서 들으심'[42]이라는 의미와 함께 하나님께서 이 사건 동안 자신을 내버려 두지 않고 지켜보고 들으시는 분이라고 고백하는 것이다. 여호와 하나님께서는 이 여인의 고통을 들으셨다. "이는 여호와께서 네 고통עני을 들으셨음이니라"창16:11. 하갈은 여호와께서 자신의 고통과 슬픔을 '듣고 보시는' 하나님을 **광야에서** 배운다.[43] 하나님께서는 하갈을 보고 돌보신다. 또한 하갈을 돌보시는 것처럼, 그분의 백성을 보고 돌보신다참조. 창29:32; 출3:7.[44]

두 번째 하갈의 장면에서도 하나님께서는 그녀를 들으신다וישמע אלהים, 창21:17.[45] 브엘세바의 광야에서 하나님께서는 하갈과 이스마엘의 울음을 들으신다. 하나님께서는 그 울음을 들으시고 창세기 16장과 같은 약속을 이어가신다. 그분께서는 들으시는 하나님이시다. 창세기 21장의 결론에서 이스마엘과 하갈은 광야를 자신의 집으로 삼는다. 이로써 광야는 피난처와 보존의 장소가 된다.

하갈의 광야는 박해עני로부터 시작되며, 이것은 이 이야기를 듣는 이스라엘도 마찬가지이다. 이스라엘의 광야도 박해받는 하나님의 백성의 이야기에서 시

---

40. Gordon J. Wenham, *Genesis 16-50*, WBC 2 (Dallas: Word, 1994), 10.
41. Treacy-Cole, "Women in the Wilderness," 47.
42. Wenham, *Genesis 16-50*, 85.
43. K. A. Mathews, *Genesis 11:27-50:26*, NAC 1B (Nashville: Broadman & Holman Publishers, 2005), 191.
44. Wenham, *Genesis 16-50*, 11.
45. 같은 책, 11.

작된다. 여기서도 광야는 피난처와 보존의 장소가 된다. 이스라엘 백성의 출애굽과 광야에서의 경험은 추방과 박탈의 경험이 아니다. 하갈을 광야에서 구원하시는 하나님께서는 이스라엘을 애굽에서 구원하신다.[46] 두 번째 하갈과 같이 종이었던 장소에서의 탈출이다. 그리고 보존하시는 하나님의 일하심을 경험하는 장소이기도 하다.

(2) 계시록의 여인의 광야

요한계시록 12장에서 해를 옷 입은 한 여자계12:1는 해산할 때가 되어 부르짖는다. 용이 해산하려는 아이를 삼키려고 하는데, 이 아이는 철장으로 만국을 다스릴 자이다. 철장은 구약과 유대 문헌에서 오실 다윗 왕을 의미한다시2:9; 솔로몬의 시편 17:24; 1Q28b col. 5. 아이를 낳은 후 여자는 광야로 도망한다계12:6. 광야로 도망하는 장면은 출애굽을 배경으로 한다. 요한계시록 12장 14절에 나타나는 "큰 독수리의 두 날개"는 출애굽 이후 광야기간 동안에 있었던 하나님의 돌보심을 암시한다.[47]

박해와 하나님의 보호와 돌보심은 이 장면에서 분명히 드러난다. 광야는 용의 위협으로부터 보호받는 장소이다. 이 광야는 하갈의 광야처럼 피난처가 되며, 거기에서 하나님의 채우심을 경험한다.[48] 광야는 피난처이며사40:3; 렘31:2; 48:6; 겔34:25; 시55:7~8,[49] 두 여인은 모두 광야에서 안전함을 찾는다. 여인의 보존은 새로운 이스라엘인 성도들의 공동체의 보존을 그리고 있다. 신실한 성도들은 여러 가지 상황에서 위협을 받고 있지만,[50] 새로운 이스라엘인 성도들의 공

---

46. 같은 책, 11.

47. G. K. Beale, *Revelation*, NIGTC (Grand Rapids: Eerdmans, 1999), 643.

48. Treacy-Cole, "Women in the Wilderness," 49.

49. David E. Aune, *Revelation 6-16*, WBC 52B (Dallas: Word, 1998), 705~706.

50. Craig R. Koester, *Revelation*, AB 38A (New Haven; London: Yale University Press, 2014), 553.

동체는 용으로 그려지는 다양한 위협에서도 하나님의 보호하심으로 보존된다.[51] 즉 메시아의 공동체는 그 메시아의 "올려짐"5절 이후로 광야에서 하나님의 보호를 경험한다. 메시아 공동체와 하나님과의 관계는 광야에서 이스라엘을 보호하신 하나님과 이스라엘의 관계이다.[52]

5. 예수님의 광야

마지막으로 예수님의 광야를 살펴보자. 예수님의 광야는 앞의 광야들과 같은 특징을 보여준다. 다시 말해, 구약의 광야는 예수님의 광야 시험의 특징과 연결되는 지점이 있다. 복음서의 시작에서 광야는 중요한 장소로 등장한다. 세례 요한은 이사야 40장 3절을 성취하면서 광야에서 회개의 메시지를 선포한다마 3:1~3. 예수님께서는 광야에서 그분의 사역을 시작하시기 바로 전에 광야에서 시험을 당하신다마4장.[53]

광야는 유대 문헌에서 메시아의 새로운 시대와 연결된다. 이 믿음 구원의 마지막이고 결정적인 시대가 오면, 메시아는 광야에서 나타나실 것이다.[54] 이 광야에서 오시는 메시아를 세례 요한의 내러티브에서 찾을 수 있다. 세례 요한의 이사야 성취와 관련하여 이사야의 묵시는 다른 선지자들과 같이 출애굽의 틀을 따르고 있다40:3~5; 41:17~20; 42:14~16; 43:1~3; 43:14~21; 48:20~21; 49:8~12; 51:9~10; 52:11~12; 55:12~13.[55] 이 구절들은 단순히 출애굽 자체에만 초점을 맞추는 것이 아

51. Aune, *Revelation 6-16*, 645~646.

52. 같은 책, 645.

53. Garrett, *Hosea, Joel*, 90.

54. Gerhard Kittel, *TDNT*, Volume 2, 658~659.

55. 이사야 2장 6~7절, 7장 22, 25절, 11장 4, 7절, 호세아 2장 16~17[14~15]절, 11장 1절, 12장 10, 14[9, 13]절, 13장

니라 족장들에 대한 약속, 애굽에서의 해방, 광야, 그리고 가나안으로의 입성에도 초점을 맞춘다.[56] 특별히 광야에서의 세례 요한의 역할은 광야에서 주의 길을 준비하는 것이다.

> "광야에 외치는 자의 소리가 있어 이르되 너희는 주의 길을 준비하라 그가 오실 길을 곧게 하라 하였느니라"마3:3.

준비되고 곧게 해야 할 '길'은 여호와 하나님을 위한 길이다. 즉 하나님의 오심을 준비하는 영적인 준비를 포함하는 것이다시24:3~10; 50:23; 68:1~4; 사42:16; 48:17~18; 55:6~9.[57] 요한이 말하는 광야에서의 '주'는 자기 백성을 회복시키시는 분으로서, 광야로 오실 예수님과 자연스럽게 연결된다.[58] 즉 세례 요한이 전하는 소식은 광야에서 이루어져야 하며, 그것은 또한 약속된 분을 준비하는 일로 이해되어야 한다.[59]

따라서 광야는 하나님께서 오시는 길이며, 여호와 하나님을 대리하시는 분은 바로 예수 그리스도이시다. 마태복음에서 예수님의 광야 시험은 세례 요한의 선언과 예수님의 세례 받으심, 그리고 이스라엘을 회복시키시기 위해 하나님께서 오시는 길로 보여주는 구약의 예언 성취와 긴밀한 관계를 맺고 있다. 마태복음 4장 뒷부분에서 선포되는 천국 복음 이전에 위치한 4장 1~11절의 광야시험은 이스라엘에게 주어진 언약을 성취하시는 예수님을 그리고 있다.[60]

4~5절, 아모스 2장 9~10절, 3장 1~2절, 9장 7절, 미가 6장 4절. John D. W. Watts, *Isaiah 34-66*, rev. ed. WBC 25 (Dallas: Word, 2005), 610.

56. 같은 책, 610.

57. Smith, *Isaiah 40-66*, 95~96.

58. 강대훈, 『마태복음 주석-상』 (서울: 부흥과개혁사, 2019), 331.

59. Donald A. Hagner, *Matthew 1-13*, WBC 33A (Dallas: Word, 1993), 48.

60. 채영삼, "마태복음에 나타난 예수의 치유와 새 언약 모티프,"「신약연구」, 제16권 4호 (2017): 81~82.

예수님께서는 광야에서 세례 요한이 증거한 여호와 하나님을 대리하는 그 메시아시다. 광야에서의 예수님의 시험은 메시아적 정체성을 시험하고 확인하는 과정이다. 광야에서 40일은 모형론적인 구약의 사건들의 원형이며 성취이다. 메시아이신 예수님께서는 새로운 공동체인 새 이스라엘에 대한 대표성을 가지실 뿐 아니라 제자들과 성도들의 모범으로서도 역할을 하신다. 마태복음 4장에서 예수님께서 인용하신 신명기 본문의 순서는 이스라엘이 광야에서 경험한 순서를 반영하고 있다.[61] 이것은 예수님께서 새 이스라엘의 전형이시며, 참된 하나님의 아들이심을 확증하는 사건이다.

예수님의 40일은 이스라엘의 광야에서의 40년과 일반적으로 연결된다신 8:2.[62] 이스라엘은 40년 동안 광야에서 불순종하였지만, 예수님께서는 광야에서 새로운 구원의 시대를 시작하신다.[63] 문학적으로 3장 12~17절에서 하나님의 순종하는 아들이신 예수님께서는 광야의 시험을 통해 하나님의 아들이심을 입증하신다.[64] 그분께서는 새로운 이스라엘을 대표하며, 이스라엘의 실패를 성취하신다. 앞에서 살폈듯이, 하나님과 아들의 언약적인 관계를 맺고 있었던 이스라엘이 홍해를 건넌 후에 광야에서 시험을 받은 것처럼, 새 이스라엘의 대표이신 예수님께서는 요단강에서 나온 후에 광야로 이끌리어 시험을 받으신다.[65]

예수님의 주림은 이스라엘의 모형을 암시한다. 배고픔과 광야는 긴밀히 연결되어 있다신25:18; 시107:4-9; 사49:10.[66] 배고픔을 보여주는 이스라엘의 광야의 여

61. 강대훈, 『마태복음 주석 - 상』, 355. 이 말씀은 사십 년 동안 광야에서 시험받았던 이스라엘 백성에게 주신 말씀들이다(마4:4/신8:3; 마4:7/신6:16; 마4:10/신6:13). 채영삼, "마태복음에 나타난 예수의 치유와 새 언약 모티프," 81~82.
62. Kittel, *TDNT*, 658.
63. 같은 책, 658.
64. 강대훈, 『마태복음 주석-상』, 355.
65. 같은 책, 358.
66. 같은 책, 360~361.

정은 예수님의 배고픔의 시험이 이스라엘의 시험과 밀접하게 연결되어 있음을 보여준다. 마태는 첫 시험에서 예수님께서 하나님의 아들이 되심과 신명기 8장 3절을 연결시키면서, 하나님의 신뢰하는 아들인 이스라엘[67]은 먹고 사는 문제에 매달려서 살아가는 존재가 아님을 보여준다.[68] 마태복음 4장 4절의 신명기 8장 3절과의 정확한 일치ἐκπορευομένῳ는 이스라엘의 광야에서의 방황이라는 문맥이 이 단락을 이해하는 중요한 핵심이 되며, 그 하나님의 아들이신 예수님께서 이스라엘을 대신해 승리하시는 그림을 보여준다.[69] 배고픔과 광야의 문제에서 예수님께서 그러하셨던 것처럼, 하나님의 백성은 하나님을 전적으로 신뢰하는 자들이 되어야 한다.

6. 광야 설교하기

① 광야는 하나님에게서 소외되는 장소이면서 하나님을 만나는 장소이다. 이스라엘 백성들은 광야에서 하나님을 배반하고 거역했다. 하나님께서는 이스라엘 백성의 거부와 배반에 대해 그들을 심판하시어 그들이 있는 땅을 황폐하게 하셨다. 우리는 광야의 황폐함으로 하나님에 대한 신실함을 버리지 않아야 하며, 그럼으로써 하나님의 심판의 황폐함을 경험하지 않아야 한다. 혹은 황폐함의 상태에 내버려 둠을, 하나님의 없음으로 이해하고, 따라서 그것을 하나님의 더 무서운 심판으로 이해할 수 있는 영적 지각력이 있어야 한다.

---

67. 이스라엘 백성도 예수님처럼 '하나님의 아들'로 불리었다(3:17, 4:3; 출4:22; 신1:31; 호11:11; 참조. 마2:15). 채영삼, "마태복음에 나타난 예수의 치유와 새 언약 모티프," 81~82.
68. 강대훈, 『마태복음 주석-상』, 363.
69. Donald A. Hagner, *Matthew 1-13*, WBC 33A (Dallas: Word, Incorporated, 1993), 65.

② 광야는 황폐한 곳이지만, 하나님을 오롯이 만나며 하나님의 보호와 보존을 경험할 수 있는 장소이다. 하나님 앞으로 나아가지 못하게 하는 다른 많은 관심거리들이나 자신의 주인이 되는 것들을 모두 버리고 오직 하나님만을 의존하는 자세로 그분의 도우심을 받아야 한다. 시편 기자는 다음과 같이 노래한다.

> "나는 말하기를 만일 내게 비둘기 같이 날개가 있다면 날아가서 편히 쉬리로다 내가 멀리 날아가서 광야에 머무르리로다 내가 나의 피난처로 속히 가서 폭풍과 광풍을 피하리라 하였도다"시55:6~8.

광야에서 피난처 되시는 하나님을 만나고 그분의 도우심을 얻어야 한다.

③ 하나님을 힘써 아는 기간이 되도록 해야 한다. 황폐한 광야의 길을 걷고 있다면, 거기에서 하나님께서 그분을 드러내시는 뜻을 알고자 노력하고, 하나님께서 누구신지를 발견해야 한다. 하나님의 규례와 명령을 배우고, 하나님께서 기뻐하시는 일이 무엇인지에 귀를 기울여야 한다. 그래서 나를 움직이는 것이 세상의 원리가 아니라 하나님의 뜻이 되도록 하나님을 만나는 시간이 되어야 한다.

④ 광야에서 하나님과 언약을 맺었다는 성경의 가르침은 광야의 기간이 하나님과의 특별한 관계임을 상기시킨다. 광야기간은 그 관계가 얼마나 중요한가를 알게 만드는 기간이라고 할 수 있다. 하나님께서는 버려진 황폐함이 가득한 광야에 우리를 내버려 두신 것 같지만, 오히려 우리는 그곳에서 하나님과 더욱 특별한 관계임을 상기할 수 있다. 하나님께서 맺으시는 특별한 관계는 우리를 그 관계에 어울릴만한 자로 만들어가는 과정을 꼭 수반한다는 것을 알아야 한다. 광야는 돌보심만 있는 곳이 아니다. 광야는 특별한 관계를 상기하기만 하는 과정이 아니라 하나님의 징계와 훈련이 있는 곳이기도 하다. 징계와 훈련은

우리를 하나님의 아들로서 그에 합당한 모습으로 바꾸고자 하시는 하나님의 사랑과 의지를 나타낸다.

⑤ 하나님께서는 언약을 맺으시면서 그 특별한 관계에서 우리를 끊임없이 사랑하시고 끝까지 신실하게 대하시는 분이다. 그 인애와 신실하심은 광야에서도 나타난다. 우리가 광야의 길을 걸을지라도 두려움과 고통에만 사로잡혀 있지 않을 수 있는 이유는 하나님께서 우리에게 인애와 신실하심을 보이시기 때문이다.

> "내 평생에 선하심과 인자하심이 반드시 나를 따르리니 내가 여호와의 집에 영원히 살리로다"시23:6.

하나님의 인애는 마치 군대의 마차가 적을 쫓아가는 것처럼 우리를 계속해서 쫓아온다. 그것은 특별히 광야라는 상황에서도 마찬가지이다. 하나님께서 보여주시는 인애와 신실하심은 광야에서 우리에게 위로가 된다. 그러나 위로로 끝나버리는 것이 아니라 우리도 또한 하나님께 인애와 신실함을 보여야 한다. 우리의 모든 인생이 광야의 길 같다고 할지라도 우리는 끝까지 하나님을 사랑하고, 신실한 성도로서 하나님 앞에서 살아야 한다.

⑥ 하갈의 광야와 계시록 12장의 여인의 광야는 피난처이며, 하나님께서 듣고 보시는 장소이다. 하갈은 출애굽을 하는 이스라엘 백성에게 그 광야가 하나님께서 듣고 보시는 장소라는 것을 알려주고, 계시록 12장의 여인의 광야는 교회가 핍박과 고난 가운데서도 하나님께서 여전히 지키신다는 것을 알려준다. 하나님의 백성인 우리는 하나님께서 우리를 듣고 보신다는 사실을 믿고 하나님 앞으로 나아가야 한다. 그 하나님께서는 우리를 내버려두지 않으시고, 여인의 광야로 상징되는 교회의 고난 가운데서 우리를 도우시고, 우리가 광야에서 겪는 시험을 이길 수 있도록 힘을 주신다. 메시아의 광야는 우리가 어떻게 시험

을 이겨야 할지를 알려주며, 그 메시아께서 우리 가운데 함께하신다는 것을 알려주며, 다시 오셔서 우리를 온전히 회복시켜 주실 것이라는 것을 알려준다. 그러므로 메시아의 다시 오심을 기다리며, 그 길을 준비하는 하나님의 백성으로서 살아야 한다.

6장
천상 공간, 어떻게 설교할 것인가?

김성진

1. 들어가면서

신구약 성경에서 '하늘' 또는 '천상'으로 번역되는 히브리어 '샤마임samayim', 아람어 '쉐마인sᵉmayin',¹ 그리고 헬라어 '우라노스/우라노이ouranos/ouranoi'는 문맥에 따라 ① 지상 위의 '가시적 하늘' 또는 ② 초월적 영역으로서 '하나님께서 거하시는 천상 공간'의 의미를 갖는다.² 본 글은 특히 후자의 의미, 즉 '하나님께서 거하시는 공간'의 차원에서 '하늘/천상'을 고찰하려고 한다.³ 한편 이 주제에 관한 성경적 가르침과 이슈를 이 짧은 지면에 다 담아내기는 힘들 듯하다. '천상 공간'에 관해서는 성경 각 권별 또는 이슈별로 다루는 연구물이 있을 만큼 그 내용이 방대하고 어렵기 때문이다.⁴ 다만 목회자의 설교를 돕는 차원에서 이

---

1. 구약의 본문 중 아람어로 기록된 스4:8~6:18; 7:12~26; 렘10:11; 단2:4b~7:28 등에서 '하늘' 또는 '천상'이 '쉐마인(sᵉmayin)'으로 표기된다.

2. H. J. Austel, *TWOT*, 935~936; D. T. Tsumura, *NIDOTTE*, Volume 4, 160~166.

3. 지상 위의 '가시적 하늘'에 대한 논의는 본 책의 다음 글을 참고하라. 2장 "하늘과 바다·강, 어떻게 설교할 것인가?"

4. 예를 들어, C. W. Morgan and R. A. Peterson, eds., *Heaven*, Theology in Community 6 (Wheaton: Crossway, 2014); T. D. Alexander and S. J. Gathercole, eds., *Heaven on Earth* (Carlisle: Paternoster Press, 2004); G. K. Beale, *The Temple and the Church's Mission: A Biblical Theology of the Dwelling Place of God*, ESBT (Downers Grove: IVP Academic, 2021); G. K. Beale and M. Kim, *God Dwells Among Us: Expanding*

주제에 관한 성경의 가르침을 간략히 정리하는 것을 목표로 한다.

본 글은 두 부분으로 구성된다. 우선, '하나님께서 거하시는 공간'의 의미로 '하늘/천상'이 구약과 신약에서 사용된 용례를 각각 고찰한다. 둘째, 하나님께서 거하시는 '천상 공간'의 주제를 성경신학적 관점에서, 특히 '창조-타락-구속-완성'의 성경 흐름 및 주요 성경 신학적 주제들에, 하나님 나라, 성전 등과의 연관성 속에서 살핀다.

2. '하나님께서 거하시는 공간'으로서 '하늘/천상'

(1) 구약

구약에서 '하늘' 또는 '천상'으로 번역되는 히브리어 '샤마임*samayim*'은 문맥에 따라 크게 ① '가시적 하늘' 또는 ② 하나님께서 거하시는 '비가시적 하늘'의 의미를 지닌다.[5] '샤마임'의 총 421회 용례 가운데, 약 25%가 후자의 의미로 사용된다.[6]

Eden to the Ends of the Earth (Downers Grove: InterVarsity, 2014); M. E. Wittmer, ed., *Four Views on Heaven* (Grand Rapids: Zondervan, 2022); J. D. Hays, *The Temple and the Tabernacle: A Study of God's Dwelling Places from Genesis to Revelation* (Grand Rapids: Baker Books, 2016); L. M. Morales, *Who Shall Ascend the Mountain of the Lord?: A Biblical Theology of the Book of Leviticus*, NSBT (Downers Grove: InterVarsity, 2015); P. R. Williamson, *Death and the Afterlife: Biblical Perspectives on Ultimate Questions*, NSBT (Downers Grove: InterVarsity, 2017); R. R. Hausoul, *The New Heaven and New Earth: An Interdisciplinary Comparison between J. Moltmann, K. Rahner, and G. Beale* (Eugene: Wipf and Stock, 2020); D. Mathewson, *A New Heaven and a New Earth: The Meaning and Function of the Old Testament in Revelation 21.1-22.5*, JSNTSup 238 (Sheffield Academic, 2003); J. R. Middleton, *A New Heaven and a New Earth: Reclaiming Biblical Eschatology* (Grand Rapids: Baker Academic, 2014).

5. P. S. Johnston, "Heaven," in *NDBT* (Downers Grove: InterVarsity, 2000), 540~541.

6. P. R. Williamson, 『죽음과 내세 성경신학』, 김귀탁 역 (서울: 부흥과 개혁사, 2020), 246 각주 6. 윌리엄슨 (Williamson)에 따르면, '샤마임'이 '하나님께서 거하시는 공간'의 의미로 사용된 경우는 다음과 같다. 창19:24; 28:12, 17; 출16:4; 20:22; 신3:24; 4:36, 39; 10:14; 26:15; 30:12; 수2:11; 왕상8:23, 27, 30, 32, 34, 36, 39, 43, 45,

눈여겨볼 것은 타락 사건창3장 이전에는 하나님께서 지상, 곧 '하나님의 동산' 인 에덴동산에 거하시며 첫 인류와 교제하셨지만창13:10; 사51:3; 겔28:13; 31:9,[7] 타락 이후에는 하나님의 거처가 '하늘'에 있는 것으로 구약이 묘사한다는 점이다참고. 왕상8:27; 렘7:3~4.[8] 아래 용례들이 이를 잘 보여준다.[9]

	천상 공간	구 절
(1) 묘사	하나님을 '하늘의 하나님'이라 칭함	창24:3; 대하36:23; 스1:2; 느1:4
	하나님을 우회적으로 '하늘'이라 칭하기도 함	단4:26 ("하늘[=하나님]이 다스리시는 줄을 왕이 깨달은 후에야")
	하나님과 천사가 거하는 공간	하나님: 왕상8:30; 시14:2; 사63:15 천사: 창28:12; 왕상22:19
	하나님의 임재를 다 담아낼 수 없음	왕상8:27
	하나님의 보좌가 있음 (때로는 하늘이 하나님의 보좌로 묘사)	시103:19; 왕상22:19 (사66:1 "하늘은 나의 보좌요")
	하나님께서 하늘에서 내려오심	창11:5 (바벨탑); 출19:18 (시내산); 출40:34~35 (성막) 등
	하늘은 복의 원천	창49:25; 신33:13; 왕상8:35

49; 22:19; 왕하1:10, 12, 14; 2:1, 11; 7:2, 19; 대상21:16, 26; 대하2:6; 6:14, 18, 21, 23, 25, 27, 30, 33, 35, 39; 7:1, 14; 18:18; 20:6; 28:9; 30:27; 32:20; 36:23; 스1:2; 느1:4, 5; 2:4, 20; 9:13, 15, 27~28; 욥1:16; 11:8; 15:15; 16:19; 22:12; 시2:4; 11:4; 14:2; 20:6; 33:13; 53:2; 57:3; 73:25; 76:8; 78:23~24; 80:14; 89:2, 5, 29; 96:11; 102:19; 103:19; 105:40; 115:3, 16; 119:89; 123:1; 136:26; 139:8; 148:1; 잠30:4; 전5:2; 사14:12~13; 63:15; 66:1; 렘51:48; 애3:41, 50; 겔8:3; 암9:2, 6; 욘1:9. 윌리엄슨은 위 목록 중 일부는 "하나님이 거하시는 공간"의 의미로 보기에 논란의 여지가 있고, 이와 더불어 '다른 모호한 구절들'도 이 목록에 더 추가할 수 있다고 말한다. P. R. Williamson, 『죽음과 내세 성경신학』, 246 각주 6.

7. '하나님의 동산'이자, 하나님께서 아담과 하와와 '함께하기 위해 임재하셨던 성소'로서 에덴동산에 관한 논의는 다음을 보라. 기동연, 『창세기 1-11장 주석: 창조부터 바벨까지』 (서울: 생명의 양식, 2009), 92~95.

8. A. D. Naselli, "What Is a Biblical Theology of the Temple?," in *40 Questions About Biblical Theology* (Grand Rapids: Kregel, 2020), 268.

9. 아래 도표는 다음 자료에 기초하여 정리한 것임을 밝힌다. J. Lunde, "Heaven and Hell," in *Dictionary of Jesus and the Gospels* (Grand Rapids: InterVarsity, 1992), 307; Brown, *NIDNTTE*, Volume 3, 566~568; G. von Rad, *TDNT*, Volume 5, 502~509.

(2) 기능	하나님께서 하늘에서 기도를 들으심	왕상8:22
	하늘에서 들으시고 그의 백성을 돌보심	시102:19~20; 113:5~9; 왕상8:30~52
	하늘에서 들으시고 악인을 심판하심	창19:24; 왕8:32

이 외에도 천상을 배경으로 하는 여러 에피소드, 예를 들어 에녹과 엘리야의 승천 사건창5:24; 왕하2:11,[10] 야곱의 벧엘 환상창28장, 천상 회의 환상왕상22장; 욥1~2장; 슥3장, 선지자들의 천상 환상사6장; 겔1장; 단7장 등이 지상과 명확히 구별되는 하나님의 거주 공간으로서의 '하늘'을 묘사한다.[11]

한편, 하나님께서 거하시는 '천상 공간'과 대조적으로, 지상 위의 '가시적 하늘'은 비와 구름욥36:28; 37:6, 대기창1:6~8, 새창1:20, 태양과 달과 별이 있는 우주 공간창1:14; 욥9:9 등으로 묘사되지만, 동시에 타락 사건창3장으로 인해 마지막 때에 '갱신'되어야 할 영역으로 기술된다사65:17; 66:22.[12]

(2) 신약

신약에서는 '하늘' 또는 '천상'을 뜻하는 헬라어 '*우라노스/우라노이ouranos/ouranoi*'가 총 273회 사용되며,[13] 특히 마태복음에 82회, 누가복음-사도행전에 61회, 그리고 요한계시록에 52회 등장한다.[14] 역시 문맥에 따라 크게 ① '가시적 하늘' 또는 ② '비가시적 천상 공간"의 의미로 사용되는데, 신약의 경우 구약보다

---

10. 참조. R. Borger, "The Incantation Series *Bīt Mēseri* and Enoch's Ascension to Heaven," in *SBTS* 4 (1994), 224~233.

11. 구약의 천상 에피소드에 관한 논의는 다음을 보라. R. C. Ortlund, "Heaven in the Old Testament," in *Heaven*, 43~62; 강대훈, "마태복음의 우주론: 하늘 표상과 상징성의 역할을 중심으로," 「Canon&Culture」 8/2 (2014), 242~247.

12. Lunde, "Heaven and Hell," 307.

13. Bibleworks, 10.0.

14. Brown, *NIDNTTE*, Volume 3, 568.

후자의 의미를 나타내는 경우가 더 많다.[15] '비가시적 천상 공간'의 의미로 사용된 용례를 간략히 정리하면 다음과 같다.[16]

	천상 공간	구절
(1) **묘사**	하나님과 천사가 거하는 공간	마6:9; 12:25; 13:32
	하나님의 보좌가 있음 (때로는 하늘이 하나님의 보좌로 묘사)	히8:1; 계4~5장 (마5:34; 행7:49)
	하나님을 '하늘 아버지'라 칭함	마6:26
	하나님을 우회적으로 '하늘'이라 칭하기도 함	마11:30; 눅15:18, 21; 요3:27
	'하늘 나라'가 '하나님 나라'로 불림[17]	마5:3=눅6:20; 마8:11=눅13:29
(2) **하늘** ↓ **땅**	성령이 하늘로부터 내려와 주님 위에 임하심	요1:32
	성자와 성령께서 하늘로부터 보내심을 받음	성자: 요3:13; 6:33 / 성령: 요15:26
	성자는 하늘에서 내려온 산 떡으로 먹는 자는 영생을 얻음	요6:51
	천사가 하늘에서 내려오고 하늘로 올라감	마28:2; 눅2:15; 22:43; 갈1:8

---

15. 폴 윌리엄슨, 『죽음과 내세 성경신학』, 261.

16. 아래 도표는 다음 자료에 기초해 정리한 것임을 밝힌다. Brown, *NIDNTTE*, Volume 3, 568~572; Lunde, "Heaven and Hell," 308~309; J. F. Maile, "Heaven, Heavenlies, Paradise," in *Dictionary of Paul and His Letters* (Downers Grove: InterVarsity, 1993), 381~382; J. B. Green, "Heaven and Hell," in *Dictionary of Jesus and the Gospels, 2nd ed.* (Downers Grove: IVP Academic, 2013), 370~372. 한편, '하늘/천상'의 의미를 복음서, 누가복음-사도행전, 요한서신과 계시록, 바울서신, 일반서신, 또는 책별로 고찰한 다음의 자료도 참고하라. J. T. Pennington, "Heaven in the Synoptic Gospels and Acts," in *Heaven*, 63~82; J. T. Pennington, *Heaven and Earth in the Gospel of Matthew* (Leiden: Brill, 2007); M. Gao, *Heaven and Earth in Luke-Acts* (Langham Monographs, 2017); A. J. Köstenberger, "Heaven in John's Gospel and Revelation," in *Heaven*, 139~158; D. A. deSilva, "Heaven, New Heavens," in *Dictionary of the Later New Testament and Its Developments* (Downers Grove: InterVarsity, 1997), 439~442; S. J. Wellum, "Heaven in Paul's Letters," in Heaven, 83~110; A. T. Lincoln, *Paradise Now and Not Yet: Studies in the Role of the Heavenly Dimension in Paul's Thought with Special Reference to His Eschatology* (SNTSMS 43; Cambridge University Press, 1981); Maile, "Heaven, Heavenlies, Paradise," 381~383; J. Laansma, "Heaven in the General Epistles," in *Heaven*, 111~138; 강대훈, "마태복음의 우주론: 하늘 표상과 상징성의 역할을 중심으로," 239~268.

	사도 요한이 하늘로부터 난 음성을 들음	계10:4, 8; 11:12; 14:13; 18:4; 21:3
	하나님의 진노와 심판이 하늘에서 임함	롬1:18; 계20:9
	사탄이 하늘 전쟁에서 패하고 땅으로 쫓겨남	계12:7~9
	하나님 나라가 이 땅에 임하도록 기도해야 함	마6:10
(3) 하늘 ↑ 땅	부활하신 주님께서 승천하심	행1:9~11
	승천 후 하나님 보좌 우편에 앉아 계심	엡1:20; 벧전3:22
	의인은 들어가고 악인은 들어가지 못함	마3:12; 13:30, 40~43; 눅3:17
	믿는 자는 천국 잔치에 참여함	마8:11; 눅13:28~29
	제자들의 이름이 하늘에 기록됨	눅10:20
	성도의 시민권은 하늘에 있음	빌3:20
	하늘에 성도의 상급과 유업이 있음	마5:12; 벧전1:4
(4) 마지막 때	주님은 다시 하늘로부터 강림하심	빌3:20; 살전1:10; 4:16; 살후1:7
	성도는 부활시 하늘에 속한 이의 형상을 입음	고전15:49
	지금의 천지가 '새 하늘과 새 땅'으로 갱신됨	벧후3:13; 계21:1

한편 신약 역시 하나님께서 거하시는 '천상 공간'과 대조적으로, 가시적인 '하늘과 땅'은 새롭게 변화되어야 할 영역으로 묘사한다벧후3:13, 계21:1. 특히 부활 승천하신 주님께서 다시 하늘에서 강림하실 때, '새 하늘과 새 땅'의 영광이 임하게 될 것이다.[18]

17. Lunde, "Heaven and Hell," 309.
18. Brown, *NIDNTTE*, Volume 3, 569.

3. '창조-타락-구속-완성'의 관점에서 바라본 '천상 공간'

다음으로 '천상 공간'의 주제를 성경의 '창조-타락-구속-완성'이라는 이야기의 흐름 속에서 살피며, 특히 성경신학의 주요 주제들에, 하나님 나라, 성전 등과 어떤 연관이 있는지 고찰한다.

(1) 창조: '우주적 하나님 나라와 성전' 수립

신구약 전체를 아우르는 주요 성경신학 주제들 가운데 하나님 나라, 구속사, 언약, 성전 등 특히 '성전 주제'는 창세기 초반부의 천지창조창1:1~2:3 및 에덴동산 기사 창2:4~3장를 '하나님의 임재'의 관점에서 바라보게 해준다.[19] 즉 천지창조창1:1~2:3는 하나님께서 '우주적 하나님 나라와 성전'을 건립하고 왕으로 좌정하신 사건으로, 에덴동산 기사창2:4~3장는 우주 성전의 축소판이라 할 수 있는 지상의 '에덴 성소'에서 하나님께서 첫 인류와 함께 거하신 사건으로 볼 수 있다. 이를 차례대로 살펴보자.

1) 칠일 창조와 우주 성전창1:1~2:3

창세기의 '창조 기사'1:1~2:3와 출애굽기의 '성막 기사'25~31장; 35~40장의 깊은 연관성은 창조시 우주 전체가 '성전'으로 건립되었을 가능성을 제기한다. 이를 뒷받침하는 대표적인 여섯 가지 증거를 살펴보면, 첫째, '하나님의 영*Ruaḥ Elohim*'이 세상 창조창1:2 및 성막 건축출31:3, 35:31에 동일하게 개입하신다.[20]

---

19. 한편 창세기 1~3장을 포함한 성경 전체를 포괄하는 주요 성경신학 주제에 관한 논의는 다음을 참고하라. A. D. Naselli, "Does the Bible Have One Central Theme?," in *40 Questions About Biblical Theology*, 147~158.
20. Morales, *Who Shall Ascend the Mountain of the Lord?*, 40; V. P. Hamilton, *Handbook on the Pentateuch* (Grand Rapids: Baker Academic, 2005), 220.

둘째, 잠언 3장 19~20절은 하나님께서 천지 창조시 "**지혜**_hokᵉma_로 땅에 기초를 놓으셨으며, **명철**_tᵉbunah_로 하늘을 견고히 세우셨고, 그의 **지식**_daᶜat_으로 깊은 바다를 갈라지게 하셨다."라고 묘사하는데, 출애굽기 31장 2~3절은 하나님께서 성막 건축 담당자인 브살렐에게 하나님의 영을 부어 주신 사건을 동일한 언어로 기술한다"하나님의 영을 그에게 충만하게 하여 **지혜**(_hokᵉma_)와 **명철**(_tᵉbunah_)과 지식(_daᶜat_)과……".[21]

셋째, 창조 기사창1:1~2:3와 성막 기사출25~31장, 35~40장 모두 '6+1 구조'를 띠고 있으며, 그 정점에 안식/안식일이 위치한다.[22] 창세기 1장 1절~2장 3절이 육일 창조 후 제 칠일에 하나님께서 안식하신 내용을 담고 있다면, 출애굽기 25~31장에 나타나는 하나님의 일곱 말씀① 25:1~30:10 ② 30:11~16 ③ 30:17~21 ④ 30:22~33 ⑤ 30:34~38 ⑥ 31:1-11 ⑦ 31:12-17 역시 성막 건설에 관한 여섯 개의 말씀과 마지막 일곱 번째의 안식일출31:12~17에 관한 말씀으로 구성된다.[23] 더욱이 출애굽기 31장 12~17절은 백성들이 안식일을 지켜야 하는 근거를 창세기 1장 1절~2장 3절의 창조 기사에 두고 있다"이는 하나님이 엿새 동안에 천지를 창조하고 일곱째 날에 일을 마치고 쉬었음이니라"(출31:17).

이와 더불어 주목할 것은 성막 건설 규정출25~31장이 주어진 뒤 이스라엘 백성이 성막 건설을 실행에 옮기는 출애굽기 35~40장의 내용인데, 안식일 규정이 시작부35:1~3에 다시 언급된 뒤 성막 건설 내용이 뒤따른다.[24] 이를 도식화하

---

21. Morales, _Who Shall Ascend the Mountain of the Lord?_, 40~41.
22. 자세한 논의는 다음을 보라. P. J. Kearney, "Creation and Liturgy: The P Redaction of Ex 25-40," _ZAW_ 89/3 (1977), 375~387. 커니(Kearney)의 일부 주장에 대한 비판적 고찰은 다음을 보라. Morales, _Who Shall Ascend the Mountain of the Lord?_, 41~42; Hamilton, _Handbook on the Pentateuch_, 220.
23. 일곱 개의 말씀 모두 "그리고 여호와께서 모세에게 **말씀하시되**"로 시작하지만, 출25:1; 30:11; 30:17; 30:22; 31:1은 '다바르(_dabar_)' 동사를, 그리고 출30:34; 31:12은 '아마르(ᵓ_amar_)' 동사를 사용한다. 두 동사 모두 "말씀하시되"로 동일하게 번역할 수 있다.
24. 김진수, 『창조의 목적과 하나님의 나라』 (수원: 영음사, 2018), 57.

면 다음과 같다.[25]

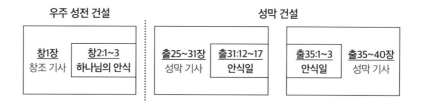

우주 성전 건설		성막 건설			
창1장 창조 기사	창2:1~3 하나님의 안식	출25~31장 성막 기사	출31:12~17 안식일	출35:1~3 안식일	출35~40장 성막 기사

넷째, 창조 및 성막 기사의 '6+1 패턴'이 모세가 하나님께로부터 성막 건설 규례를 받기 위해 시내산에 오른 사건에서도 나타난다.[26]

"모세가 산에 오르매 구름이 산을 가리며 여호와의 영광이 시내 산 위에 머무르고 구름이 **엿새 동안** 산을 가리더니 **일곱째 날**에 여호와께서 구름 가운데서 모세를 부르시니라"출24:15~16

시내 산에 오른 모세는 엿새 동안 대기 후 일곱째 날에 하나님께서 계신 구름으로 들어가는데, 이는 창세기 1장 1절~2장 3절에서 '우주 성전이 창조되기까지 육일 간의 시간이 걸린 사실'과 무관하지 않은 듯하다.[27]

다섯째, 창조 기사의 주요 표현이 출애굽기 성막 기사에서 반복된다.[28]

---

25. 아래 도표는 다음 자료를 일부 수정한 것이다. 김진수, 『창조의 목적과 하나님의 나라』, 57.

26. 같은 책, 58~59; M. Weinfeld, "Sabbath, Temple and the Enthronement of the Lord: The Problem of the Sitz Im Leben of Genesis 1:1-2:3," in *Mélanges bibliques et orientaux en l'honneur de M. Henri Cazelles* (Butzon & Bercker, 1981), 503~506.

27. 같은 책, 59.

28. 이에 대한 논의는 다음을 보라. Weinfeld, "Sabbath, Temple and the Enthronement of the Lord," 503~506; S. D. Postell, *Adam as Israel: Genesis 1-3 as the Introduction to the Torah and Tanakh* (Pickwick, 2012), 110~111; M. A. Fishbane, *Biblical Text and Texture: A Literary Reading of Selected Texts* (Oneworld Publications, 1998), 12; P. Enns, *Exodus*, NIVAC (Zondervan, 2000), 550~552.

	창조 기사창1:1~2:3	성막 기사출25~31장, 35~40장
완성	2:1 "천지와 만물이 다 **이루어지니라** *kalah*"	39:32 "이스라엘 자손이 이와 같이 성막 곧 회막의 모든 역사를 **마치되***kalah*"
	2:2 "하나님이 그가 하시던 일을 일곱째 날에 **마치시니***kalah* 그가 하시던 모든 **일***mᵉlakah*을 그치고"	40:33b "모세가 이같이 **일***mᵉlakah*을 **마치니***kalah*"
검사와 승인	1:31 "하나님이 지으신 그 **모든 것***ᵉet-kol*을 **보셨다***raᵓah*. 그리고 보라*wᵉhinneh*! (하나님) 보시기에 심히 좋았더라"	39:43 "모세가 그 마친 **모든 것***ᵉet-kol*을 **보았다***raᵓah*. 그리고 보라*wᵉhinneh*! 여호와께서 명령하신 대로 되었으므로 … 축복하였더라"
축복	2:3 "하나님이 그 일곱째 날을 복되게 **하사***berak* Cf. 1:22 "하나님이 **그들에게 복을 주시며***berak ᵓotam* / 1:28 하나님이 그들에게 복을 주시며*berak ᵓotam*"	39:43b "모세가 **그들에게 축복하였더라***berak ᵓotam*"
거룩하게 함	2:3 "하나님이 그 일곱째 날을 복되게 하사 **거룩하게 하셨으니***qiddash*"	40:9 "그것과 그 모든 기구를 **거룩하게 하라***qiddash*"

위의 도표처럼 동일한 히브리어 표현이 반복된다. 이와 더불어 성막 기사의 종결부인 출애굽기 40장 17~33절에 "여호와께서 모세에게 명하신 대로 되니라"는 표현이 총 일곱 번 등장하는데, 이는 창조 기사에 여섯 번 반복되는 "그대로 되니라*wayᵉhi-ken*"창1:7, 9, 11, 15, 24, 30는 표현과 기능 및 구조적 측면에서 연관성이 있어 보인다.[29] 나아가 창세기 1장 3절의 "빛이 있었다*wayᵉhi-ᵓor*"라는 표현 역시 "그대로 되니라"는 구절과 같은 역할을 한다고 본다면, 창세기 1장 역시 출애굽기 40장 17~33절처럼 총 일곱 번에 걸쳐 하나님 말씀의 성취를 강조하는 것으로 볼 수 있다.[30]

---

29. 김진수, 『창조의 목적과 하나님의 나라』, 60~61.
30. 같은 책, 61.

여섯째, 넷째 날 창조창1:14-19와 성막과의 연관성이다. 하나님께서는 특히 창세기 1장 14~16절에서 다음과 같이 명하신다.

"하늘의 궁창에 광명체(마오르)들이 있어 낮과 밤을 나뉘게 하고 그것들로 징조와 계절과 날과 해를 이루게 하라. 또 광명체(마오르)들이 하늘의 궁창에 있어 땅을 비추라. 하나님이 두 큰 광명체를 만드사 큰 광명체로 낮을 주관하게 하시고 작은 광명체로 밤을 주관하게 하시며……"

"광명체"로 번역된 히브리어 '마오르ma'or'는 나머지 모세오경 본문에서 항상 '성막의 등불'을 지칭한다.[31] 이런 견지에서 창세기 1장 16절의 두 큰 "광명체," 즉 '해와 달' 역시 '우주 성소의 등불'로 간주될 수 있다.[32]

이런 근거들을 통해 창세기 1장 1절~2장 3절의 천지창조를 '우주 성전'의 건립 사건으로 본다면, 이 과정 가운데 특히 '하나님의 안식'창2:1-3 및 '안식일'출31:12-17; 35:1-3이 강조되는 이유가 무엇일까? 우선 안식일 규례 제정 차원에서 이해할 수 있겠지만출20:11, 나아가 왕으로 좌정하신 하나님의 우주적 통치와 그 결과 파생되는 '피조 세계의 안식'의 관점에서도 설명할 수 있다.[33]

특히 구약은 하나님께서 성전에 거하시는 것을 '안식'과 연결할 뿐만 아니라시132:13, 14; 사66:1, 하나님의 보좌, 임재, 통치를 상징하는 언약궤가 성전에 머무는 것 역시 '안식'의 관점에서 이해한다대상28:2; 시132:8; 민10:33, 36.[34] 이런 차원에서 '하나님의 안식'창2:1-3은 '하나님의 통치'와 직접적으로 연결되며, 특히 칠일

31. G. J. Wenham, *Genesis 1-15*, WBC (Thomas Nelson, 1987), 22.
32. Morales, *Who Shall Ascend the Mountain of the Lord?*, 41; W. Vogels, "The Cultic and Civil Calendars of the Fourth Day of Creation (Gen 1:14b)," *SJOT* 11/2 (1997), 175.
33. 김진수, 『창조의 목적과 하나님의 나라』, 26~31.
34. 같은 책, 26~31.

창조의 관점에서 하나님께서 이제 막 창조된 세계성전에 왕으로 좌정하셔서 통치하신다는 의미로도 볼 수 있다.[35]

요컨대 칠일 창조는 '우주적 하나님 나라와 성전' 건립을 지향한다. 이 가운데 창조 세계는 하나님의 통치와 임재 가운데 주어지는 '안식'의 복을 누리게 된다.[36] 이런 맥락에서 '하나님의 안식'은 창조의 '목적'이자 '완성'이다.[37] 눈여겨볼 것은 육일간의 창조 때는 "저녁이 되고 아침이 되니"라는 후렴구가 반복되다가 일곱째 날에는 이 표현이 사라진다는 점이다. 이것은 일곱째 날의 '안식'이 영원히 지속되도록 의도되었을 가능성이 있음을 보여준다.[38] 즉 하나님의 임재와 통치 가운데 피조 세계가 영원히 하나님의 안식을 누리는 것, 이것이 칠일 창조의 궁극적인 목적이었다는 것이다.[39]

2) 성소로서의 에덴동산창2:4~3장

천지창조창1:1~2:3가 '우주 성전'의 건립을 목표로 했다면, 하나님께서는 나아가 '우주 성전'의 축소판이라 할 수 있는 지상의 에덴 성소-동산에 임재하시

---

35. 김진수, 『창조의 목적과 하나님의 나라』, 30~31. 클라인(Kline) 역시 다음과 같이 말한다. "하나님은 천지를 자신의 궁전으로 만드셨다. 따라서 그의 안식은 그렇게 만들어진 궁전에 입궁하는 것, 즉 창조주가 왕으로 통치하기 시작함을 의미한다. 안식의 시작은 엘로힘 하나님이 왕으로 새롭게 즉위하셨음을 증거하는 것이다." Meredith G. Kline, 『하나님 나라의 서막』 (서울: 개혁주의신학사, 2007), 63. Sabat

36. 이와 관련하여 창세기 2장 2절과 출애굽기 20장 11절의 관계를 추가적으로 살필 필요가 있다. 창세기 2장 2절("일곱째 날에 **안식하시니라**[샤바트])"이 하나님의 안식을 히브리어 '샤바트(sabat)'로 표현한다면, 출애굽기 20장 11절은 '누아흐(nuᵃh)'로 표현한다("이는 엿새 동안에 나 여호와가 하늘과 땅과 바다와 그 가운데 모든 것을 만들고 일곱째 날에 **쉬었음이라**[누아흐]"). 김진수 교수는 특히 '누아흐'가 이스라엘이 가나안 땅 입성 후 누린 '안식', 나아가 다윗과 솔로몬 시대의 '안식' 등을 표현할 때 사용된 단어임을 지목하면서, "창조의 일곱째 날을 특징짓는 하나님의 안식 역시 그런 상태"를 의미할 가능성이 크다고 말한다. 김진수, 『창조의 목적과 하나님의 나라』, 30~31, 40~41.

37. Morales, *Who Shall Ascend the Mountain of the Lord?*, 43; 김진수, 『창조의 목적과 하나님의 나라』, 35~39.

38. 김진수, 『창조의 목적과 하나님의 나라』, 43~44.

39. 같은 책, 44~48.

며 첫 인류와 교제하신다창2:4~3장.[40] 에덴동산을 성전신학의 관점에서 '하나님의 동산'이자 하나님의 임재가 있었던 최초의 '지상 성전'으로 볼 수 있는 근거는 이미 여러 연구물이 제시한 바 있다.[41] 아래는 그 논의를 여섯 가지로 정리한 것인데, 이를 통해 에덴동산이 성소였을 뿐만 아니라 이후 이스라엘의 '광야 성막과 예루살렘 성전' 나아가 '종말론적 성전'계21~22장과 긴밀히 연결되어 있음을 볼 수 있다.

첫째, 에스겔 28장 13~14, 16, 18절은 에덴을 '성소'로 묘사한다. 유사하게 주빌리Jubilees 8장 19절은 에덴동산을 '지성소' 및 '하나님의 임재' 공간으로 기술한다.[42]

둘째, 창세기 3장 8절"하나님이 에덴동산에서 거니셨다(할락)"에 사용된 '할락halak' 히트파엘 동사는 '반복적이고 습관적인 거님'을 뜻하는데, 결국 에덴동산에서의 하나님의 임재를 의미한다. 흥미롭게도 같은 '할락' 히트파엘 동사가 하나님께서 이스라엘과 성소에 항상 임재하시는 것을 묘사하기 위해 레위기 26장 12절, 신명기 23장 15절, 사무엘하 7장 6~7절 등에서도 사용된다.[43]

셋째, 창세기 2장 15절에서 하나님께서는 아담을 동산에 두시고 그것을 "경작하며아바드 지키게샤마르" 하시는데, 여기서 사용된 히브리어 단어쌍 '아바드ᶜabad'와 '샤마르samar'는 모세오경에서 제사장과 레위인의 성전 사역을 묘사하

40. 구약성경 및 고대 근동의 관점에서 "우주는 큰 성전으로, 성전은 작은 우주"로 종종 인식되었다. 이에 대한 논의는 다음을 보라. Morales, *Who Shall Ascend the Mountain of the Lord?*, 40~42.

41. 예를 들어, G. J Wenham, "Sanctuary Symbolism in the Garden of Eden Story," *PWCJS* 9 (1986), 19~25; G. K. Beale, "The Final Vision of the Apocalypse and Its Implications for a Biblical Theology of the Temple," in *Heaven on Earth* (Paternoster, 2004), 197~199; 기동연, 『성전과 제사에서 그리스도를 만나다』(서울: 생명의 양식, 2008), 13~27; 송영목, 『요한계시록과 구약의 대화』(서울: CLC, 2014), 298~300 등이 있다.

42. Beale and Kim, *God Dwells Among Us*, 6.

43. 기동연, 『성전과 제사에서 그리스도를 만나다』, 17~18; V. P. Hamilton, *The Book of Genesis, Chapters 1-17*, NICOT (Grand Rapids: Eerdmans, 1990), 192.

는 구절에서만 등장한다민1:53; 3:7~8; 8:26; 18:5~6.[44] 이런 맥락에서 아담은 단순히 동산 돌봄의 차원을 넘어, 첫 성전이었던 에덴동산을 제사장처럼 지켜낼 사명을 부여받았다고도 볼 수 있다.[45]

넷째, 에덴동산의 '생명나무'창2:9 및 '강'창2:10은 미래 성전을 묘사하는 에스겔 47장 및 요한계시록 22장 1~2절의 '생명나무' 및 '생명수 강'과 연결된다.[46] 또 에덴동산의 '생명나무'를 암시하듯 성소의 등잔대는 '열매 맺는 나무처럼'출 25:31~36, 그리고 예루살렘 성전은 '마치 꽃과 열매가 가득한 에덴동산'처럼 묘사된다왕상6~7장.[47]

다섯째, 창세기 2장 11~12절이 기술하는 보석들"금과 호마노"은 제사장의 의복 및 장식에 이용될 뿐만 아니라출25:7, 11, 17, 31, 이스라엘의 성막과 성전 및 미래 성전의 건축 재료로도 언급된다계21:18, 21.[48]

여섯째, 이 외에도 에덴 및 이후의 성막과 성전의 연결점은 다음과 같다. 우선 에덴, 성막, 성전 모두 동쪽에서 출입이 가능하며, 그룹이 그 출입구를 지키는 것으로 묘사한다창3:24; 출25:18~22, 26:31, 36:35; 왕상6:23~29; 대하3:14; 겔40:6.[49] 또 '선악을 알게 하는 나무'는 '지성소의 언약궤'를 연상케 하며, '나무 열매를 따먹는 것'과 '언약궤를 만지는 것' 모두 죽음으로 귀결된다는 점에서 유사하다.[50] 또한 에덴동산이 '산 위에' 있었듯이겔28:14~16, 예루살렘 성전은 성전산 위에 위치하고 미래 성전 역시 산 위에 있는 것으로 기술된다출15:17; 겔40:2, 43:12; 계21:10.[51]

---

44. 기동연, 『성전과 제사에서 그리스도를 만나다』, 22~27.

45. 같은 책, 26~27.

46. 같은 책, 19~21.

47. 송영목, 『요한계시록과 구약의 대화』, 297~298.

48. Alexander, *From Eden to the New Jerusalem*, 23; Beale and Kim, *God Dwells Among Us*, 10.

49. T. D. Alexander, *From Eden to the New Jerusalem: An Introduction to Biblical Theology* (Grand Rapids: Kregel Academic, 2009), 21~22; Beale and Kim, *God Dwells Among Us*, 7.

50. Beale and Kim, *God Dwells Among Us*, 7.

51. Beale and Kim, *God Dwells Among Us*, 6; 송영목, 『요한계시록과 구약의 대화』, 298.

위의 여섯 가지 증거는 에덴동산이 최초의 '지상 성전'임을 잘 보여준다. 아래에서 살피겠지만, 에덴동산은 신구약을 관통하는 '성전 주제'의 '시작론 protology'으로, 이스라엘의 '성막과 성전'을 거쳐 '참 성전이신 예수님'요2:19~22과 '교회'로 발전하고고전3:16~17; 고후6:16, 마침내 '종말론적 성전의 우주적 완성'으로 마무리될 것이다계21~22장.[52]

성소로서의 에덴에 대한 고찰을 매듭짓기에 앞서 추가로 살필 것은 에덴동산의 존재 목적이다. 우리는 앞서 창조창1:1~2:3 및 성막 기사출25~31장, 35~40장를 비교하며 칠일 창조가 '우주적 하나님 나라 및 성전 설립'을 지향함을 고찰하였다. 놀랍게도 하나님께서 우주 성전을 통해 의도하신 '하나님의 임재와 통치와 안식'의 목표가 에덴동산 가운데도 동일하게 나타남을 볼 수 있다. 창세기 2장 15절이 이를 잘 보여주는데, 개역개정과 일군의 학자들이 제시한 대안번역을 비교해 보자.

[개역개정] "여호와 하나님이 그 사람을 이끌어 에덴동산에 **두어**누아흐 ……"창2:15	[대안번역] "여호와 하나님이 그 사람을 이끌어 에덴동산에서 **안식을 주셨다**누아흐"창2:15[53]

창세기 2장 15절의 '누아흐nuʰh' 히필형 동사는 ① '쉬게 하다', '안식하게 하다' 또는 ② '두다' 등으로 번역이 가능한데, 개역개정은 후자를 따라 '두다'로 번역한다.[54] 하지만 인접 문맥인 창세기 2장 1~3절이 '하나님의 안식'을 직접적으로 언급하고 있기에참조. 출20:11, 대안번역을 따라 '누아흐'를 '쉬게 하다', '안

---

52. 송영목, 『요한계시록과 구약의 대화』, 296; Beale, *The Temple and the Church's Mission*, 368.
53. 이 번역은 다음 자료를 참고하였다. 김진수, 『창조의 목적과 하나님의 나라』, 64; 기동연, 『창세기 1-11장 주석: 창조부터 바벨까지』, 95~96.
54. Ludwig Koehler et al., *HALOT* (Leiden: Brill, 1994-2000), 679~680.

식하게 하다'로 번역하는 것 또한 매우 설득력 있어 보인다.[55] 만약 대안번역을 따르게 되면, 2장 15절을 창세기 2장 1~3절의 '하나님의 안식'의 차원에서 설명할 수 있다. 즉, 칠일 창조 때 하나님께서 의도하신 창조 세계의 '안식'창2:1~3이 에덴동산에도 그대로 적용된다는 것이다창2:15.[56]

앞서 '하나님의 안식'은 왕이신 하나님의 통치가 온전히 구현될 때 주어지는 것이라 했다. 따라서 아담은 '안식'의 복을 누리기 위해 '하나님의 통치'를 따라야 했다. 창세기 2장 16~17절은 그 방편이 선악을 알게 하는 나무 열매를 금하신 하나님 말씀에 순종하는 것이라 명시한다.[57]

(2) 타락과 구속: 성막, 성전, 교회를 통한 하나님의 임재 회복

에덴 성소-동산에 거하던 첫 인류는 하나님의 통치에 반역하며, 하나님의 임재와 안식의 복을 상실하고 만다창3장. '출산의 고통'창3:16, '노동의 고통'창 3:17~19, '죽음의 저주'창3:19 등이 뒤따르는 가운데, 무엇보다 하나님의 임재와 교제를 의미했던 에덴 성소-동산에서 추방당한다창3:24. 성경은 이때부터 하나님의 거처가 지상이 아닌 천상 공간에 있는 것으로 묘사하기 시작한다.[58]

하지만 성경은 어두운 이야기로 끝나지 않는다. 은혜로우신 하나님께서는 인간이 다시 하나님의 임재 안에 거할 길을 마련하신다. 이스라엘의 '성막과 성전' 그리고 신약시대 때는 그리스도의 몸인 '교회'를 통해 하나님과의 교제 길을 다시 여신다.[59]

---

55. 이에 대한 상세한 주해적 논의는 다음을 참고하라. 김진수, 『창조의 목적과 하나님의 나라』, 64; 기동연, 『창세기 1-11장 주석: 창조부터 바벨까지』, 95~96.

56. 기동연, 『창세기 1-11장 주석: 창조부터 바벨까지』, 95~96.

57. 김진수, 『창조의 목적과 하나님의 나라』, 72.

58. Naselli, "What Is a Biblical Theology of the Temple?," 268.

59. Morales, *Who Shall Ascend the Mountain of the Lord?*, 39.

1) 성막과 성전

타락 사건 이후부터 출애굽한 이스라엘이 시내산에서 하나님께 성막 건설 규례출25~31, 35~40장를 받기까지, 지상에 하나님의 임재를 상징하는 '공식적인 성소'가 존재하지 않았다.[60] 다만 족장들이 하나님께 예배하기 위해 임시로 쌓았던 제단이나 출애굽한 이스라엘 백성이 잠시 머물렀던 시내산 등의 임재 경험이 곧 다가올 성막 및 성전 시대를 '예견anticipate'하였을 뿐이다.[61]

성막 건설에 대한 규례를 주신 것은 하나님께서 시내산에서 이스라엘 백성과 언약을 맺으신 뒤였다. 출애굽기 20~24장에서 하나님께서는 언약을 체결하시는 가운데 이스라엘을 하나님의 거룩한 백성 및 제사장 나라로 삼으신다. 이후 25~31장에서 하나님께서 성막 규례를 주시고, 이스라엘 백성은 그 규례를 따라 35~40장에서 성막을 건설한다.[62] 한편, 광야 시대 및 가나안 정복기를 거쳐 솔로몬 왕 시대가 되면 '성막'이 '예루살렘 성전'으로 대체된다.

이미 살폈지만, 성막/성전과 에덴동산은 깊이 연결되어 있다. 무엇보다 이스라엘 백성이 성막과 성전을 통해 하나님의 임재를 다시 누린다는 차원에서 에덴동산의 부분적인 회복이라 할 수 있다.[63] 하지만 적어도 다음 두 가지 부분에서는 에덴동산과 그 성격이 다르다.

첫째, 에덴동산은 타락 이전에 주어졌지만, 성막과 성전은 죄로 물든 세상 한복판에 세워졌다.[64] 이런 이유로 성막/성전은 삼중구조, 즉 ① 지성소, ② 성소, ③ 바깥뜰로 구성되며, 하나님께서 임재하시는 지성소는 '가장 거룩한 장소', 그

---

60. T. D. Alexander, "Temple," in *NIV Biblical Theology Study Bible* (Grand Rapids: Zondervan, 2018), 2340.

61. 시내산과 성막/성전의 유사성은 다음을 참조하라. Beale and Kim, *God Dwells Among Us*, 35.

62. D. A. Garrett, *A Commentary on Exodus* (Grand Rapids: Kregel Publications, 2014), 469.

63. Alexander, *From Eden to the New Jerusalem*, 31.

64. Beale and Kim, *God Dwells Among Us*, 39.

리고 지성소로부터 멀어질수록 '덜 거룩한 장소'로 구분된다.[65] 특히 이스라엘 백성이 율법을 어겨 범죄하면, 거룩한 하나님의 임재로 나가기에 앞서 반드시 바깥뜰에서 '제사 제도'를 통해 '죄의 문제'를 해결해야 했다.[66]

둘째, 하나님과의 교제에 있어서도 제약이 따랐다. 특히 하나님께서 계시는 지성소는 휘장에 의해 가려져 있었다. 휘장 안쪽에 그룹 천사들이 정교하게 수 놓여 있었는데, 이는 하나님께서 아담과 하와를 에덴동산에서 추방하신 뒤 그룹 천사들을 세워 그 입구를 지키게 하신 사건창3:24을 연상케 한다.[67] 하나님의 임재 가운데 자유로운 교제가 허용되었던 에덴동산과 달리 지성소는 이처럼 철저히 가려져 있었으며, 대제사장만 일 년에 단 한 번 속죄일에 들어갈 수 있었다레16장.

그럼에도 불구하고 이스라엘은 성막/성전으로 인해 하나님의 임재를 회복하며, 그 가운데 하나님께서 주시는 '안식누아흐(nu'h)'을 누릴 수 있었다. 예를 들어, 여호수아서는 가나안 입성을 '안식누아흐'을 얻는 것으로수1:13; 21:44; 22:4; 23:1, 다시 말해 에덴동산의 '안식누아흐'창2:15의 차원에서 기술한다.[68] 마찬가지로 다윗삼하7:1과 솔로몬대상22:9 역시 하나님의 안식누아흐을 누린 것으로 구약은 묘사한다. 이 사례들의 공통점은 하나님의 임재를 뜻하는 '성소'가 그 중심에 있고, 그 가운데 하나님의 안식이 임했다는 것이다.

하지만 앞서 살폈듯이, 하나님의 안식은 왕이신 하나님의 통치에 순종하는 것을 전제한다. 마치 아담이 에덴동산에서 선악을 알게 하는 나무의 열매를 따

---

65. 빌(Beale)과 킴(Kim)은 지성소, 성전, 바깥뜰이 상징하는 바를 다음과 같이 정리한다. ① 지성소: "하나님이 머무시는 우주의 천상적인 차원을 상징" ② 성전: "가시적인 하늘과 하늘에 있는 빛의 근원들을 상징" ③ 바깥뜰: "사람이 사는 가시적인 땅과 바다를 상징." Beale and Kim, *God Dwells Among Us*, 39~46; Alexander, *From Eden to the New Jerusalem*, 36.

66. Beale and Kim, *God Dwells Among Us*, 39~46; R. A. Peterson, "Pictures of Heaven," in *Heaven*, 176.

67. Naselli, "What Is a Biblical Theology of the Temple?," 269.

68. 김진수, 『창조의 목적과 하나님의 나라』, 65~66.

먹지 말아야 했듯이, 이스라엘 백성은 성막/성전 언약궤 안에 들어있는 '십계명이 대표하는 언약의 말씀', 곧 '하나님 나라의 법'인 율법에 복종하는 삶을 살아야 했다.[69] 이것이 하나님 나라 백성으로서 하나님의 통치를 따르는 길이었다.

이런 맥락에서 한때 '안식'을 누렸던 아담과 솔로몬이 왜 결국 '안식'에서 멀어졌는지를 어렵지 않게 설명할 수 있는데, 그것은 그들이 하나님의 통치에 반역했기 때문이다. 마찬가지로 솔로몬 왕 이후의 이스라엘 왕정 역사를 고찰하면, 하나님의 통치에 순응하지 않고 우상숭배와 범죄를 일삼은 수많은 왕들로 인해 이스라엘이 '안식'을 누리지 못했음을 보게 된다.

선지자를 통한 하나님의 거듭된 경고에도 불구하고 이스라엘은 반역을 지속한다. 결국 하나님께서는 이들을 징계하실 수밖에 없었다. 이를 위해 우선, 하나님의 영광이 우상숭배와 죄로 더럽혀진 예루살렘 성전을 떠나신다겔11:22-25. 나아가 주전 586년, 하나님께서는 바벨론 느부갓네살 왕을 통해 성전 및 예루살렘의 파괴와 더불어 이스라엘 백성이 바벨론 포로로 잡혀가게 하신다왕하25장.[70]

하지만 이것이 끝이 아니다. 하나님께서는 구약의 선지자들을 통해 '참 성전의 회복'을 약속하신다.[71] 이것은 바벨론 포로기 이후에 세워진 스룹바벨 성전을 통해 '일부 성취'되지만, 진정한 회복은 참 성전 되시는 예수님께서 오실 때 온전히 이뤄진다.[72] 이에 대해서는 아래에서 곧 고찰한다.

마지막으로 살필 것은, 비록 하나님께서 성막과 성전에 임재하셨지만, 그분께서는 지상의 성막/성전에 결코 제한되지 않는 분이시라는 점이다.[73] 앞서 우

---

69. 같은 책, 65~66, 72; 김성수, "고려신학대학원의 구약신학: '하나님나라' 관점으로 구약 읽기,"「개혁신학과 교회」32 (2018), 82~84.

70. Peterson, "Pictures of Heaven," 176.

71. 김성수, "고려신학대학원의 구약신학: '하나님나라' 관점으로 구약 읽기," 86.

72. 같은 책, 86.

73. Alexander, From Eden to the New Jerusalem, 37; Alexander, "Temple," 2340.

리는 칠일 창조창1:1~2:3를 우주 성전 건립의 관점에서 살폈는데, 같은 차원에서 이사야 66장 1절은 '하늘'을 하나님의 보좌로, '땅'을 하나님의 발판으로 묘사한다. 결국 창조세계 가운데 하나님의 임재와 통치가 못 미치는 영역이 없다는 것이다. 이런 측면에서 구약에서 성막/성전으로 한정됐던 하나님의 임재가 구속사가 진전되면서 온 세상으로 확대되는 것이다. 교회 시대를 통해 세계적으로 확산되고, 주님의 재림 때에는 온 우주만물이 하나님의 온전한 통치와 임재 가운데 있게 될 것이다. 이런 차원에서 구약의 성막/성전은 '종말론적 성전의 우주적 완성', 즉 하나님의 임재가 만물에 충만하게 임하는 때계21~22장를 내다본다.[74]

2) 새 성전 되시는 그리스도와 교회

이스라엘의 고집스러운 반역으로 예루살렘 성전을 떠난 하나님의 임재겔 10:18; 11:22~23는 신약시대가 되어 참 성전이신 예수님께 임하였다요1:14; 2:19~21.[75] '예루살렘 성전'이 그리스도의 몸인 '교회'로 대체된 것이다.[76] 이런 의미에서 하나님의 지상으로의 임재는 더 이상 '구 성전의 지성소'가 아닌, '예수님 안'에서 교회 가운데 이루어진다요1:51.[77] 이를 에베소서 2장 20~22절이 잘 보여준다.

> "너희는 사도들과 선지자들의 터 위에 세우심을 입은 자라 그리스도 예수께서 친히 모퉁잇돌이 되셨느니라. 그의 안에서 건물마다 서로 연결하여 주 안에서 성전이 되어 가고 너희도 성령 안에서 하나님이 거하실 처소가 되기 위하여 그리스도 예수 안에서 함께 지어져 가느니라"

---

74. Alexander, *From Eden to the New Jerusalem*, 40~41; 송영목, 『요한계시록과 구약의 대화』, 296.
75. Beale, *The Temple and the Church's Mission*, 388.
76. Alexander, *From Eden to the New Jerusalem*, 61.
77. Beale, *The Temple and the Church's Mission*, 388.

바울은 그리스도의 몸인 교회를 '성전'으로 묘사하며, 성령 안에서 하나님께서 거하실 처소가 된다고 기술한다.[78]

예수님께서는 이런 새 시대를 여시기 위해 돌아가시고 부활하신 가운데 "옛 성전을 자신의 부활한 육체인 새 성전으로 대체"하셨다막14:58.[79] 그 결과 성도들은 그리스도 안에서 '새 성전'으로서 하나님의 임재를 누리게 된다.[80] 특히 예수님의 십자가 사건 때 성소의 휘장이 찢어진 것은 '옛 성전' 시대가 종식되고 '새 시대'가 개막되었음을 알린다마27:50~51. 이제 성도들은 그리스도를 통해 죄를 용서받고 하나님의 보좌, 즉 '천상의 지성소'로 나아가 '하나님과 교제'할 수 있는 길이 생겼다히10:19~22.[81] 구약에서는 대제사장만 일 년에 한 번 들어갈 수 있었던 지성소의 경계가 예수님의 사역으로 단번에 무너진 것이다.

예수님의 승천 이후에도 하나님의 임재는 성령을 통해 지상 가운데 지속된다.[82] 특히 성령께서는 교회인 성도들 가운데 내주하시며고전3:16; 6:19~20, 하나님의 임재를 온 세계 성도들교회 가운데 확장해 가신다.[83] 구약에서 성막과 성전이 하나님의 임재 장소였다면, 신약시대 때는 그 임재가 '새 성전'인 교회와 성도들 개개인을 통해 온 세상으로 확산되는 것이다.[84]

(3) 완성: '우주적 하나님 나라와 성전'의 완성

구속사의 마지막 단계에 이르면 하나님께서 창조시 의도하신 '우주적 하나

---

78. D. J. Moo, "The Letters and Revelation," in *NIV Biblical Theology Study Bible*, 2120.

79. Beale and Kim, *God Dwells Among Us*, 68.

80. D. A. Carson, "The Gospels and Acts," in *NIV Biblical Theology Study Bible*, 1809.

81. Beale and Kim, *God Dwells Among Us*, 68~69; R. A. Mohler Jr., "Hebrews," in *The NIV Grace and Truth Study Bible* (Grand Rapids: Zondervan, 2021), 1716~1717.

82. Beale, *The Temple and the Church's Mission*, 388.

83. Alexander, *From Eden to the New Jerusalem*, 61.

84. 김성수, "고려신학대학원의 구약신학: '하나님나라' 관점으로 구약 읽기," 86.

님 나라와 성전'의 이상이 '새 하늘과 새 땅' 및 '새 예루살렘'의 도래 가운데 온전히 성취된다. 하나님의 임재와 통치와 안식이 창조세계에 온전히 구현되는 것이다. 이 영광스러운 성취에 관한 내용은 요한계시록 21장~22장 5절에 기록되어 있다. 먼저 요한계시록 21장 1~2절은 종말에 임할 '새 하늘과 새 땅' 및 '새 예루살렘'에 대해 다음과 같이 기술한다.

> "또 내가 새 하늘과 새 땅을 보니 처음 하늘과 처음 땅이 없어졌고 바다도 다시 있지 않더라. 또 내가 보매 거룩한 성 새 예루살렘이 하나님께로부터 하늘에서 내려오니"

본문은 우선 '새 하늘과 새 땅'이 임하는 가운데 처음 하늘과 땅이 사라졌다고 기술한다.[85] 이는 '무'에서 '유'로의 재창조가 아닌, 만물이 '갱신됨'을 뜻한다.[86] 즉 "현재 세상이 사라져 버리는 것이 아니라, 영광스럽게 완전히 변형되는 것"이다.[87] 이는 창세기 1~3장의 천지창조 및 에덴의 목적이 종말론적 완성에 이름을 뜻한다.[88]

그렇다면 이처럼 갱신된 '새 하늘과 새 땅'의 복을 누릴 자는 누구인가? 본문은 "거룩한 성 새 예루살렘이 하나님께로부터 하늘에서 내려온다."라고 묘사하

---

85. 송영목 교수는 "새 하늘과 새 땅"의 도래가 "전적으로 현재적 일도 아니며, 그렇다고 전적으로 미래의 일"도 아니라며 "예수님의 초림과 재림 사이에 일어나는 점진적인 성취로 보아야 한다."라고 말한다. 송영목, 『요한계시록』 (서울: SFC, 2013), 371.
86. 이필찬, 『요한계시록 어떻게 읽을 것인가』, 2판 (서울: 성서유니온, 2019), 340~349. 한편 앞으로 도래할 '새 하늘과 새 땅'에 관한 다양한 해석적 견해는 다음을 참고하라. Wittmer, ed., *Four Views on Heaven.* 이 책은 다음 네 가지 견해를 소개한다. ① 'Traditional View'(John S. Feinberg) ② 'Restored Earth'(J. Richard Middleton) ③ 'Heavenly Earth'(Michael Allen) ④ 'Roman Catholic Beatific Vision'(Peter Kreeft).
87. 송영목, 『요한계시록』, 371.
88. 이필찬, 『요한계시록 어떻게 읽을 것인가』, 342, 344.

는데, 문맥적으로 '새 예루살렘'은 그리스도의 신부인 '교회'를 지칭한다계21:9.[89]
그러므로 구속받은 하나님의 백성이 새 창조의 복에 참여하는 것이다.[90]

한편 21장 3절과 22절은 그리스도의 신부인 '새 예루살렘'을 하나님의 임재
가 성도와 영원히 함께하는 '성전'으로도 기술한다.

> "보라 하나님의 장막이 사람들과 함께 있으매 하나님이 그들과 함께 계시리니 그
> 들은 하나님의 백성이 되고 하나님은 친히 그들과 함께 계셔서"계21:3

> "성 안에서 내가 성전을 보지 못하였으니 이는 주 하나님 곧 전능하신 이와 및 어
> 린 양이 그 성전이심이라"계21:22

본문은 새롭게 된 만물 가운데 '하나님과 그리스도가 성전이 되셔서' 성도들
과 영원히 함께하실 것이라 기술한다.[91] 이는 에덴동산에서 첫 인류가 누렸던 하
나님과의 교제가 성막-성전-교회 시대를 거쳐 마침내 종말론적으로 온전히 회
복됨을 뜻한다.[92] 특히 22절은 성전이 보이지 않는다고 기록하는데, 이는 '하나
님과 어린 양이 그 성전'이 되시기 때문이라 말한다. 이는 과거 건물로서의 성

---

89. 변종길, 『요한계시록』 (대구: 말씀사, 2017), 357~338. 한편 빌(Beale)과 킴(Kim)은 계시록 21~22장과 연관된
이사야 65장 17~18절이 '하늘과 땅'과 '예루살렘'을 동격으로 보는 것에 근거하여 계시록 21장 1절의 '새 하늘
과 새 땅'과 계시록 21장 2절, 21장 9절~22장 5절의 '새 예루살렘 성' 역시 동일한 의미로 보아야 한다고 주장한
다. Beale and Kim, *God Dwells Among Us*, 127~129; G. K. Beale and S. M. McDonough, "Revelation," in
Commentary on the New Testament Use of the Old Testament (Grand Rapids: Baker Academic, 2007),
1155~1156. 이 주장에 대한 비판적 고찰은 다음을 참고하라. 송영목, 『요한계시록과 구약의 대화』, 303~305. 한
편 변종길 교수는 다음과 같이 언급한다. "'거룩한 성 새 예루살렘'은 마지막 날에 우주 어느 공간에서부터 '내
려오는 것'이 아니라 근본적으로 변화된 '새 하늘과 새 땅'(벧후3:10, 12) 안에 있다. 그러나 '새 하늘과 새 땅'과
'거룩한 성 새 예루살렘을' 엄밀하게 구별하는 것은 성경적으로 큰 의미가 없어 보인다. 둘 다 죄와 사망이 없
으며, 의가 거하는 곳이며, 하나님의 영광이 충만한 곳이다." 변종길, 『요한계시록』, 360 각주 6.
90. 이필찬, 『요한계시록 어떻게 읽을 것인가』, 346~347.
91. 같은 책, 348.
92. Moo, "The Letters and Revelation," 2311.

막과 성전의 차원을 넘어서, 이제 하나님의 임재가 '새 예루살렘 공동체' 가운데 '완벽하게 충만'하다는 의미로 볼 수 있다.[93]

21장 16절은 나아가 '새 예루살렘'의 모습을 '지성소'로도 묘사한다.

> "그 성은 네모가 반듯하여 길이와 너비가 같은지라 그 갈대 자로 그 성을 측량하니 만 이천 스다디온이요 길이와 너비와 높이가 같더라 …… 그 성은 정금인데……"
>
> 계 21:16, 18

본문에서 '새 예루살렘'이 정금으로 된 정육면체로 묘사되는데, 구약에서 유일하게 '지성소'가 이러한 형태이다왕상6:20.[94] 이런 차원에서 요한계시록 21장의 성전은 옛 성전의 삼중구조지성소, 성소, 바깥뜰로 더 이상 묘사되지 않는다. 과거에는 대제사장만 일 년에 단 한 번 들어갈 수 있었던 하나님의 임재 공간에 이제는 신부인 하나님의 백성이 자유롭게 거하게 된다는 것이다.

계속해서 21장 19~20절은 새 예루살렘을 구성하는 여러 보석들을 나열한다.

> "그 성의 성곽의 기초석은 각색 보석으로 꾸몄는데 첫째 기초석은 벽옥이요 둘째는 남보석이요 셋째는 옥수요 넷째는 녹보석이요 다섯째는 홍마노요 여섯째는 홍보석이요 일곱째는 황옥이요 여덟째는 녹옥이요 아홉째는 담황옥이요 열째는 비취옥이요 열한째는 청옥이요 열두째는 자수정이라."

이 보석의 목록들은 에덴동산겔28:13, 성전출28:17~20, 새 예루살렘 기사사 54:11~12; 계1:19~20에 반복적으로 나타난다. 이러한 연관성에 관해 이필찬 교수는

---

93. 이필찬, 『요한계시록: 40일 묵상 여행』 (고양: 이레서원, 2005), 237; 이필찬, 『요한계시록 어떻게 읽을 것인가』, 355~356.

94. Naselli, "What Is a Biblical Theology of the Temple?," 272.

다음과 같이 설명한다.

> 에덴동산이 타락 후에 구약의 성전을 통해 회복되었고, 새 예루살렘에서 창세기의
> 에덴동산과 성전이 완전한 모습으로 회복되고 완성되었음을 보여준다. 곧 구약의
> 구속역사에서 예비적으로 제시된 모든 요소가 정점인 요한계시록의 새 예루살렘
> 에서 그 완성을 나타내는 것이다.[95]

마지막으로, 새 예루살렘에 대한 묘사가 22장 1~5절에서 마무리되는데, 여기서는 '에덴 모티프'를 통해 '변혁된 에덴'의 모습이 어떠한지를 기술한다.[96] 탭 Brian Tabb은 이를 잘 정리해 준다.[97]

에덴창2~3장	새 예루살렘계21~22장
경작하고 지켜야 할 동산2:15	빛나는 거룩한 성21:10~11
에덴에서 흘러나온 강2:10	하나님의 보좌에서 나온 생명수의 강22:1
근처에 금과 호마노가 있음2:11~12	정금과 홍마노와 보석으로 꾸며짐21:19~21
다스리고 지키라는 명령1:26; 2:15	왕과 제사장으로 섬김22:3, 5
한 남자와 여자2:22~23	만국22:2
뱀이 속이고 수치를 가져옴3:1	속되거나 가증하거나 거짓된 것이 없음21:27
하나님 앞에서 쫓겨남3:23~24	하나님의 임재가 영원히 지속됨21:3, 23
생명나무의 길을 차단당함3:22~24	생명나무에 영원히 나아감22:2, 14

예를 들어 22장 1절의 '생명수 강물'참조. 창2:10; 겔47:12, 2절의 '생명나무'참조. 창2:9; 3:22, 4절의 '하나님의 얼굴을 본다'라는 표현참조. 창3:9~11에서 아담은 범죄하고

95. 이필찬, 『요한계시록 어떻게 읽을 것인가』, 356~360.
96. 같은 책, 361; 송영목, 『요한계시록』, 387.
97. Brian Tabb, 『요한계시록 성경신학』 NSBT (서울: 부흥과 개혁사, 2020), 293~294.

하나님의 얼굴을 피함, 5절의 '교회가 세세토록 왕 노릇 한다'라는 표현참조. 창1:28에서 사람은 대리통치자로 세움 받음 등은 새 창조시 어떤 변혁이 있을지를 잘 보여준다. 결국 새 예루살렘 공동체가 에덴의 완전한 회복을 통해 첫 창조의 목적을 완성하게 될 것이다.[98]

4. 결론

지금까지의 논의를 창조-타락-구속-완성의 이야기 흐름 속에서 정리하면 다음과 같다. 첫째, 하나님께서는 '**창조**'시창1:1-2:3 하나님의 임재와 통치와 안식이 모든 창조세계에 드리우는 '우주적 하나님 나라와 성전'을 의도하셨다. 나아가 하나님께서는 '우주 성전'의 축소판이라 할 수 있는 지상의 에덴 성소-동산에 임재하시며 첫 인류와 교제하셨다창2:4~3장. 아담은 이 가운데 하나님의 창조 목적을 구현해 내야 했다.

둘째, '**타락**' 사건창3장 이후 인류는 하나님의 임재와 안식을 상실했다. 첫 인류는 에덴동산에서 추방됐으며, 이때부터 하나님의 거처가 지상이 아닌 천상 공간에 있는 것으로 성경은 묘사한다.

셋째, '**구속**' 과정 속에서 하나님의 임재가 하늘에서 땅으로 내려온다. 특히 하나님께서는 구속받은 이스라엘의 '성막과 성전'에 임재하시고, 신약시대에는 예수님께서 성전이 되시는, 즉 그리스도의 몸인 교회를 통해 하나님의 임재를 온 세상 성도들교회 가운데 확장해 가신다.

---

98. 이필찬, 『요한계시록 어떻게 읽을 것인가』, 361.

마지막으로, '새 하늘과 새 땅'이 임할 때계21~22장 창세기 1~2장의 창조 목적이 종말론적으로 **'완성'**된다. 하나님의 영원한 임재와 통치와 안식이 만물에 충만한 '우주적' 하나님 나라와 성전이 완성된다.

How to Preach

2부
시간

7장

구약의 시간, 어떻게 설교할 것인가?

최윤갑

1. 들어가면서

　시간은 공간과 함께 인간의 삶을 규정하고 인식하는 틀이다.[1] 모든 인간은 시간의 존재를 인식하고, 그것을 무대삼아 자신의 삶을 영위하기 마련이다. 저명한 구약학자인 뮐렌버그James Muilenburg는 "산다는 것은 시간 안에 사는 것이고, 우리의 의식과 생각은 분리할 수 없을 정도로 시간의 움직임과 밀접하게 연결되어 있다."라고 말하며, 시간과 삶의 밀접한 관계를 강조하였다.[2] 하지만 "시간이 무엇인가?" 그리고 "그 시간의 본질은 무엇인가?"라고 누군가 질문한다면, 선뜻 답을 하지 못할 만큼 대부분은 시간에 대해서 무지한 것도 사실이다. 시간을 정의하는 것의 어려움에 관해 아우쿠스티누스S. Aurelii Augustini는 이렇게 표현하였다. "아무도 묻는 이가 없으며, 아는 듯하다가도 막상 묻는 이에게 설명을 하려들자면 말문이 막히고 맙니다."[3] 사실상 특별한 계기와 이유가 없다면,

---

1. 최태영, "시간의 본질과 죽은 자의 시간," 「신학과 목회」 13 (1999), 93.

2. James Muilenburg, "The Biblical View of Time" in *Harvard Theological Review* 54 (1961), 226.

3. S. Aurelii Augustini, *Confessionum*, 최민순 역, 『고백록』 (서울: 바오로딸, 1996), 11~14; 최태영, "시간의 본질과 죽은 자의 시간," 각주 1번을 참조함.

대부분의 사람들은 이와 같이 시간에 대한 무지함 속에 수동적으로 주어진 삶을 살아가는 경우가 일반적이다.

그러나 놀라운 점은, 구약성경은 고대근동의 문학과 비교할 때 시간에 관해 독특하고도 뚜렷한 관점을 제공하고 있다는 것이다. 구약성경은 시간의 다양한 양상들, 즉 시간의 창조, 시간의 순환과 리듬, 다양한 시기와 때의 변화들, 그리고 시간의 종말에 대해 구체적이고 상세한 진술을 제공한다. 그리고 이 시간의 흐름과 때의 변화에 순응할 뿐 아니라, 시간의 창조자이자 주권자이신 여호와의 계명에 순종하며 사는 삶이 인생의 최고의 지혜라고 가르친다. 이런 면에서 그 어떤 문서나 자료보다 구약성경은 시간을 이해하는 데 훌륭한 교과서 역할을 수행하고 있는 듯하다.

필자는 본고를 통해 구약성경에 기술된 시간의 다양한 양상들과 그것에 관한 신학적 해석을 제공하고자 한다. 물론 시간의 표현들과 이해는 구약성경 전반에 걸쳐 묘사되어 있다. 그럼에도 필자는 구약성경을 모세오경, 시가서, 그리고 선지서로 나누어 각각의 성경이 특징적으로 강조하는 시간의 양상들을 다루고, 그것들을 신학적으로 해석해 보고자 한다. 필자의 연구가 아직은 일천한데다가 이 글의 주제와 관련된 문헌이 충분치 않다는 한계가 있지만, 본 연구를 통해 시간에 대한 몇 가지 일반적인 결론을 도출할 수 있기를 꾀한다. 또한 그러한 결론이 앞으로의 연구와 설교 사역에 조그만 디딤돌이 될 수 있기를 기대한다.

2. 구약성경의 시간 관련 용어들

구약성경에 기술된 시간의 양상들과 그것의 신학적·윤리적 함의를 파악하기 위해, 먼저 필자는 시간과 관련된 히브리어 용어들과 표현들을 살피도록 하겠다. 엄밀한 의미에서 히브리어는 한글의 '시간'이라는 개념에 정확히 상응하는 단어를 갖고 있지 않다.[4] 하지만 우리는 구약성경에서 각기 다른 어감으로 우리 말의 '시간'이 가질 수 있는 부분적 의미를 보여주는 다양한 히브리어 단어들을 발견할 수 있다. 이 단어들과 그것들의 의미를 간략히 살펴보자.

1) 레쉿*rēšit*

구약성경에서 제일 처음 등장하는 단어는 "태초에"라는 의미의 히브리어 '버레쉿*berēšit*'이다. 여기서 전치사 '버*be*'를 뺀 '레쉿'은 '시작'을 일컫고, 구약성경에서 51번 등장한다.[5] 히브리인들의 사고방식에서 시간에 관한 한 '7'이라는 숫자는 특별한 중요성을 갖는다. 태초의 천지창조는 7일에 완성되었고, 안식일과 안식년은 7년을 주기로 반복되기 때문이다. 이렇게 7을 주기로 반복되는 시간의 흐름에서 그 시작을 지칭하는 단어가 바로 '레쉿'이다. 창세기 1장 1절에서 눈여겨보아야 할 점은 '버레쉿'이라는 통합적 어구syntagma에 정관사가 존재하지 않는다는 점이다. 그러므로 1절의 '시작'은 어느 특정한 시점—예를 들어, 안식년, 희년, 월삭과 같은 기간—의 시작이라기보다 열려 있는 시간의 시작 내지는 '시간의 창조'를 시사한다.[6]

2) 께쯔*qēṣ*

시간의 처음과 시작이 '레쉿'이라면, 그 끝을 일컫는 단어가 바로 '께쯔'이다. 이 단어는 공간적 경계라기보다 통상적으로 시간과 삶의 끝을 의미한다창 6:13. 나아가 신학적으로 심판의 정황에서 이스라엘과 유다의 끝과 종말을 제시

---

4. 최승정, "성경의 시간," 「Catholic Theology and Thought」 58 (2007), 9.
5. Bill T. Arnold, *NIDOTTE*, Volume 3, 1025.
6. 최승정, "성경의 시간," 13.

한다암8:2; 겔7:3. 다니엘서에서 '께쯔'는 시간과 인간 역사의 끝, 즉 종말의 의미를 내포한다.[7] 이 끝이 오면 지금까지의 시간이 마감되고, 새로운 창조와 함께 새로운 시간이 시작된다.

3) 올람'ōlām

'올람'은 어원적으로 과거의 '옛 시간', '항상성', '오랜 시간' 또는 '모든 시간'을 시사한다. 비슷한 어원인 우가릿어 '알람'lm'은 '긴 시간', 또는 '영원성'을 지칭하는 데 자주 사용되었다. 반면, 히브리어에서 '올람'은 '일정한 수치로 측량할 수 없는 매우 긴 시간'이라는 의미로서 '영원'을 뜻한다시41:13~14; 90:1~2.[8]

4) 엣트'ēt

구약성경에서 거의 300번 이상 등장하는 '엣트'는 구약성경의 매 대목에서 각 사건, 모임, 일들이 발생하는 '기간' 또는 '때'라는 의미의 시간을 가리킨다.[9] 이 단어는 만남, 모임, 사건의 특정한 시간 또는 시간대를 지칭하는 고유명사로서, 그 내용을 밝히는 수식어들과 함께 빈번하게 등장한다. 예를 들어, 아이가 태어날 때, 비가 내릴 때, 또는 곡식을 수확하는 추수기, 또는 전쟁의 시기 또는 평화의 시기 등이다전3:2~8.

5) 저만zᵉmān

'엣트'와 유사한 개념으로서, '저만'은 특정한 때를 지시하는 용어에 속한다. 전도서 3장 1절의 "모든 것에는 시기저만가 있다"에서 이 단어는 인간의 삶의 순

---

7. Andrew E. Hill & Gordon H. Matties, *NIDOTTE*, Volume 3, 955.
8. Anthony Tomasino, *NIDOTTE*, Volume 3, 346; 최승정, "성경의 시간," 14.
9. 최승정, "성경의 시간," 12.

간과 그 속에 성취된 업적을 기념하는 특정한 시기 또는 기간을 일컫는다전3:1. 비슷한 예로서, 디아스포라에 살았던 유대인들은 부림절을 지켰던 며칠의 기간을 '저만'으로 기술하였다. 따라서 '저만'은 측정 가능한 양적 시간 개념을 표현하는 용어로 자주 사용된다전3:1; 에9:30; 단2:15, 20.[10]

6) *아타*'attâ

'엣트'에서 파생된 '*아타*'는 '지금 (이 순간) 현재'라는 의미를 갖는 시간 명사이다. '*아타*'는 "과거와 미래의 경계로서의 현재가 아니라, 찰나적이기는 하지만 시간적 부피를 지니고 있는 '지금 이 순간'이라는 의미"를 지닌다창4:10; 12:19; 출5:18; 민14:17.[11]

7) *모에드*mô'ēḏ

구약성경에 223번 등장하는 이 용어는 일반적으로 '모임의 시간' 또는 '모임' 자체를 일컫고, 문맥에 따라 '계절' 또는 '절기'로 번역되기도 한다. 제의적 용어로 사용될 때, '*모에드*'는 이스라엘의 종교적 '축제'와 '절기'를 지칭하지만레23:2, 4, 44; 사1:14; 에36:38; 44:24; 45:17; 호2:9, 비제의적 문맥에서 이 단어는 어떤 특정한 때나 장소를 의미하는 용례로 사용된다창17:21; 삼상20:35. 이스라엘 백성들은 이 절기들과 모임을 통해 여호와와의 구속 역사를 재소환하여 기억할 뿐 아니라, 그들 가운데 있던 가난한 자와 약자들—고아와 과부—을 돌볼 기회를 가졌다.[12]

---

10. 최승정, "성경의 시간," 14.
11. 같은 책, 12.
12. Hendrik L. Bosman, *NIDOTTE*, Volume 2, 871~873.

8) 케뎀qeḏem

'케뎀'은 공간적 관점에서 '~앞에' 또는 '동쪽'을 지칭하지만, 시간적 관점에서는 '옛 시대', '~전에', '과거'를 의미하는 용어로 사용된다.[13] 하지만 '케뎀'이 과거를 지칭할 때, 이 단어는 단순한 과거가 아닌 '오래된' 그리고 성서 기자의 관점에서 '위대한 시간'을 가리킬 때 주로 사용된다.[14] 예를 들어, 미가 7장 20절에서 "옛적에"로 번역된 '케뎀'은 이스라엘의 조상들이 활동했던 족장들의 시대를 일컫는다.

9) 아하릿트'aharit

'아하릿트'는 미래의 시간을 지칭하는 용어로서, 단순한 미래를, 때로는 종말론적 미래를 가리킨다. 기본적으로 이 단어는 어떤 일이나 사건의 시간적·논리적 구조 속에서 그것들의 최종적인 결과나 부수적인 효과를 지칭할 때 사용된다.[15] 하지만 대부분의 경우 '아하릿트'는 미래를 지칭하는 문맥에서 시간이나 사건의 '끝' 또는 '결론'을 시사하는 용례로 등장한다사46:10; 잠23:18; 겔38:16; 단 2:28; 호3:5. 코크K. Koch의 의하면, '아하릿트'는 구약성경에서 구속사적 시간의 흐름과 역사의 종말을 밝혀주는 미래 개념을 형성한다.[16] 신학적으로 미래의 시간 또는 종말을 지칭하는 전문 용어로서, '아하릿트'는 이스라엘의 회복, 열방의 심판, 그리고 메시아 왕국의 설립에 대한 선지자들의 예언이 성취되는 때이다.[17]

---

13. P.P. Jenson, *NIDOTTE*, Volume 3, 874.
14. 최승정, "성경의 시간," 15.
15. Andrwe E. Hill, *NIDOTTE*, Volume 1, 362.
16. 신명기 33장 27절, 예레미야 30장 20절, 느헤미야 12장 46절, 이사야 45장 21절을 참조하라. 또한 아래의 자료를 참조하라. K.Koch, "Qaedaem. Heilsgeschichte als mythische Urzeit im Alten (und Neuen) Testament," *Spuren des Hebraeischen Denkens* (Neukirchen-Vluyn, 1991), 248~280; 최승정, "성경의 시간," 15.
17. Hill, 362.

10) 욤 yôm

'욤'은 구약성경에서 시간과 관련하여 가장 빈번하게 등장하는 시간 단위 중 하나다. 이 단어는 어둠의 기간과 구분된 빛이 있는 '낮 시간'창7:4; 8:22; 29:7; 출 24:18; 시139:12을 말하기도 하고, 또는 낮과 밤을 포괄한 '하루'창1:5; 50:3; 레8:35; 욥 3:6라는 개념을 제시할 때도 종종 사용된다. 물론 고대사회에서 하루는 뚜렷한 시간 구분이 존재하지 않았지만, 일반적으로 새벽 샤하르(šaḥar), 아침 보케르(bōqer), 낮 시간 욤(yôm), 밤 라여라(lāylâ)으로 구성되었다.

11) 호데쉬 ḥōḏeš

'호데쉬'는 달의 개념을 표현하는 가장 대표적인 용어이다. 이 단어는 대개는 서수를 동반하여 '둘째 달'왕상6:1, '일곱 째 달'왕상8:2과 같은 방식으로 어떤 달을 지칭하였지만, 때때로 구체적인 달의 이름—'시브월'왕상6:1—과 함께 고유한 달 의 이름을 명명하는 데도 사용되었다. 구약성경에서 각 달을 부르는 방식은 크 게 세 가지이다. 가나안 방식은 유배 전에, 그리고 바벨론 방식은 유배 후에 주 로 사용되었고, 이스라엘의 표준 방식은 서수를 사용하는 월력이었다.[18] 그리고 각각의 달들은 가나안 지역의 농경생활의 리듬과 깊이 관련되어 있음을 뚜렷이 보여준다. 예를 들어, 1~2월은 올리브 수확, 3~4월은 1차 씨뿌리기, 8월은 보리 수확, 10~11월은 포도원을 관리해야 하는 시기임을 각각 알려준다.[19]

---

18. 최승정, "성경의 시간," 31.
19. 강성열, "구약성서의 시간과 종말, 그리고 생태학," 「한국기독교신학논총」 30 (2003), 24. 분열왕국 시대 초기 의 달력은 가을을 한 해의 시작으로 봄으로써 당시의 이스라엘이 가나안 원주님들의 농사력을 채용하고 있음 을 분명하게 보여준다.

12) 샤나_šānâ_

구약성경에서 874번 등장하는 '*샤나*'는 흔히 한 해의 시작과 끝으로 구성된 어떤 '해'나 '년'의 개념을 전달하는 일반적인 단어이다. 하지만 '*샤나*'는 달력으로 구성된 한 해의 의미만이 아니라, 사람의 일생, 왕의 통치, 하나님의 활동—'주의 연대'시102:24—을 함의하는 용어로도 함께 사용되었다.[20] 구약성경의 진술은 봄이나 가을을 한 해의 시작으로 보는 이중성을 갖는데, 이것은 주변 나라의 영향에 의한 것으로 추측된다.[21]

구약성경에 나타난 이상의 시간 용어들을 통해 우리는 고대 이스라엘의 시간 개념에 관한 세 가지 중요한 관점을 발견할 수 있다. 먼저, 구약성경에서 시간은 그 시작과 끝종말을 전제한다. 창세기 1장에서 처음 창조된 시간은 많은 선지서들이 밝히듯이, 직선의 진행방식과 함께 그 끝을 향해 흘러간다. 그리고 시간의 시작과 끝을 주관하시는 시간의 창조자이자 종결자는 여호와 하나님이시다. 둘째, 구약성경에서 시간의 다양한 구분은 농경생활의 리듬과 깊이 연관되어 있다. 고대 이스라엘은 농경문화의 생태 리듬에 기초하여 추수기, 수확기, 농작물 관리기, 희년 등을 구분하였고, 그 모습은 각각의 달의 이름 속에 잘 나타난다. 이것은 그들이 직선적인 시간관과 함께 자연에 새겨진 순환적인 세계관을 배척하지 않았음을 암시한다. 셋째, 구약성경의 시간에는 '자연 시간natural time'과 '신학적 시간theological time'이 있다. 고대 이스라엘인들은 현대인들과 같은 엄밀하고 정확한 시간 개념을 가지지는 않았지만, 해와 달, 낮과 밤, 기후와 계절의 변화, 농사의 시작과 끝 등과 같은 생태변화에 기초한 자연 시간을 가졌다. 아울러 그들은 이 자연 시간을 여호와의 구속사건과 연관지어 신학적 시간

---

20. Peter Enns, *NIDOTTE*, Volume 4, 193.
21. 최승정, "성경의 시간," 33-37.

으로 승화시켰다. 그들은 신학적으로 해석된 다양한 모임과 절기들—유월절, 초막절, 안식년, 희년—을 통해 여호와의 왕 되심, 출애굽의 구원, 과거 노예생활의 고난을 기념하였을 뿐 아니라 그들 속에 있던 약자들을 향한 신앙적 돌봄과 사회적 정의를 실천하였다.

요약하지면, 구약성경에 서술된 시간 개념은 고대 이스라엘의 다양한 삶의 단면들을 보여줄 뿐 아니라 그들 속에 형성된 신앙적 고백과 신학을 여실히 반영한다. 다음 단락에서 다루게 될 구약성경과 시간 개념은 그것을 뚜렷이 보여준다.

3. 모세오경과 시간

모세오경은 우주의 창조와 초기 이스라엘 역사의 형성과정을 보여준다. 따라서 이와 같은 원역사에 대한 진술들에서 시간의 창조와 그것의 다양한 양상들을 아울러 볼 수 있다.

(1) 여호와와 시간의 탄생

시간은 과연 언제 시작되었을까? 이 질문에 자신 있게 대답할 수 있는 사람은 아무도 없을 것이다. 하지만 창세기 1장은 시간의 창조에 관해 구체적인 내용을 제공한다.

창세기는 시간을 여호와 하나님의 피조물로 진술한다. 창세기 1장은 태초의 창조와 함께 모든 만물의 절대적 시작을 보여준다. 하지만 눈여겨보아야 할 점은, 창세기의 창조기사는 고대 근동의 다른 창조설화에 묘사된 만물의 시작과 비교할 때, 전혀 다른 관점을 제시한다는 것이다. 예를 들어, 바벨론의 창조신화인 '에누마 엘리쉬Enuma Elish'에 의하면, 자연적 시간의 기준이 되는 천체와 성좌와 자연계의 순환 등이 결정되기 전에, 이미 이 세상에는 시간의 원형이 되는 원초적 시간이 존재하였다. 고대 바벨론인들은 원형적 시간에 속하는 이 역사만을 거룩한 역사로 인정하였다. 그리고 많은 신들은 이 원형적 시간 안에 속하여 또 다른 하나의 시간 역사를 만들었다. 즉 원형적 시간 속에서 최초의 남녀 한 쌍의 신인 아푸스Apsû와 티아맛Tiamat으로부터 대代를 이은 신들이 생겨났는데, 그 신들 사이에 전쟁이 일어나게 되었고, 그 결과로 지금의 세상과 인간이 마지막으로 탄생된 것이다. 다시 말해, 고대 근동신화는 "여러 신들도 우주만물의 생성 과정 속에 포함되었으며, 신들 자신이 시간의 범주에서 완전히 벗어나지 못하고 있음"을 뚜렷이 보여준다.[22]

하지만 창세기의 창조기사는 시간에 관해 정반대의 세계관을 제공한다. "태초에 하나님이 천지를 창조하시니라……하나님이 이르시되 빛이 있으라 하시니 빛이 있었고……하나님이 빛을 낮이라 부르시고 어둠을 밤이라 부르시니라" 창1:1~5. 적어도 이 창조기사는 고대 근동의 시간 개념과 비교할 때 두 가지 뚜렷하게 다른 관점을 제공한다. 첫째, 여호와께서는 시간을 창조하신 시간의 창조자이시다. 여호와께서는 빛을 창조하시고, 혼돈과 어둠을 제거하신 후, 이후 모든 만물의 창조를 성취하셨다. 그는 빛을 낮이라 칭하시고, 어둠을 밤이라 명명하신 후, 온 만물 가운데 낮과 밤의 주기적 변화라는 최초의 질서를 부여하셨다. 특히 여기서 빛의 창조는 최초의 시간이 창조되었음을 암시한다. 빛과 어둠의 구분으로 비로소 시간의 가장 기본 단위인 낮과 밤이 생겨났기 때문이다.[23] 이런 점에서 본다면, 첫째 날에 여호와께서 빛을 향하여 보시기에 좋았다고 하신 평가4a는 빛 자체에 대한 것이라기보다 시간 창조의 기초가 된 빛의 기능에 대

---

22. M.J. 람베르, P. 그릴로, 김경환, "시간," 『신학전망』 44 (1979), 85.
23. C. Westermann, 『창조』, 황종렬 옮김 (왜관: 분도출판사, 1991), 66.

한 것이라고 할 수 있다.[24]

둘째, 여호와께서는 시간을 초월하신 절대적 존재이시다. 성경에는 신의 역사를 말하는 원초적 시간이 존재하지 않는다. 또한 여호와께서는 고대 근동의 신들과 달리 시간에 속하지 않았다. 그분께서는 시간을 초월해 존재하실 뿐 아니라 그 시간을 그분의 섭리에 따라 다스리시는 절대적인 주권자이시다. 따라서 시간은 빛과 더불어 여호와께서 맨 처음 창조하신 피조물인 셈이고, 여호와께서는 이와 같은 방식으로 태초에 시간을 창조하셨다.[25]

(2) 자연 안에 새겨진 시간

존재론적인 측면에서 우리가 시간을 규정하는 것은 쉽지 않다. 하지만 기능적인 측면에서 시간의 흐름 속에서 인간의 삶이나 만물의 운행이 진행된다고 말할 수는 있다. 달리 표현하자면, 시간은 자연계의 운행과 인간의 삶의 변화를 통해 그 모습을 드러낸다. 즉 인간의 삶이나 자연계의 순환은 결코 시간으로부터 독립적일 수 없으므로, 지혜로운 자는 시간과 때의 중요성을 인식하고, 그것에 순응하는 삶을 살아가기 마련이다.

시간에 대한 이러한 인식과 통찰은 고대 이스라엘 사람들에게도 예외는 아니었다. 그들은 자연 세계 안에 새겨져 있는 사물들과 시기의 주기적 변화를 통하여 시간을 통찰하였다. 조금 더 구체적으로, 먼저, 태양이 규칙적으로 뜨고 지는 순환을 통해 그들은 밤과 낮의 시간을 확인하였다창1:5, 14. 낮과 밤이 순환하는 시간 주기를 하루라고 불렀고, 이것이 육일 동안 지속된 후 일곱째 날이 되면 그것을 한 주간으로 여겼다. 사계절의 순환, 농작물의 씨뿌리기, 그리고 수확기를 통해서도 시간의 흐름을 확인할 수 있었다.

---

24. 강성열, "구약성서의 시간과 종말, 그리고 생태학," 15.
25. 소광희, 『시간의 철학적 성찰』 (서울: 문예출판사, 2001), 80.

다음으로, 달의 규칙적인 변화를 통해 그들은 시간의 변화를 감지할 수 있었다. 태양의 변화를 중심으로 자연 시간을 계산하였지만, 이것만으로는 농사와 관련한 농경활동을 정확하게 감당하는 것이 쉽지 않았다. 그래서 고대 이스라엘인들은 달의 운행에 기초한 월력을 만들었다. 월의 호칭 뿐 아니라 초생달부터 날수를 계산하는 월의 순환 방식은 음력을 따르고 있음이 명확하다. 가나안 정착 초기와 분열왕국 시대에는 1년의 시작을 가을의 티쉬리 달출23:16; 34:22로 여겼으나, 후기에 와서는 봄의 닛산 달출12:2을 한 해의 시작으로 여겼다.

각 월의 이름은 이스라엘이 가나안 원주민들의 농사력—아빕월, 시브월, 에다님, 불월—을 상당부분 채용하였음을 보여준다. 또 한 월의 진행은 그들이 정형화된 방식으로 농작물의 씨뿌리기, 관리, 그리고 수확을 진행하였음을 보여준다. 태양과 달의 주기적 변화에 그 뿌리를 둔 자연적 시간은 농경문화에 익숙한 이스라엘의 삶과 농경활동을 지배하는 하나의 중요한 생존 조건으로 자리 잡았다.[26]

(3) 제의 활동과 거룩한 시간

고대 이스라엘에서 자연적 시간은 거룩한 시간, 즉 신학적 시간으로 성화되었다. 사실상 고대 근동의 모든 종교는 자연계의 순환에 신적 권능이 스며들어 있다고 믿었다. 이런 믿음에 근거해 그들은 시간의 해석에 신화적 요소를 가미하였다. 신화적 관점을 바탕으로 그들은 달과 계절의 변화를 해석하였고, 또한 다신교적인 축제일들을 제정하였다. 이교도들의 이와 같은 시간관념은 이스라엘 백성에게 끊임없는 유혹거리가 되지 않을 수 없었다. 때문에 예언자들은 이와 같은 이교 사상을 엄격하게 금하였다호2:13.

---

26. 강성열, "구약성서의 시간과 종말, 그리고 생태학," 25.

결국 고대 이스라엘은 선지자들의 경고에 따라 그들의 달력에서 다신교의 이교도적인 신화와 축제들을 제거하였다. 대신 이교도의 신화적인 요소가 아닌, 여호와 유일신 사상과 그것에 기초한 신앙적 요소를 시간 이해에 가미하게 되었다. 즉 그들은 농경사회의 생태적 흐름과 농업 활동의 중요성을 인정하면서도, 다양한 절기들과 축제일에 주권자 여호와의 통치와 일하심을 시간 이해에 부여함으로써, 과거 여호와께서 그들을 위해 행하신 위대한 구원사적 업적들을 다시 상기하였고, 그것들을 현재적 사건으로 경험할 수 있었다.

구약성경에서 거룩한 시간에 해당되는 대표적인 예로는 안식일, 안식년, 희년, 월삭, 그리고 삼대 축제인 유월절, 초막절, 오순절 등이 있다. 한 주간 수고한 노동에서의 안식을 꾀하는 안식일은 여호와의 태초 창조와 안식을 기념한다. 육년 동안 기경한 땅의 쉼을 의도하는 안식년과 그것의 일곱 주기인 희년은 단순히 농사를 쉬고, 땅의 기운을 회복하는 농경제도에 그치지 않았다. 오히려 안식년과 희년은 사회적 약자와 고통당하는 자들을 회복하고, 나아가 그들에게 새로운 삶의 기회를 제공하는 사회 제도의 새창조로 승화되었다. 매 달의 첫 날인 월삭은 달이 새롭게 시작하는 날이기 때문에, 고대 이스라엘은 이 날에 새로운 삶이 시작된다고 믿었다.[27] 이 날에 그들은 노동을 쉬고, 여호와께 제물을 받치며, 큰 기쁨과 함께 여호와의 종말론적 회복과 새 창조를 소망하였다호2:11; 암 8:5; 삼상20:5; 사66:22~23.[28]

이스라엘의 삼대 축제인 유월절, 오순절, 초막절은 농경사회의 생태적 삶의 흔적이 어떻게 신앙적인 축제와 절기로 승화되었는지 보여주는 구체적인 예를 제시한다. 먼저, 유월절은 유목민들이 초원의 겨울 목초지에서 여름 목초지로

---

27. 같은 책, 26.
28. 온 인류가 예루살렘에서 하나님께 예배할 것을 대망하는 종말론적인 희망이 이루어지는 날도 월삭이었다. 같은 책, 26.

이동할 때 발생할지 모르는 사고와 위험을 막기 위해 행했던 피뿌림의 의식에 그 뿌리를 둔다. 그들은 희생제물의 피가 사람과 짐승을 광야에 있는 악귀의 세력으로부터 보호해 줄 것이라고 믿었다.[29] 하지만 유월절은 어린 양의 피에 의한 초태생의 구원과 애굽의 노예생활에서 구속받은 민족적 해방을 기념하는 이스라엘의 거룩한 축제일로 성화되었다.

다음으로, 맥추절로 불렸던 칠칠절은 원래 무교절에 시작된 곡물 수확의 종결을 기념하는 농경 축제였다출23:16; 렘23:21; 민28:26. 하지만 고대 이스라엘은 이 날 여호와께 처음 익은 곡식을 바침으로써, 칠칠절을 성공적인 수확을 가능케 하신 그분의 은혜를 기념하는 신앙 축제로 발전시켰다. 끝으로, 수장절로 알려진출23:16; 34:22 초막절은 본래 올리브 열매, 과일, 특히 포도를 저장하면서 지켰던신16:13; 레23:39 가나안의 농경 축제였다. 하지만 나중에 초막절은 출애굽 이후 광야시절의 초막 생활을 기념하는 축제레23:39~43; 느8:13~18와 특히 시내산 계약의 갱신 의식으로 발전하였다신31:9~13.[30]

이와 같이 이스라엘의 삼대 축제는 농경 생활에 그 기초를 두고 있었으며, 추수기 전체를 포괄하는 하나의 순환과정을 형성하고 있다.[31] 하지만 이스라엘은 농경문화에 기초한 자연적 시간을 그들의 신앙적 역사 안으로 통합시켰고, 그런 재해석의 과정을 통해 수확에 대한 감사를 뛰어 넘어 이스라엘 역사가운데 여호와께서 행하신 사건들을 기억하고, 그것을 현재적 구원신앙으로 체험하는 신앙적 시간으로 승화시켰다.[32]

요약하자면, 모세오경은 여호와의 창조 사건에 의한 시간의 창조, 자연계 안

---

29. J. C. Rylaarsdam, "Passover and Feast of Unleavened Bread," *IDB*, Volume 3, 663; 강성열, "구약성서의 시간과 종말, 그리고 생태학," 27.
30. J. C. Rylaarsdam, "Booths, Feast of," *IDB*, Volume 1, 457.
31. W.H. Schmidt, 『역사로 본 구약 신앙』, 강성열 옮김 (서울: 나눔사, 1989), 179~180.
32. Muilenburg, "The Biblical View of Time," 244~246.

에 새겨진 자연의 시간, 그리고 생태계의 시간이 이스라엘의 거룩한 신학적 시간으로 승화된 시간의 다양한 양상들을 보여준다. 이들의 시간 개념은 당시 고대 근동의 이교도들이 갖고 있던 다신교적이고 신화적인 시간 해석을 배척하면서, 유일신 여호와의 창조 활동과 그분의 구속역사의 진행이 가능하였던 하나의 사상적 틀framework로서 작용하였다.

4. 시가서와 시간

모세오경에서 기술된 시간의 창조와 성화는 시가서에서 인생의 시기에 대한 해석과 영원에 대한 강조를 통해 더욱 심화된 정교화 과정을 이루게 된다.

(1) 때의 구분

시가서에서 전도서는 인간의 삶을 특징짓는 다양한 '때'와 '시기'에 대한 깊은 혜안을 제공한다. 예를 들어, 전도서 3장 1~11절은 인간의 삶을 28가지의 시기로 나눈 후, 각각 한 쌍식 모두 14쌍의 행위—날 때/죽을 때, 심을 때/심은 것을 뽑을 때, 죽일 때/치료할 때, 슬퍼할 때/춤출 때, 지킬 때/버릴 때, 잠잠할 때/말할 때, 사랑할 때/미워할 때, 전쟁할 때/평화할 때 등—를 대칭적 구조로 배열한다. 특히 전도자는 삶의 때를 각각 긍정적인 때와 부정적인 때로 나누어 사람의 삶이 원하는 대로만 흘러가지 않고, 각자가 원하지 않는 일들도 찾아오기 마련임을 이야기한다.

하지만 전도자의 시각에서 볼 때, 인간사에서 일어나는 모든 일에는 우연이 없고, 창조자의 섭리와 목적을 따라 정해진 때와 기한에 맞춰 일어난다1절. 그리고 이와 같이 좋은 일과 나쁜 일들의 조화를 통해 각 사람의 삶에 여호와의 섭리가 아름답게 성취된다. 그러므로 삶의 행복은 인생의 시기에 대한 여호와의 신비로운 섭리를 인정하는 가운데, 설혹 고난 가운데서도 악을 떠나고 그 섭리에 순응하는 삶을 사는 것에 달려 있다.[33]

(2) 영원을 사모함

구약성경은 여호와의 존재를 말할 때 인간의 일시적이고 제한된 시간과 대조된 '영원'을 언급한다. "영원부터 영원까지 주는 하나님이시니이다"시90:2; 참조. 102:11~12; 잠8:22. 인간은 시간 안에 살지만, 여호와께서는 영원 속에 존재하신다. 그분께서는 물리적 시간을 초월한 영원에 존재하시면서 인간의 역사를 그분의 목적을 따라 운행하신다. 시편 기자는 인간의 측도로써 측정할 수 없는 시간의 영원성을 설명하기 위해 그것을 자연적 시간의 일시적 성격과 대립시키기도 하고"주의 목전에는 천 년이 지나간 어제 같으며 밤의 한 순간 같을 뿐임이니이다"(시90:4), 또 인간적 시간과 대조시키기도 한다"내 날이 기울어지는 그림자……주는 영원히 계시고……"(시102:11~12).[34]

한 걸음 더 나아가 존재론적 한계와 더불어 죽음이라는 종착역에서 인생의 경주가 끝나는 삶의 허무함을 다루면서, 전도자는 여호와께서 인간의 내면에 영원을 추구하는 갈망을 주셨다고 말한다. "하나님이 모든 것을 지으시되 때를 따라 아름답게 하셨고 또 사람에게 영원을 사모하는 마음을 주셨느니라"전3:11. 전도서를 통해 전도자는 죽음이라는 주제를 거부하지는 않지만, 또한 죽음을 넘어서 생각하려고 하지 않는다. 그럼에도 그는 인간의 인생뿐만 아니라 죽음 너머 내세까지도 지배하시며, 죽음 이후에 인간 삶의 행위를 심판하실 여호와의 다스림에 대해 확신한다전11:9.

---

33. Th. Krueger, *Kohelet* (BK 19; Neukirchen, Vluyn, 2000), 157.
34. 람베르 & 그럴로, "시간," 86.

죽음 너머에 있을 여호와의 다스림에 대한 확신은 그가 가진 종말론적 기대와 희망의 바탕이 될 뿐 아니라 현재의 삶을 위한 기본적인 지혜가 된다.[35] 여기서 전도서의 두 가지 모토인 *메멘토 모리*memento mori(죽음을 생각하라)와 *카르페 디엠*carpe diem(인생을 즐겨라) 사이에 존재하는 신학적 긴장감은 해소된다. 즉 전도자는 죽음 이후에 있을 여호와의 심판과 다스림을 기억하는 가운데 무절제한 쾌락이 아닌 작은 순간의 삶에 충실하고, 작은 것에도 기뻐하고 자족하는 지혜의 삶을 살라고 권한다. 더욱이 여호와의 종말론적 통치에 대한 확신은 죽음이라는 존재론적 한계를 뛰어 넘어 유한한 사람이 영원의 세계를 염원하게 되는 종말론적 희망의 근간이 된다. 결국 죽음이라는 한계를 가진 인간의 희망은 현세에 있지 않고, 죽음 이후에도 영원히 존재하시는 여호와와의 결합과 그때 경험하게 될 영원한 시간에 놓여 있다.[36]

결론적으로, 자연 세계의 순환과 농경생활의 리듬에 기초한 자연 시간은 시가서, 특히 전도서에서 인간의 삶을 깊이 통찰하는 차원으로 발전한다. 그 내용의 중심은 인간의 삶에는 운명론적인 순환과 기한이 있다는 것이다. 그것들은 여호와의 목적을 따라 인간의 삶을 아름답게 빚어가는 기능적 역할을 감당한다. 또한 죽음이라는 개인적 종말을 가진 인간은 죽음을 초월하여 영원히 존재하시는 여호와의 다스림을 기억하며, 이 땅의 삶을 의미 있게 살아갈 수 있을 뿐 아니라 죽음 이후의 영원한 삶을 사모할 수 있다.

---

35. 박영준, "전도서에서의 종말론적 개념에 대한 연구: 미쉬파트/심판의 의미를 중심으로," 「구약논단」18 (2012), 119.
36. 같은 책, 120.

5. 선지서와 시간

고대 이스라엘은 시간의 시작을 말할 뿐 아니라, 동시에 시간의 종말을 언급한다. 구약성경에서 발견되는 "직선적인 시간 표상은 참으로 시간과 역사가 일회적인 것이요 유한한 것임을 함축하며, 정해진 끝을 향해 직선적인 진행을 계속하는 것임을 강조한다."[37] 많은 학자들에 따르면, 주전 8세기 문서 예언자들의 시대에 이르러 드디어 개인적인 차원의 죽음을 넘어 공동체적communal이고 우주적인cosmic 차원의 종말을 선명하게 강조하는 종말 신앙이 이스라엘의 역사 무대에 모습을 드러냈다.[38] 선지자들은 시간의 종말과 그 이후에 있을 만물의 급진적인 새창조를 기술하였다.

(1) 종말 예언

선지서는 크게 두 가지 면에서 시간의 종말을 기술한다. 먼저, '여호와의 날'은 역사적 시간의 끝을 표현하는 가장 대표적인 개념 중 하나이다. 폰 라드G. von Rad에 의하면, 여호와의 날은 원수에 대한 여호와의 전쟁과 심판의 날이요, 그들에 대한 완전한 승리의 날이다.[39] 이사야 2장 2절, 12장 1~2절, 13장 6~8절, 에스겔 30장 3절, 요엘 1장 15절, 2장 1절, 오바댜 15절, 스바냐 7장 14절에서 여호와의 날은 "주의 날", "그날", "말일" 등으로 표현된다. 선지서에서 원수에 대한 여호와의 심판과 승리를 묘사하는 이 날은 바벨론이나 에돔 같은 이방 민족 뿐

---

37. 같은 책, 30.
38. G. von Rad, "The Origin of The Concept of The Day of Yahweh," in *Journal of Semitic Studies* 4 (1959), 97~108; 박준서, "구약성서를 통해 본 종말론의 이해," 『구약 세계의 이해』 (서울:한들출판사, 2001), 168; 강성열, "구약성서의 시간과 종말, 그리고 생태학," 32; David I. Petersen, "Eschatology, Old Testament," *ABD*, Volume 2, 576~577.
39. Rad, "The Origin of the Concept of the Day of Yahweh," 99.

아니라 범죄한 이스라엘과 유다를 향해서도 선포되었다. 문서 예언자들은 국가 전체의 완전한 파멸, 왕정 붕괴, 포로생활 등을 선포하였고, 이러한 "메시지는 기존의 국가 형태를 완전히 끝장낸다는 점에서 종말론적인 성격을 갖는다."[40]

특이하게도 이 날에는 시간의 기존 질서를 세우는 해와 달의 운행이 흔들리고, 하늘과 땅에 어둠이 깔리고, 생태계의 파괴가 일어난다욜2:10; 호4:3; 암5:8, 8:9; 사8:22; 13:9, 13; 24:18~20; 렘 4:23, 25~26; 38:19~22; 나1:4~5; 습1:2~3; 학2:6, 21. 예를 들어, 최초의 문서 예언자인 아모스는 북왕국 이스라엘을 향해 심판을 선포할 때, 그 날에 여호와께서 "대낮에 해가 지게 하고, 한낮에 땅을 캄캄하게 할"암8:9 것을 예언하였다. 이사야 선지자 또한 비슷한 방식으로 여호와의 날에 있을 심판을 아래와 같이 기술한다.

"하늘의 별들과 그 성좌들이 빛을 내지 못하며, 해가 떠도 어둡고, 달 또한 그 빛을 비치지 못할 것이다"사13:10

이사야 선지자에 의하면, 여호와의 날은 해와 달과 별들이 그 기능을 상실하게 되는 인류 역사상 유례없는 날이다. 이것은 여호와의 심판으로 인해 야기될 생태계의 대혼란과 그것으로 인한 시간 기능의 상실을 함의한다.[41] 비슷하게 요엘 선지자도 그 날에 "해와 달이 어두워지고, 별들이 빛을 잃을"욜2:10 것과 "해가 어두워지고 달이 핏빛 같이 붉어질 것"을 예언하였다욜2:31; 3:15; 참고. 렘4:23, 25~26, 28. 이들은 상징적인 방식으로 여호와의 날에 성취될 죄악에 대한 여호와의 심판과 범죄로 오염된 이스라엘 역사의 종말을 예언하였다.

다음으로, 묵시 문학은 선지서의 종말 사상을 더욱 급진적인 방식으로 전개

---

40. 강성열, "구약성서의 시간과 종말, 그리고 생태학," 33.
41. 같은 책, 35.

한다. 대표적인 묵시 문학에 해당되는 이사야 56~66장, 스가랴 9~14장, 그리고 다니엘서는 국가 역사의 종말을 서술하는 데서 그치지 않고, 여호와의 날에 도래할 세계의 종말, 우주적 시간의 끝, 그리고 천상 국가에 관한 신적인 비밀을 밝힌다.[42] 다시 말해, 묵시 문학은 그 본질에서 초월적이고 초지상적인 차원을 가진다.[43] 이는 아마도 기대하던 구원과 희망찬 미래의 성취가 현실의 삶에서 너무 요원하였던 반면, 고통과 절망은 극대화되었던 선지자들의 시대적 배경에서 기인한 듯하다.

이와 같은 묵시 문학의 근본 사상은 다름 아니라 악의 세력이 현실 세계와 역사의 무대를 장악하고 있기 때문에 하나님 나라의 도래와 백성의 구원이 지연되고 있다는 데 있다. 하지만 그 날에 여호와께서는 악의 세력을 무찌르고, 그 악을 역사의 무대에서 완전히 소멸하실 것이다. "그들이 나가서 내게 패역한 자들의 시체들을 볼 것이라 그 벌레가 죽지 아니하며 그 불이 꺼지지 아니하여 모든 혈육에게 가증함이 되리라"사66:24. 나아가 그분께서는 악에 대한 최종적인 심판을 통해 현존하는 세계와 시간의 역사가 완전히 사라지고 옛 시대와는 근본적으로 다른 차원의 새 세계, 즉 새 하늘과 새 땅을 도래케 하실 것이다. 따라서 "묵시문학의 종말론은 시간과 역사가 끝을 본 다음의 시대를 내다본다는 점에서 역사 초월적인beyond history 종말론의 성격을 가지고 있음이 분명하다."[44]

(2) 새창조 – 새 하늘과 새 땅

선지자들은 역사와 시간의 종말 뿐 아니라, 여호와의 급진적 심판 이후에

---

42. Paul D. Hanson, *The Dawn of Apocalyptic: The Historical and Sociological Roots of Jewish Apocalyptic Eschatology* (Philadelphia: Fortress Press, 1979), 27~28.
43. 강성열, "구약성서의 시간과 종말, 그리고 생태학," 40.
44. 같은 책, 40.

펼쳐질 새로운 창조세계와 역사를 선언한다. 그들은 여호와의 심판이 끝난 후에 인간의 죄와 그 결과로부터 완전히 자유롭게 된 창조세계가 전개될 것을 확신에 찬 어조로 선포하였다.[45] 심판 이후, 남은 자들은 메시아가 공의와 정의로 다스리는 새 나라와 그의 통치를 경험할 것이다암3:12; 9:8~10; 사6:13; 7:3; 10:20~22; 11:11~16; 겔6:8~10; 습3:12~13. 그 나라에서 그들은 샬롬과 새로운 질서 속에서 온갖 풍요와 번영으로 가득 찬 새로운 시대를 살게 될 것이다암9:11~15; 호1:10~11; 14:4~8; 욜3:18. 특히 이사야 11장 6~9절과 65장 25절에 묘사된 종말론적 새 세상, 즉 육식동물과 초식동물이 공존하고 사나운 짐승과 어린 아이가 함께 뛰어놀 수 있는 파라다이스에 대한 장면은 서로를 향한 반목과 악함이 완전히 사라진 초역사적인 '하나님 왕국의 도래'를 묘사한다. 현 시대의 역사적 시간이 종결된 후 펼쳐질 새 시대는 현 시대의 완결이 아니라 현 시대와는 전적으로 다른 것이고, 따라서 더 이상 악의 다스림과 저항이 존재하지 않는 온전한 하나님의 통치가 구현되는 새 하늘과 새 땅이다.

요약하자면, 선지서는 구약의 다른 어느 성경보다 상세하게 시간과 역사의 종말을 기술한다. 한시적인 현 시대world-age와 미래의 영원한 시대eternal age를 엄격하게 구분하고 있는 선지서는 여호와께서 백성의 죄악을 심판하실 때 그들의 역사적 시간이 끝날 뿐 아니라, 악에 대한 심판과 함께 우주적 차원의 시간도 함께 끝날 것을 선포한다. 하지만 이와 같은 우주적 시간의 종말은 완전히 새로운 차원에서 완성될 여호와 왕국의 도래, 즉 새 하늘과 새 땅의 창조를 함의한다.

---

45. 같은 책, 36.

6. 시간신학과 그리스도인의 윤리 및 설교지침

(1) 그리스도인의 윤리

구약성경에 묘사된 시간의 다양한 양상들―시간의 창조, 자연에 새겨진 시간, 인생의 때, 시간의 종말―은 현대를 살아가는 그리스도인에게 심대한 윤리적 함의를 제공한다. 조금 더 구체적으로, 시간의 창조자이자 주권자이신 여호와의 계명은 그리스도인에게 정언명제적인 기준the standard as an absolute preposition을 제공한다. 고대 근동의 세계관과 달리, 앞서 다루었듯이, 구약성경은 시간이 무한하지 않고 그 시작과 끝이 있다는 직선적 세계관을 제시한다. 이런 관념 속에서 여호와께서는 시간을 창조하신 창조자시고, 그분의 섭리에 따라 시간의 흐름을 주관하는 주권자시고, 끝으로 시간의 종말을 가져오실 뿐 아니라 그 이후의 우주적 심판을 시행하실 심판자시다. 특히 성경은 전체적으로 여호와께서 시간이라는 플랫폼 위에 흘러가는 역사에 침투하셔서, 범죄로 인해 영원한 멸망을 향해 치닫고 있는 인류를 구원하시는 구속의 역사를 진행하고 계심을 기술한다.

거시적인 안목에서 여호와께서 구속사적 역사의 흐름에 관여하신다면, 미시적인 관점에서 그분께서는 각 개인의 역사에도 참여하셔서 때를 따라 아름답게 그들의 삶을 인도하신다. 무엇보다 중요한 점은, 전도서가 밝히듯이, 장대한 시간의 흐름에 종말이 오면 여호와께서는 각 개인의 삶을 언약의 계명에 따라 선악 간에 심판하실 것이라는 사실이다. "하나님은 모든 행위와 모든 은밀한 일을 선악 간에 심판하시리라"전12:14.

그렇다면 시간의 절대 주권자이신 여호와의 통치 아래에 살아가는 그리스도인은 어디에서 참된 지혜를 발견할 수 있는가? 지혜서는 그것을 '여호와 경외사상'에서 찾는다. "일의 결국을 다 들었으니 하나님을 경외하고 그의 명령들을 지킬지어다"전12:13. 전도서는 모든 인생이 청년의 때, 즉 자신에게 주어진 시간을 살아갈 때, 시간과 모든 만물의 창조자이자 심판자이신 여호와의 명령을 기억하는 삶을 사는 것이 그의 본분임을 강조한다전12:1. 가능한 한 많은 기쁨과 즐거움을 추구하며 자신의 삶을 살아야 하겠지만, 무절제한 쾌락과 방종이 아니라 여호와의 말씀에 순종하고, 구속 역사의 흐름에 순응하는 삶을 살아야 한다는 것이다.

그 이유는 무엇인가? 그것은 여호와를 경외하고 그분의 명령을 순종하는 삶이 현실 세계의 삶을 가장 윤택하고 조화롭게 만들 뿐 아니라, 개인과 우주의 시간의 종결 이후 현재의 삶의 시간을 영원의 시간으로 연장할 수 있는 유일한 방편이 되기 때문이다. 이런 맥락에서 전도자의 눈에 시간의 창조자이자 주권자이신 분께서 언약 명령을 통해 각자의 삶에 정해 놓으신 삶의 질서와 한계를 따르는 삶은 모든 세대의 그리스도인에게 정언적 절대 가치와 기준을 제공한다.

(2) 설교 지침

구약성경의 시간 이해는 거시적인 역사의 흐름과 그 속에서 현재의 시간을 살아가는 삶의 본질을 보여주기 때문에 설교를 위한 통찰력 있는 주제를 제공한다. 필자는 세 가지 측면에서 그것을 다루겠다. 첫째, 그리스도인은 시간의 창조자이신 여호와의 명령을 기억하는 삶을 살아야 한다. 여호와의 창조 행위를 통해 처음 창조된 시간은 직선적인 진행과 함께 그 끝을 향해 나아가고 있다. 또한 시간의 우주적 종말이 도달할 때, 여호와께서는 모든 인생을 심판하시고 새로운 차원의 새 세상을 펼치실 것이다. 그러므로 이 땅의 삶을 살아가는 모든 자들은 창조자께서 말씀을 통해 설정해 놓으신 질서와 한계에 순응하는 삶을 살아야 한다. 그것이 현실의 삶을 윤택하게 하는 신적 지혜일 뿐 아니라, 현실의 시간을 영원의 시간으로 확장하는 신적 방편이기 때문이다.

둘째, 그리스도인은 삶의 순환과 때를 이해하는 지혜의 삶을 살아야 한다. 여호와께서는 때로 개인의 의지를 초월하여 그분의 주권과 목적에 따라 택한 백성에게 성공할 때와 아울러 실패할 때도 허락하신다. 또한 평화의 때 뿐 아니라 전쟁의 때도 허락하시고, 다양한 삶의 시기들을 그들에게 부여하신다. 그런 때들의 조화로운 조율을 통해 그분께서는 인생을 아름답게 빚어 가신다. 이런 맥락에서 그리스도인은 절망과 어둠의 때를 만날 때에도 여호와의 섭리와 계획을 신뢰하는 가운데 기쁨과 믿음으로 승리하는 삶을 살아갈 수 있어야 한다.

셋째, 그리스도인은 이 땅을 살아가면서 종말에 임할 하나님 나라를 고대할 뿐 아니라, 그 나라를 세워가는 선교적 사명을 감당해야 한다. 성경신학적 관점에서 여호와께서는 장구한 시간의 흐름 속에서 타락한 인류의 구원을 성취하는 구속의 역사를 진행해 나가시고, 궁극적으로 새 하늘과 새 땅을 창조하실 것이다. 이 목적을 성취하기 위해 여호와께서는 먼저 이스라엘에게, 다음으로 믿는 그리스도인들에게 선교적 사명을 허락하셨다. 그러므로 그리스도인들은 시간의 종말에 임할 여호와의 왕국을 고대할 뿐 아니라, 그것의 성취를 앞당기는 삶으로서 모든 족속을 제자 삼는 선교적 사명을 감당해야 한다.

7. 나오면서

다양한 시간의 양상들을 뚜렷하게 제시하는 구약성경은 현대를 살아가는 그리스도인들에게 시간에 대한 귀중한 가르침과 통찰을 제공한다. 여호와의 창조 활동으로 시작된 시간은 그 끝을 향해 진행되고 있고, 개인의 역사 뿐 아니라 우주적 시간 또한 언젠가 그 종말에 이르게 될 것이다. 그렇다면 이러한 시간의 시작과 끝의 한 지점을 살아가는 그리스도인들에게 진정으로 필요한 것은 무엇일까? 그것은 아마도 시간에 대한 진지한 신학적 성찰과 그것을 바탕으로 한 창조자를 향한 신앙의 고백이지 않을까 사색하게 된다. 고대 이스라엘의 지혜자는 시간의 신비를 성찰하면서 모든 인생에는 시기와 때의 순환이 있고, 그것이 여호와의 섭리에 기인하고 있음을 역설하였다. 그리고 삶의 지혜란 여호와의 섭리와 계명에 순종하며, 시기와 때의 변화에 순응하는 중용의 삶을 사는 것이라고 가르쳤다. 구약성경의 시간 이해를 추구하면서 앞으로 시간에 대한 신학적 발전이 더욱 진지하게 진척되고, 여호와를 향한 성도의 신앙고백이 새롭게 되기를 기대해 본다.

8장

신약의 시간, 어떻게 설교할 것인가?

송영목

1. 들어가면서

포털사이트 다음Daum의 어학사전은 시간時間을 "과거, 현재, 미래로 이어져 머무름이 없이 일정한 빠르기로 무한히 연속되는 흐름"이라는, 선적이며 연대기적인 의미로 정의한다. 몇몇 신약학자들도 시간에 주목해 왔다.[1] 시간을 창조하신 하나님께서는 친히 때와 기간을 결정하시는 역사의 주관자시다전3장; 요17:24; 엡3:9.[2] 영원하신 아버지 하나님과 성자 예수님께서는 시간의 처음과 마지막이시다사41:4; 계1:8, 17. 그래서 성경의 시초론protology은 종말론eschatology을 투영한다. 하나님 안에서 과거와 미래는 현재를 매개체로 하여 서로 대화한다.

지금도 하나님께서는 모든 사람에게 현재라는 공평한 시간을 선물로 주신다. 영생에 잇대어 종말론적 은혜 가운데 살아가는 그리스도인에게만 '끝나지 않는 현재never-ending present'가 보장된다요11:26. 그런데 시간과 공간은 불가분

---

1. P. E. Deterding, "The New Testament View of Time and History," *Concordia Journal* 21/4 (1995), 385~399; M. E. Glasswell, "New Testament View of Time," *Communio Viatorum* 16/4 (1973), 249~255.
2. R. L. Overstreet, "Time within Eternity: Interpreting Revelation 8:1," *Journal for Baptist Theology & Ministry* 10/2 (2013), 33.

이므로 성경의 공간신학space theology과 시간신학time theology은 한 쌍과 같다.[3] 온 세계에 퍼진 코로나19와 같은 글로벌 재난의 때에 교회는 회개하면서 만유를 통일하시고 공교회에게 사랑을 베푸시는 주님의 마음을 배워야 한다엡1:10.[4]

이 글은 신약성경에 나타난 다양한 시간 표현과 개념을 살핀다. 그 다음, 복음서와 역사서, 서신서, 그리고 요한계시록의 시간신학을 차례로 연구한다. 마지막으로, 적용을 위해 시간신학을 윤리와 설교로 전환하는 실례를 간단히 제시한다.

2. 신약성경의 시간 관련 단어들

신약성경에서 시간과 관련된 명사들은 다양하다.

① 신약성경에 54회 등장하는 명사 '크로노스χρόνος'는 대체로 과거에서 현재를 거쳐 미래로 흐르는 불특정한 양적인 기간을 가리킨다마25:19; 요5:6; 참고. 전 3:1a.[5] 그런데 '크로노스'가 일반적이고 양적인 시간이 아니라 특정한 사건과 결합하여 신학적으로 더 중요한 의미를 가리키기도 한다눅1:57; 행13:18.[6] 예를 들어, 갈라디아서 4장 4절의 "때χρόνος가 차매"는 구약시대가 마감되어 예수님을 절정으로 하는 새 시대로의 도래를 의미한다.[7]

② 신약성경에 약 120회 등장하는 명사 '아이온αἰών'은 대체로 긴 기간을 의

---

3. 구약의 시간에 대해서는 최승정, "성경의 시간," 「Catholic Theology and Thought」 58 (2007), 22~37을 참고하라.

4. N. Koopman, "The Unifying and Catholizing Love of Christ in a Time of Pandemic," *Ecumenical Review* 72/4 (2020), 569~580.

5. 최승정, "성경의 시간," 17.

6. C. Brown, *NIDNTT*, Volume 3, 843.

7. T. R. Schreiner, *Galatians*, ZECNT (Grand Rapids: Zondervan, 2010), 269.

미하는데눅1:70; 16:8, '크로노스'의 양적 개념과 일면 유사하다.[8]

③ 신약성경에 85회 등장하는 명사 '카이로스καιρός'는 일반적인 기간을 가리킬 수 있지만눅4:13; 행14:17, 주로 하나님께서 독생자 예수님을 통해 역사에 개입하시는 결정적이고 중요한 시점을 의미하는 질적인 개념이다눅21:8; 요7:6; 롬13:11; 계1:3; 12:12; 참고. 전3:1b.[9]

④ 신약성경에 100회 이상 등장하는 명사 '호라ὥρα'는 하루 일정 안에서 시간적으로 사건을 확정하거나 제한된 시간을 가리킨다마20:3; 요11:9. 그리고 이 단어는 구체적으로 지정된, 특정한 짧은 시간이나 중요한 종말론적 한 시점을 가리킨다마24:36; 눅14:17; 요4:52; 16:21; 요일2:18; 계14:7; 18:10.[10]

위에서 살핀 대로, 한 단어가 여러 가지 의미를 지니고 있기에 일차적이고 주요한 의미를 눈여겨보면서도 정확한 뜻을 결정하려면 문맥을 잘 살펴야 한다. 그리고 시간 관련 단어들은 사적이라기보다 대체로 공적이다. 구약에서 이스라엘의 절기안식일와 신약의 안식일과 주일도 공적이다. 덧붙여, '안노 도미니 Anno(年) Domini(主); 약어로 AD'는 주 예수님께서 세상을 다스리시는 공적 시간을 잘 표현한다.

3. 복음서와 사도행전의 시간

마태는 '계시의 침묵기'인 신구약 중간기에 살았던 사람들을 소개한다참고. 마

---

8. Brown, *NIDNTT*, 826~829; O. Cullmann, 『그리스도와 시간』, 김근수 역 (서울: 도서출판 나단, 1993), 66.
9. Brown, *NIDNTT*, 837; W. Bauer, *BDAG* (Chicago: The University of Chicago Press, 2003), 497~498. 참고로 남아공의 흑백차별 성책을 비판한 '카이로스 문서'(1986)기 있다.
10. Brown, *NIDNTT*, 847~848.

1:13~15의 예수님의 조상 9명. 하나님께서는 다윗 계열의 메시아의 탄생을 위해 중간기 동안에서도 구원의 역사를 인도하셨다.[11]

공관복음과 사도행전은 오전 6시에 시간이 시작되는 유대식 시간을 따른다 마20:3~6; 15:33; 눅23:44; 행10:3. 하지만 에베소의 요한공동체를 1차 독자로 삼은 요한복음은 로마식 시간을 따른다요19:14.[12] 로마식 시간은 오늘날의 24시간 체계와 동일하다. 복음서에서 실제 시간과 이야기 시간은 다르다. 중요한 사건을 상세히 설명할 경우 이야기 시간은 매우 느리다. 예를 들어, 사도 요한은 예수님의 공생애 첫째 해를 116구절로 설명하고, 공사역 둘째 해는 295절로 설명하며, 십자가 처형을 앞둔 24시간을 위해서는 요한복음 13~19장을 할애한다.[13]

(1) 시간의 중심이신 예수님

마태복음 1장과 누가복음 3장의 족보에 나타난 시간은 중요하다. 마태는 '다윗דוד'을 가리키는 숫자 14δεκατέσσαρες의 히브리어 게마트리아gematria 기법을 사용한다마1:17; 참고. 계13:18.[14] 이를 통해 마태는 다윗 왕과 믿음의 조상 아브라함에서 시작하여, 지속되던 바벨론 포로 생활을 종식시키실 예수 그리스도의 탄

---

11. G. R. Osborne, *Matthew*, ZECNT (Grand Rapids: Zondervan, 2010), 62.

12. R. A. Culpepper, 『요한복음 해부』, 권종선 역 (서울: 요단, 2000), 353; P. H. R. van Houwelingen, *Johannes: Het Evangelie van het Woord*, CNT (Kampen: Kok, 1997), 110, 365; contra R. Schnackenburg, H. N. Ridderbos 등. 참고로 김동수는 요한복음이 유대식 시간을 따른다고 보면서, "요한이 19:14에서 빌라도가 심판석에 앉은 시간을 정오로 언급한 것은 예수가 재판을 받고 심판을 받은 사건이 역사적으로 확실하다는 것을 전달하려고 했던 것이다."라고 주장한다. 그러나 빌라도 총독은 금요일 '정오'에 주님을 재판한 바 없다. 김동수, "요한복음의 시간: 현대식이냐 유대식이냐?" 「신약논단」 17/4 (2010), 918. 참고로 요한복음 4장 6절의 '제6시(ὥρα ἕκτη)'를 정오로 보면서도, 요한복음 19장 14절의 '제6시'의 시간은 유월절 양을 잡는 시간이라고 슬쩍 언급만 하고 지나가는 경우는 F. J. Moloney, *The Gospel of John* (Collegeville: The Liturgical Press, 1998), 116, 496; E. W. Klink III, *John*, ZECNT (Grand Rapids: Zondervan, 2016), 236, 784를 보라.

13. Culpepper, 『요한복음 해부』, 118~119.

14. B. Gosse, "The 42 Generations of the Genealogy of Jesus in Matt 1:1-17, and the Symbolism of Number 42, Curse or Blessing, in the Bible and in Egypt," *Studia Biblica Slovaca* 10/2 (2018), 146; Osborne, *Matthew*, 68. 참고로 게마트리아로 헬라어 Δαυίδ의 숫자의 합은 14가 아니라 419이다.

생을 강조한다마1:2, 5, 12, 17.[15] 마태복음의 독자에 유대인 출신 성도가 다수를 이루기에, 다윗과 아브라함으로 시작하는 것은 의사소통에 도움이 되었을 것이다마1:1~2. 마태는 다윗 왕의 후손이신 예수님을 구속사의 중심으로 밝힌다.[16] 반면 누가는 이방인 출신 데오빌로 각하를 염두에 두고 아브라함이 아니라 예수님을 출발점으로 하여, 아담과 하나님께로 거슬러 올라가는 '그리스도 완결적Christotelic 족보'를 소개한다. 누가는 족보에서 예수님 이후의 인물을 언급하지 않기에, 주님을 마치 시간의 출발점알파, 시작인 것으로 간주한다.

두 족보의 시간관을 요약하면, 하나님의 구원은 예수님을 시작과 중심으로 하여 펼쳐진다. 마태공동체는 족보의 의미를 정확히 이해한 후, 예수님께서 주시는 새 창조와 구원을 증거해야 했다. 그리고 마태공동체는 '세상 끝 날까지' 함께하실 예수님을 증언해야 했다마28:20. 마태복음의 내러티브 세계는 선교명령으로 마친다마28:18~20. 마태공동체는 이런 내러티브 세계를 벗어나서 실제 세계에서 활동할 때도 선교의 의지를 불태웠을 것이다.

하나님 나라를 섬기기 위해 훈련된 제자들은 곳간θησαυρός이신 예수님 안에 있는 하나님 나라의 오래된 원칙들과 새로운 적용들을 종합하여 증거해야 한다마13:52. 천국의 보물 창고이신 예수님께서는 구약의 옛 것들παλαιά과 신약의 새 것들καινὰ의 중앙이시다마13:44. 이런 '메시아 시간messianic time'(Walter Benjamin의 용어)은 공간화된다. 왜냐하면 시간의 중심이신 예수님께서 자신의 안이라는

---

15. N. G. Piotrowski, "After the Deportation: Observations in Matthew's Apocalyptic Genealogy," *Bulletin for Biblical Research* 25/2 (2015), 198. 참고로 마태복음 1장 1~17절에는 중간기를 포함하여 총 42대가 나타난다. 하나님께서는 중간기에도 구원의 역사를 전개하셔서 메시아의 가계를 보존하셨다. 그리고 숫자 42를 시편 42~83편의 총 42개의 시에 담긴 다윗 왕조의 흥망성쇠와 (임의로) 연결한 경우는 Gosse, "The 42 Generations of the Genealogy of Jesus in Matt 1:1-17, and the Symbolism of Number 42, Curse or Blessing, in the Bible and in Egypt," 147을 보라. 첨언하면, 시편 73편은 시편 제삼권의 시작이므로, 제이권의 시작인 시편 42편과 함께 묶을 경우 무리가 따른다.

16. 참고. U. Luz, *Matthew 1-7*, Hermeneia (Minneapolis: Fortress, 2007), 82.

독특한 공간을 제자들을 위해 마련해 주시기 때문이다참고. 롬16:3, 7, 8, 9, 10, 11, 12, 13, 16; 고후5:17.[17] 예수님 안에 있는 사람들이 지나온 어두웠던 시간은 새로운 과거new past로 변한다참고. 골1:13. 예수님의 십자가와 부활과 승천의 때는 어둠의 시간을 종식시키고 만유를 격변시킨 우주적 시간cosmic time과 같다참고. 히9:26.

예수님께서는 태초에 영으로 선재先在하셨다요1:1; 참고. 창1:1; 골1:16. 사도 요한은 표적을 예수님의 시간과 연결한다요2:4. 예수님께서는 거의 일평생에 해당하는 38년이나 지속된 질병도 한 순간에 치유하신다요5:5. 그때 주님께서는 베데스다 연못가에 모인 병자들의 치유의 시간이었던 '물이 움직일 때'라는 시간적 제약을 없애신다요5:7. 뿐만 아니라 치유의 공간인 베데스다 연못 안이라는 공간적 제약도 없애신다. 여기서도 시간과 공간은 서로 밀접하다. 따라서 예수님께서는 시간과 공간 모두를 구속救贖하신다참고. 엡5:16. 복음서 기자들은 이런 시간의 구속을 부사 '즉시'를 통하여 극적으로 설명한다마4:20, 22; 막1:12 등. 사도행전에도 예수님의 부활로 인한 시간의 변혁과 구속이 나타나는데, 곧 주일이 '한 주간의 첫날'이 되는 것이다행20:7. 예수님의 부활이야말로 역사의 큰 전환점이다.[18] 그러나 바리새인들을 중심으로 하는 유대인들은 안식일 논쟁을 통해 이 '첫날'에 저항했다요5:16. 하지만 안식일이라는 그림자 시대는 실체이신 예수님의 오심으로 사라지는 것이 마땅하다골2:17.

요약하면, 시간의 중심이신 예수님께서 제자들과 복음서의 1차 독자들에게 주시는 명령과 권면은 무엇인가? 바로 하나님 나라를 증언하라는 사명이다.

---

17. 참고. R. Amesbury, "Secularity, Religion, and the Spatialization of Time," *Journal of the American Academy of Religion* 86/3 (2018), 591.
18. 참고. J. A. Meylahn, "Talk of Time," *HTS Teologiese Studies* 71/3 (2015), 6.

(2) 신구약 중첩기重疊期

성경의 시간관은 구약시대에서 신약시대로 단순히 직선적으로 흐르지 않는다. 오히려 구약과 신약의 기간이 포개지는 특정 시기가 있다. 예수님께서 성육하셔서c. 주전 6년 신약의 시기가 시작되었음에도 불구하고, 예루살렘 성전과 구약의 제의는 주후 70년까지 약 76년간 지속되었다. 이런 중첩기는 성경을 이해하는 데 매우 중요하지만, 많은 이들은 이에 주목하지 않는다. 중첩기의 특징을 오해하면, 안상홍증인회하나님의 교회처럼 유월절과 안식일을 지키는 데 몰두하게 된다.

옥타비아누스 황제주전 63년~주후 14년와 구레뇨Quirinius 총독이 다스릴 때눅2:1-2, 예수님께서 탄생하셔서 구약의 율법을 따라 할례를 받으셨고, 산모 마리아도 예루살렘의 돌 성전에서 희생 제사를 드려 정결케 되었다눅2:21, 27. 하지만 스스로 새 시대의 천국이신 예수님께서는 반드시 흥하셔야 하고, 구약의 마지막 주자이자 신약의 성도보다 더 작은 사람인 세례 요한은 반드시 쇠해야 한다마11:11; 요3:30; 히9:10.[19] 이런 의미에서 예수님 자신과 그분의 사역의 목적은 신구약 중첩기를 종식시키는 데 있다고 주장해도 정당하다.

예수님의 승천과 성령님의 강림 이후에도 여전히 돌 성전에서 회집한 사람들은 예루살렘 교회이다행2:46. 여기서 오순절과 돌 성전이라는 시공간이 특이하게 연결된다. 예루살렘의 돌 성전이 무너질 주후 70년에 옛 시대의 요소는 완전히 사라질 것인데, 그때 하나님께서는 음행한 옛 언약 백성에게 이혼증서를 써주신다마5:31. 옛 언약 백성의 특권이 사라진 돌 성전의 파괴 이전의 '이 세대ἡ γενεὰ αὕτη'는 세상 역사의 종막을 고하는 예수님의 가시적 재림의 시간인 '저 날과 저 때ἡμέρα ἐκείνη καὶ ὥρα'를 위한 그림자 역할을 한다마24:34, 36.[20] 구약과

---

19. 송영목, 『신약신학』 (서울: 생명의 양식, 2016[개정증보판]), 147.
20. R. C. Sproul, 『예수의 종말론』, 김정식 역 (서울: 좋은 씨앗, 2019), 260; 양용의, 『마태복음 어떻게 읽을 것인

신약의 중첩 기간 동안, 신약의 제자들조차 구약의 이스라엘 백성처럼 종말의 은사인 성령님의 내주의 은혜와 역사를 제대로 누리지 못할 수 있었다행19:1~7.[21]

(3) '이미 그러나 아직 아니'

이미 도래한 천국과 영생, 다시 말해 주님의 은혜의 해를ἐνιαυτὸν κυρίου δεκτόν 선취하고 누리는 것은 1주일에 한 번 공적 예배에서만 경험하는 것이 아니다사 61:2; 눅4:17. 오히려 그것은 종말과 영생의 백성인 그리스도인이 일상에서 누리는 실재이다마4:17; 12:28; 눅12:32; 참고. 롬14:17.[22] 예수님께서는 스스로 천국이며 복음이시다눅17:21; 행28:31; 롬16:25. 요한복음에 등장하는 장애인의 시간은 혹독한데, 최소 38년 혹은 출생 때부터 한 평생의 시간이다요5:5; 9:1. 예수님께서는 그런 장애인에게도 은혜의 해를 주신다. 그러나 주님을 믿지 않는 자들은 사망과 지옥과 심판을 선취하고 거기에 빠져 있다요16:8~9. 이런 두 가지 선취와 경험은 예수님께서 재림하실 때, 그들이 부활함으로써 종료될 것이다요5:29.[23]

(4) 요약

예수님께서는 구속사의 중심이자 절정으로서, 시간은 물론 공간도 구속하셨다. 예수님께서는 불신 유대인들에게 이혼증서를 써주심으로써 신구약 중첩기를 마무리하셨다참고. 렘3:8. 주님께서는 유대인들 가운데 남은 자들과 이방인 성도에게 영생을 선취하여 누리는 은혜를 주신다. 그런 은혜는 무엇보다 교회가

가』 (서울: 성서유니온선교회, 2006), 415.

21. 송영목, 『신약신학』, 289.

22. N. T. Wright, "Jesus in Space, Time, and History: Natural Theology and the Challenge of Talking about God," *Crux* 55/4 (2019), 9.

23. J. A. du Rand, *Die Einde: Die A-Z van die Bybelse Boodskap oor die Eindtyd* (Vereeniging: CUM, 2013), 47.

선교를 수행하도록 하려는 것이다.

4. 서신서의 시간

어떤 사람이 편지를 작성 중인데도 수신자들이 서신을 받은 상황을 전제로 하여 마치 과거의 사건처럼 묘사하는 경우가 있다. 신약의 서신서들이 그러한데, 이를 위해 서신적 아오리스트epistolary aorist 직설법 동사주로 ἔγραψα를 종종 활용한다고전9:15; 고후8:17; 갈6:11; 엡6:22; 빌2:28; 몬12; 참고. 행23:30.[24] 이제 신약의 서신서들에 나타나는 다양한 시간적 표현이 어떤 신학적 의미를 전달하는지 탐구할 차례이다.

(1) 바울서신의 시간

1) '때가 차매'와 영단번의 대속의 시간

예수님의 성육신은 구약에서 신약으로 전환 시점이다. 하나님께서 영원 전에 가지고 계신 구원의 때가 차야만갈4:4 예수님을 통한 영단번ἅπαξ, 혹은 ἐφάπαξ의 대속이 가능하다롬6:10; 고전2:7; 딛1:2; 참고. 히7:27; 9:28.[25] 영원 전에 감추어진 신비로운 복음은 구약의 선지자들도 예언한 바인데, 예수님의 성육으로 계시되었고, 복음의 제사장 직분을 감당하는 사도와 같은 일군을 통해 전파되었다롬15:16; 16:25~26.

---

24. D. B. Wallace, *Greek Grammar beyond the Basics* (Grand Rapids: Zondervan, 1996), 562~563.
25. R. Le Poidevin, "Once for All: The Tense of the Atonement," *European Journal for Philosophy of Religion* 8/4 (2016), 180~192; Cullmann, 『그리스도와 시간』, 174.

2) '전에는 그러나 이제는'

그리스도인에게 거듭나기 이전의 그때τότε와 이후의 이제는 선명히 구분되어야 한다롬6:21~22; 몬11. 그리스도인은 '그러나 이제는νῦν δὲ'의 생활로써 시간을 구속해야 한다ἐξαγοραζόμενοι τὸν καιρόν; 엡5:16. 그것은 사탄에게 팔려버린 현재의 시간을 다시 사서buy 매일 그리고 매순간 하나님의 영광을 위해 활용하는 삶이다.[26] 시간을 구속하는 사람들에게 옛 언약시대의 절기들과 안식일은 그림자에 불과하다골2:16~17; 참고. 단2:8.[27]

3) '이미 그러나 아직 아니'

하나님께서는 그분의 뜻대로 부르심을 받은 사람들에게 예정과 칭의와 성화와 영화라는 모든 것들을 합력하여 선을 이루신다롬8:28~30. 성도가 이미 의롭게 되었기에 '아직 아니'로 남아 있는 의의 면류관도 얻을 것이다딤후4:8. 그리고 그리스도인에게 성화와 영화도 이미 주어진 실재이지만, 완성은 아직 남아 있다.[28] 그러나 하나님께서는 '이미 그러나 아직 아니'의 긴장을 합력하여 최선으로 이루실 것이다.[29] 그래서 하나님께서는 스스로 세세토록 찬양을 받으실 것이다롬9:5.

4) 데살로니가후서 2장의 시간

바울 당시에 막는 자와 막는 것 때문에 아직 출현하지 못한 그 불법의 사람

---

26. F. Thielman, *Ephesians*, BECNT (Grand Rapids: Baker, 2010), 356~357.
27. 맥추감사주일은 오순절 성령강림주일로 대체하는 게 마땅하다. 한국교회가 맥추감사주일로 지키는 7월 첫째 주일은 상반기 감사를 위한 실용적 목적에 기인한다.
28. M. A. Mininger, "Defining the Identity of the Christian 'I' between the Already and the not Yet: In Review of Will N. Timmins's Romans 7 and Christian Identity," *Mid-America Journal of Theology* 31 (2020), 134~152.
29. Cullmann, 『그리스도와 시간』, 204.

이 곧 출현할 것이다. 그가 역사의 전면에 등장하면 배교의 때가 도래한다살후 2:3, 7. 그 악한 불법의 사람은 사탄에 의한 미혹하는 일을 수행할 것이다살후2:9. 그 불법의 사람은 누구인가? 바울이 데살로니가후서를 기록할 무렵 아직 황제가 되지 못한 글로우디오 황제의 양자 네로를 가리킨다.[30] 네로의 박해시기에 배교자가 발생했다.

(2) 일반서신의 시간

1) 말세히1:2; 9:26; 벧전1:5, 20; 요일2:18

말세를 살던 터키의 교회에게 보내진 베드로전서 1장의 창조와 구원과 윤리를 위한 시간표를 요약하면 다음와 같다.[31]

창세 전 ⇨ 종말에 계시된 예수님 ⇨ 무지의 때 ⇨ 구원 ⇨ 나그네 삶 ⇨ 예수님의 재림

(1:20)　　　(1:20)　　　(1:14, 18)　(1:18~19)　(1:17)　　　(1:13)

베드로전서의 수신자들은 창세전부터 선재하신 예수님께서 종말을 개시開始하심으로써 무지의 때를 종식하고, 재림의 때를 소망하면서 나그네로 살아간다참고. 고전10:11. 그런데 예수님께서 주시는 구원의 새 시대인 말세히9:26에 가현설주의자[32]를 특정적으로 가리키는 적그리스도도 활동한다요일2:18. 그러나 말세

---

30. 송영목, 『간본문적 신약읽기』 (서울: CLC, 2017), 344~353.

31. 참고. J. B. Green, "Narrating the Gospel in 1 and 2 Peter," *Interpretation* 60/3 (2006), 269.

32. 물질은 본래 악한 것이기 때문에 예수님께서는 참된 혈과 육의 사람이 되실 수 없다며 그분의 인간성을 부정하는 사람들이다. 따라서 그들은 예수님께서 십자가에 달리시고 고난 받으신 것은 환상일 뿐이며, 나아가 그분께서 죽고 부활하시는 것은 중요하지 않다고 주장한다_편집 주.

의 백성은 성찬으로써 성육하신 예수님의 십자가와 부활을 확인한다참고. 고전 11:23-24. 성찬은 그리스도 사건이라는 과거를 기억하고, 하나님의 잔치 상牀에 현재적으로 참여하며, 미래에 완성될 어린양의 혼인잔치를 기대하는 것이다참고. 시23:5; 마26:28; 행20:12; 계19:9.

2) 잠깐의 고난 그러나 영원한 영광벧전5:10; 유25

그리스도인이 당하는 고난은 '잠깐ὀλίγον'이지만 장차 받을 영광은 '영원하다 εἰς τὴν αἰώνιον; 롬8:17; 벧전5:10'. 지금 하나님의 자녀로서 사는 그리스도인은 예수님의 재림 때에 주님과 같이 신령한 몸을 입을 것이다요일3:2. 참고로 주후 1세기 로마제국에서 미결수가 감옥에 갇히는 최장 기간은 2년이었다행24:27; 28:30.

3) 주의 날

주님께는 천년이 하루 같은데χίλια ἔτη ὡς ἡμέρα μία 예수님의 재림이 지연되는 기간은 죄인들이 회개하고 구원을 받을 때이다벧후3:8-9. 공적 시간인 '주의 날 ἡμέρα κυρίου'에 온 세상은 신천신지로 갱신될 것이다벧후3:10, 13.

(3) 요약

그리스도인은 이전에서 이제로 이사했지만, '이미와 아직 아니' 간의 긴장에 처해있다. 예수님의 초림으로 도래한 말세를 사는 그리스도인은 잠시 고난을 당하지만, 주의 재림의 날을 기억하며 선한 행실로 살아야 한다.

5. 요한계시록의 시간

여기서는 요한계시록 1장의 시간 표현들과 계시록의 예언들이 성취되는 시간을 차례로 살핀다.

(1) 지금과 주의 날

계시록 1장에서 지금과 주의 날이라는 시간이 눈에 띈다. 주후 1세기에는 현재가 과거나 미래보다 더 중요했기 때문에, 사도 요한은 성부를 소개할 때 "이제도 계시고"를 "전에도 계셨고"와 "지금도 오고 계시는장차 오실"보다 먼저 언급한다계1:4. 소아시아 7교회에게도 박해를 이길 수 있는 하나님의 현재적 은혜가 무엇보다 절실했다.

요한이 환상을 본 "주의 날κυριακή ήμέρα"은 토요일 다음 날인 주일을 가리킨다계1:10.[33] 소아시아의 7교회는 가까운 도시 드로아의 교회가 "한 주간의 첫날"에 모여 예배드리며 유두고의 부활을 목격한 것을 알고 있었을 것이다행20:7. 따라서 계시록의 수신자들은 주일을 "한 주간의 첫날"이라고 부르는 초대교회의 관습을 알고 있었다고 볼 수 있다. 주일은 예수님께서 통치하시는 전체 기간을 상징적으로 의미하는 '1000년χίλια ἔτη'의 한 경점更點과 같지만, 그것은 또한 계시록의 1차 수신자들이 공적 예배로 회집하는 중요한 날이기도 하다계1:3; 20:2. 참고로 계시록 2~3장의 7교회는 인류 역사의 7세대를 가리킨다는 세대주의 해석은 아무런 근거나 지지를 얻지 못한다.

---

33. 계시록 1장 10절의 "주의 날"을 한 주의 첫날인 주일이 아니라 구원과 심판의 날(사13:9; 겔30:3; 욜2:31; 행 2:16~17)로 이해하는 경우는 K. L. Gentry Jr., *The Divorce of Israel: A Redemptive-Historical Commentary on the Book of Revelation,* Volume 1 (Dallas: Tolle Lege, 2017), 313을 보라. 그러나 구원의 심판을 위한 주의 날로 본다면, 요한이 환상을 본 시점은 매우 모호하게 된다.

(2) 주전 6년과 주후 30년

계시록 12장 5절의 예수님의 성육신c. 주전 6년과 승천c. 주후 30년은 창세기 3장 15절의 원시복음을 성취하신 결정적인 때이다. 장차 패배할 용이 꼬리로 별 삼분의 일을 던지는 것은 천사들 중 삼분의 일이 타락한 것을 상징한다계12:4. 이 사건이 발생한 시점은 하나님의 천지창조 무렵이다.

(3) 주후 66~70년

음녀 바벨론의 패망은 예언적 아오리스트 동사 '무너졌다ἔπεσεν'로 표현된다 계14:8. 여기서 음녀는 불신 유대인을 가리키는데, 그들의 패망은 주후 70년에 발생할 것이다. 그런데 계시록은 주후 66년경에 기록되었기 때문에, 이는 장차 있을 미래를 과거시제로 표현함으로써 사건의 확실성을 강조한 것이다. 실제로 계시록의 대다수 내용은 반드시 "속히ἐν τάχει" 즉 '짧은 시간 안에' 일어날 일들이다1:1; 22:6.

'한 때, 두 때, 반 때', '1260일', 그리고 '42개월'계12:6, 14; 13:5은 완전하고 충만한 7년의 절반이므로 짧은 기간을 상징한다참고. 단1:12와 계2:10의 10일. 그러므로 교회가 악의 세력으로부터 박해를 받는 기간은 무한하지 않다. 흥미롭게도 주후 66~70년의 유대-로마전쟁 기간과 네로의 박해 기간주후 64~68년은 모두 삼년 반이다참고. 『유대전쟁사』 2.19.5; 5.12.1.[34]

불신 유대인의 박해와 황제 숭배의 혼합주의에 굴복하지 않고 이기는 자는 "그 시험의 때ὥρας τοῦ πειρασμοῦ"를 면하지 않고, 그때로부터 보호받는다계3:10; 참고. 계7:10. 그리스도인이 통과할혹은 면할 특정한 "그 시험의 때"는 감람산강화에서 이미 예고되었다. 한편 주후 66~70년에 불신 유대인들에게 임한 심판의 충

---

34. K. L. Gentry Jr., *The Divorce of Israel: A Redemptive-Historical Commentary on the Book of Revelation*, Volume 2 (Dallas: Tolle Lege, 2017), 163, 185.

232 성경에 나타난 공간과 시간, 어떻게 설교할 것인가?

격은 로마제국 전체의 디아스포라 유대인들에게 감지되었다마24:21.[35]

(4) 재림과 영원

　성부 하나님께서는 이제도 계시고, 전에도 계셨고, 미래에 역사하시기 위해 오고 계신다1:4; 참고. 사44:6; 요일2:14. 즉 과거, 현재, 미래와 영원은 하나님의 소관이다. 따라서 시간은 제우스나 황제의 소관이 아니므로, 여기서 반로마적 메시지를 찾을 수 있다. 둘째 사망은 영원한 천국과 대비되는 지옥 형벌을 가리킨다계20:10, 14.[36]

(5) 요약

　하나님께서는 특별히 현재와 주일을 주관하신다. 그리고 요한계시록은 예수님의 성육신과 그리스도의 승천을 계시록 내러티브의 중앙인 계시록 12장에 배치함으로써, 구속사의 절정의 두 때를 강조한다. 소아시아 7교회가 당하는 박해는 잠깐이며, 그 후에 영원한 신천신지와 지옥을 위한 판결이 있을 것이다. 이 사실은 그들에게 소망을 준다.

---

35. Gentry Jr., *The Divorce of Israel*, Volume 1, 454~455.
36. 계시록 8장 1절에서 영원한 시간과 30분의 관계를 논한 경우는 Overstreet, "Time within Eternity," 36을 보라. 하지만 두루마리의 일곱째 인을 개봉하는 배경을 가진 계시록 8장 1절은 영원이 아니라 반드시 속히 일어날 일과 연결해야 한다.

6. 시간신학과 그리스도인의 윤리와 설교 지침

(1) 그리스도인의 윤리

예수님께서 영단번의 대속을 성취하셨으므로, 그분 안에 거하는 그리스도인은 영생과 구원 그리고 천국을 이미 향유하고 있다. 그리고 그리스도인은 고난 중에서라도 선교하며, 나그네의 때를 두려움으로 지내야 한다벤전1:17. 신약교회는 하나님의 구원과 은혜를 달력에 새겨 반복하며 기념해야 한다. 새 생명을 선물로 받은 사람은 영생을 맛보며 그것을 증거하기 위해 주 안에 살아야 하기 때문이다.

(2) 설교 지침

"시간의 주인이신 하나님계1:4의 은혜와 평강을 받는 선교적 교회여, 월요일에서 토요일을 구속하라."는 설교 메시지는 주중에 교회 실종 시대를 예방하는 데 중요하다.[37]

7. 나오면서

신약성경의 시간은 예수님을 중심하여 설명된다. 초림과 재림의 중간 시기에

---

37. D. Forster and J. W. Oostenbrink, "Where is the Church on Monday?: Awakening the Church to the Theology and Practice of Ministry and Mission in the Marketplace," *In die Skriflig* 49/3 (2015), 2-7. 참고로 오늘날 천상의 시간은 지상의 시간과 동일한가? 예수님께서는 지상교회의 머리이시며, 성령님께서는 지상교회 안에 내주하신다. 천상의 시간에 초월적인 하나님의 이미지가 묻어나지만, 동시에 하나님께서는 성도를 위해 내재하신다. 따라서 적어도 예수님의 재림 이전에는 천상의 시간과 지상의 시간에 차이가 있다고 볼 필요는 없다.

예수님의 죽으심과 부활과 승천, 성령의 강림, 그리고 예루살렘 성전의 파괴와 같은 중요한 전환점들이 있었다. 온 세상에 가시적으로 임할 예수님의 재림의 때는 공적 시간이다. 주님의 재림 이전에 교회는 무엇보다 선교에 힘써야 한다.

9장
절기, 어떻게 설교할 것인가?

강화구

1. 들어가면서

하나님의 구원 역사는 특정한 시간과 장소에서 구별된 백성들의 삶을 통해 이어져 왔다. 구약시대 이스라엘 백성들의 삶과 신앙을 이해하기 위해서 우리는 그들의 삶의 자리를 이해해야 한다. 이스라엘 백성들은 일주일의 시간을 순환하고, 일 년과 칠 년, 오십 년의 시간을 순환하며 축제의 시간들을 가졌고, 절기를 준행하면서 믿음을 고백하고 공동체의 연합을 추구했다. 오늘날 현대 교회도 다양한 절기들을 지키고 있다. 하지만 불행하게도 구약의 절기와 신약의 절기, 그리고 교회력에 대한 올바른 이해 없이 단순히 교회의 전통이라는 이름으로 절기를 지킬 뿐이다. 때문에 유월절은 지키지 않으면서 맥추절은 지킨다. 추수감사절은 지키면서 초막절은 지키지 않는다. 절기에 대한 공부는 단순히 과거의 역사를 아는 일에 그치지 않는다. 절기는 구약과 신약 전반에서 상당히 중요한 배경을 형성해 왔고, 절기를 통해 예수님의 오심을 기대할 수 있었다. 무엇보다도 절기를 통해 우리에게 허락하신 하나님의 영원하신 뜻은 지금도 여전히 유효하다.

이 글에서 우리는 구약에 나타난 절기를 개관하고, 구약의 절기를 어떻게 현대인들에게 설교할 수 있을지 검토할 것이다. 구약의 절기는 가장 기본적으로 안식일에서부터 시작한다. 또한 절기를 대표하는 3대 절기인 유월절/무교절, 칠칠절, 그리고 초막절이 있다. 그 외에도 성경에서 거룩한 시간으로 간주되는 특별한 날들도 존재하는데, 초실절, 나팔절, 나팔절, 대속죄일 등이 그렇다. 또한 구약의 역사를 지나면서 부림절이 등장했고, 신구약 중간기에는 수전절하누카도 생겨났다. 이 글에서 이 절기들을 모두 다루는 일은 가능하지도 않고 목적에도 맞지 않다. 다만 레위기 23장을 중심으로 언급된 절기에 국한해서 다루고, 여기에 안식일의 확장이라 할 수 있는 안식년과 희년 등을 추가해서 다룰 것이다레25장.[1]

2. 구약의 절기

(1) 안식일

이스라엘 절기의 시작이요 토대를 이루는 것이 안식일이다. 이것은 숫자적 개념과 신학적 개념 모두에 해당한다. 안식일은 창조의 7일에 맞춰서 7일마다 돌아온다. 첫 번째 절기인 유월절은 니산월 14일7×2이다. 안식일이 7번 돌아오면 칠칠절이 오고, 7월이 되면 안식일이 반복된다. 7월 1일은 새해로서 안식일이며, 7월 10일은 가장 큰 안식일인 대속죄일이다. 7월에 두 번의 안식일이 지난 다음 날부터 초막절이 시작되고, 7일간 계속된다무교절도 7일간. 레위기 23장은 이스라엘의 절기를 연간 7개로 소개한다. 범위를 더 넓혀 보면, 7년이 되는 해는 안식

---

1. 구약성경에서 사용되는 절기와 관련된 용어들을 개관하기 위해서는 다음을 참조하라. C. E. Armerding, "Festivals and Feasts," in *Dictionary of the Old Testament: Pentateuch* (ed. T. Desmond Alexander and David W. Baker; Downers Grove, IL: InterVarsity Press, 2003), 300~313.

년이고, 안식년이 7번 돌아온 다음 해는 희년이 선포된다. 거의 모든 절기와 절기에 드리는 제물의 양도 7이라는 숫자를 기초로 드려진다. 이렇게 안식일은 이스라엘의 거룩한 시간을 규정하는 가장 기본이 되는 개념이다.

① 신학적으로 안식일 개념은 모든 절기의 기초가 된다. 안식일에 관해 주어진 가장 기본적인 명령은 엿새 동안은 힘써 모든 일을 하고, 일곱째 날은 안식해야 한다는 것인데, 이것이 다른 모든 절기의 기본적인 형태를 결정한다. 안식일은 하나님의 창조에서 시작한다창2:1~3.[2] 하나님께서는 일곱째 날에 안식일을 직접 제정하고 안식하셨다. 창세기 1장 14절에도 안식이 등장하는데, 하나님께서 하늘의 광명체를 만드시고, 징조와 계절מועדים과 날과 해를 이루도록 하셨다. 계절로 번역된 히브리어 단어는 '절기'를 뜻하는 '모에드מועד'의 복수형으로 창세기 1장 14절 이후에는 절기를 설명하는 레위기 23장 2절에서 처음 사용된다.[3]

② 안식일에는 일상적인 일과 노동이 금지된다레23:3. 여기서 "일곱째 날은 쉴 안식일"이라고 표현하는데, 이 말은 '안식일의 안식일'이라는 뜻으로 '온전한 안식일'이므로 온전히 쉬어야 함을 강조하는 표현이다. 성경에서는 안식일에 다음과 같은 일이 명시적으로 금지되어 있다. 곧 음식을 굽거나 삶는 것출16:23, 밭갈기, 추수출34:21, 불 피우는 것출35:3, 나무하는 것민15:32~36, 짐 운반렘17:21, 상거래암8:5; 느13:15~21 등이다.

그런데 유대인들은 전통적으로 위의 규정들을 더 구체화해서 명시적으로 총 39가지의 금지 규정을 만들었다.[4] 특히 성전 파괴 이후 안식일이 이스라엘 백성의 정체성을 규정하는 중요한 준거가 되었다. 시간이 지나면서 안식일 규정은

---

2. 롤랑 드보, 『구약시대의 종교풍속』, 이양구 역 (서울: 나단출판사, 1993), 195~204. 안식일 기원설에 대한 다양한 입장을 정리해 두었다.
3. 기동연, 『레위기』 (서울: 생명의 양식, 2019), 820~821.
4. 기동연, 823. 유대인들이 금지조항을 구체화한 39개 항목들을 소개한다.

9장 절기, 어떻게 설교할 것인가? **239**

더 많은 제한을 가하는 쪽으로 흘러갔지만, 실제 성경에서는 안식일을 정말 어떤 것도 하면 안 되는 날로만 규정한 것은 아니다. 안식일에 성전을 지키는 사람들은 보초를 섰고왕하11:5~8, 왕은 자신의 집무를 보기도 했다. 필요한 경우 가벼운 여행도 허용되었다왕하4:23.

③ 안식일은 구원받은 하나님의 백성에게 주신 은혜의 선물이다. 출애굽기 20장에 나타난 제4계명은 하나님의 창조에 근거해서 안식일을 명하지만, 신명기 5장에서 다시 주어진 제4계명은 출애굽의 구원 사건이 안식의 이유가 된다. 그러므로 안식일은 하나님께서 베푸신 구원을 즐거워하는 축제의 날이다.

> "만일 안식일에 네 발을 금하여 내 성일에 오락을 행하지 아니하고 안식일을 일컬어 즐거운 날이라, 여호와의 성일을 존귀한 날이라 하여 이를 존귀하게 여기고 네 길로 행하지 아니하며 네 오락을 구하지 아니하며 사사로운 말을 하지 아니하면 네가 여호와 안에서 즐거움을 얻을 것이라. 내가 너를 땅의 높은 곳에 올리고 네 조상 야곱의 기업으로 기르리라 여호와의 입의 말씀이라"사58:13~14

④ 하나님의 백성 자신뿐만 아니라 이웃과 가축까지도 안식에 동참하게 해야 한다. 하나님께서는 제7일에 안식하시고, 인간들로 하여금 그분의 안식에 동참하게 하셨는데, 이 안식일 규정을 지켜야 할 대상에는 가족들과 종들, 나그네들, 심지어 가축까지 모두 포함되었다.

⑤ 신약시대에 예수님과 제자들은 자주 안식일의 율법 조항 때문에 비난받았다. 바리새인들과 서기관들은 율법의 조항에 초점을 맞춘 반면, 예수님께서는 율법 안에 있는 자비와 긍휼의 정신을 더 강조하셨다. 안식일에 병자를 고치시는 예수님을 비난하면서 율법 조항을 강조했던 바리새인들과 서기관들은 정작 그 안식일에 예수님을 죽이고자 모의하는 모순을 보인다. 그러므로 안식일의

율법 조항을 넘어 그 율법을 주신 하나님의 뜻을 실천해야 한다.

(2) 월삭

이스라엘은 월력을 따르는데, 매월 첫날을 거룩하게 지켰다. 이는 월삭 혹은 초하루라는 이름으로 등장하는데, 지난 한 달 동안 지켜주신 하나님께 감사하고 새로운 한 달을 하나님께 의탁하는 의미로서 새달을 선언하는 것이다. 이 날은 특별히 나팔을 불면서 시작하고, 안식일에 준해서 하루를 지키게 된다. 월삭의 중요성은 드리는 제물을 일반 안식일이 아니라 절기의 규정에 근거해서 드리는 것에서 알 수 있다민28:11.

구약과 신약의 역사를 지나면서 이스라엘 공동체는 월삭을 지키는 모습을 지속적으로 보인다. 그들은 월삭에 선지자를 찾아 말씀을 듣기도 했다겔26:1. 특히 느헤미야 공동체의 위대한 부흥 운동도 월삭에 이루어졌다느8:2. 바울은 구약의 율법을 그리스도께서 완성하셨다는 사실을 강조하면서 "먹고 마시는 것과 절기나 초하루나 안식일"에 관해 언급한다. 이로 볼 때, 월삭은 신약시대까지도 중요하게 간주되어온 것으로 보인다.

(3) 안식년

7일을 주기로 안식일이 돌아온다면, 7년을 주기로는 안식년이 돌아온다. 이는 쉼으로서의 안식이라는 관점에서 안식일의 연속이다. 하지만 안식년이 가지는 특별함도 있다. 안식년은 다른 이름으로 면제년이라고 불리는데, 이는 그것이 종의 해방과 관련이 있기 때문이다출21:2-11. 이스라엘의 종은 6년간 상전을 섬기다가 7년이 되면 해방되어 자유로운 몸이 될 수 있었다. 심지어 면제년이 되어 자유를 얻을 때, 상전은 그를 빈손으로 내보내면 안 되며, 양과 곡식, 포도주를 풍족하게 줘서 보내야 했다신15:12-14. 이렇게 종을 자유롭게 하는 것과 더불어 신명기 15장 1~6절에서는 채무를 면제하는 규정까지 소개된다. 즉 안식년이 되면 이웃이나 형제가 자신에게 빚진 것이 있을 경우 그것을 면제해주어야 한다는 것이다. 이는 그로 하여금 다시 종살이하지 않도록 삶의 터전을 마련해 주려는 의도였던 것으로 보인다. 그런데 이렇게 종을 자유케 하는 데는 신학적인 배경이 있다. 곧 그들 역시 애굽 땅에서 종이었는데, 하나님께서 그들을 구원해 주셨음을 기억하게 하는 신앙고백적인 장치라는 것이다.

종의 신분 변화와 함께 주목해야 하는 또 다른 주제가 바로 땅의 안식이다. 6일을 일하고 7일째에 쉬었던 것처럼, 6년을 일하면 7년째는 쉬어야 한다. 그렇게 쉼으로 땅도 안식하게 된다. 그런데 파종하지 않았을 뿐, 안식년 기간에 저절로 자라는 식물과 과실들은 모든 사람, 즉 가난한 사람들과 짐승들까지 함께 먹을 수 있도록 했다출23:11. 이렇게 7년째에 땅에 파종하지 않음으로써 이스라엘은 두 가지 고백을 하게 된다. 첫째, 하나님께서 땅의 주인이시라는 것이다. 하나님께서 이스라엘에게 주신 모든 땅은 하나님의 것이기에 이스라엘 백성들은 땅을 영구히 팔 수 없다출23:23. 둘째, 하나님께서 은혜로 그들을 먹이신다는 것이다. 파종하지 않으면 어떻게 먹고 살 수 있을지 당연히 의문을 제기할 수 있다. 하지만 그들을 먹이시는 분은 다름 아닌 하나님이시다. 안식일과 안식년, 심지어 희년에서도 이 같은 하나님의 먹이심에 대한 신뢰는 가장 기본적인 신앙고백이다.

(4) 희년

안식일, 안식년 규정은 희년이라는 독특한 규정에서 그 절정에 도달한다. 희년은 7년째 안식년이 다시 일곱 번 반복된 이듬해에 온다. 50번째 해의 7월 첫째 날 나팔절이 시작되고, 7월 10일에 대속죄일이 선포될 때, 양각 나팔을 불어 희년을 선포한다.[5] 희년, 즉 50번째 해가 되면, 완전한 안식을 이룬다. 안식일과 안식년 규정을 적용해서, 희년에는 모든 토지는 원래 주인에게로 반환되어야 하며, 모든 부채는 탕감되고, 종은 해방된다. 모든 것에 해방을 선언하기 때문에 이스라엘 백성들의 거래는 대체로 희년을 기준으로 이뤄진다. 희년에 얼마나 가까운가, 또는 희년이 얼마나 남았는가에 따라서 땅이나 노예의 값이 조정된다.

안식년도 마찬가지겠지만, 역사적으로 희년이 제대로 시행되었을 지에 대해서는 의문이다. 역사서에서는 희년은 고사하고 안식년조차도 제대로 시행되었다는 언급을 찾기가 어렵다. 만일 이스라엘이 희년을 제대로 시행하는 공동체였다면, 사회정의가 온전히 시행됨은 물론 너무 부자가 되거나 영원히 종이 되는 것과 같은 불평등이 사라짐으로써 믿음 안에서 함께 살아가는 공동체를 이루었을 것이다. 역대하 36장 21절은 이스라엘이 안식년을 제대로 지키지 않았기 때문에, 70년 동안 그들을 포로로 끌려가게 함으로써 땅을 안식하게 하였다는 말씀이 있다. 이는 왕정 시대를 약 500여년 정도로 계산하면, 그에 따라 약 10번의 희년과 70번의 안식년이 지나게 되는데, 여기에 맞춰서 대략적인 계산을 한 것으로 보인다.

---

5. 희년이 몇 번째 해에 선포되는지에 대해서는 이견이 있다. 첫째, 49년째 안식년에 파종하지 못하고, 50년째 또 파종하지 못하는 것은 현실적으로 거의 불가능한 일이기 때문에, 49년째가 곧 희년을 뜻한다는 주장이다. 둘째, 49년이 지나면 짧은 49일짜리 윤년을 끼워 넣었을 것이다. 그러므로 희년은 짧은, 약 50일간의 추가 윤년이라는 주장이다. 셋째, 본문이 안식년과 희년을 명백히 구분하기 때문에 49년째는 안식년이고, 50년째가 희년이다. 현실적으로 가능했을지 의문이 있지만, 레위기 25장 21절에서 말하는 바와 같이, 하나님께서는 48년째 소출을 많이 주셔서 3년 동안 쓰기에 부족함이 없게 하실 것이라고 약속하셨다. 이것은 마치 안식일 전날에 만나를 두 배로 주신 것과 같은 이치이다. 결국 희년은 지키는 것의 불가능성보다 그들이 하나님을 신뢰하느냐의 문제로 이해해야 한다. 실제 역사에서 안식년과 희년이 잘 지켜졌는지는 의문이다. 철저한 신앙고백과 인간의 탐욕을 제어하는 과정이 결코 쉬운 일은 아니었을 것이다. 고든 웬함, 『레위기』, 김귀탁 역 (서울: 부흥과 개혁사, 2015), 362~364.

3. 이스라엘의 달력

이스라엘의 달력은 음력 시스템이다. 한국과 크게 다르지 않다. 한 해의 시간은 태양력을 기준으로 하지만, 종교력은 음력 시스템을 따른다. 이스라엘의 종교력의 시작은 출애굽을 기념하여 제정된 니산월이다. 하지만 민간력으로 한 해의 시작은 티쉬리월인 7월이다. 그래서 지금도 7월 1일이 나팔절*로쉬 하샤나*로서 새해의 시작이다. 하지만 여기에는 문제도 있다. 첫째는 태양력과 월력 사이에 생기는 간격을 윤달로 매워줘야 한다는 점이다. 월력은 29.5일이 한 달이기 때문에, 19년 동안 7번의 윤달을 넣어야 한다.[6] 둘째는 절기가 안식일과 겹치지 않도록 조정해야 하는 경우가 생긴다는 것이다. 유월절이나 대속죄일 등이 실제 안식일과 겹치지 않도록 날짜를 조정하는 규칙들을 만들어야 한다.

아래의 <그림>은 이스라엘의 달력을 표기한 것이다.[7]

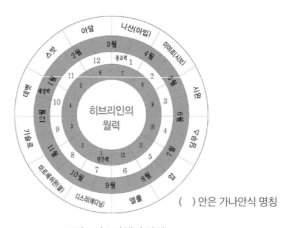

( ) 안은 가나안식 명칭

<그림> 이스라엘의 달력

---

6. 웬함, 『레위기』, 343. 또한 김경열, 『레위기의 신학과 해석』 (서울: 새물결플러스, 2016), 474~476을 참조하라. 성경의 시간과 달력의 체계를 위해서는 이성훈, 『새롭게 보는 이스라엘 절기』 (서울: 대한기독교서회, 2014)를 참조하라.
7. 가스펠서브, 『성경문화 배경사전』 (서울: 생명의 말씀사, 2018), 1213.

4. 봄 절기 니산월

이 세 절기는 종교력으로 1월에 지키는 절기이다. 니산월은 현대인의 관점에서는 봄3~4월경인데, 정월 14일이 유월절이고, 15일부터 일주일간 무교절이 이어진다. 그리고 16일에 보리의 첫 이삭을 하나님께 드리는 초실절로 지킨다.

(1) 유월절

이중 처음으로 만나는 유월절은 칠칠절 및 초막절과 함께 하나님께서 이스라엘 백성들에게 일 년에 세 번 하나님께 나아와야 한다고 말씀하신 절기들 중의 하나다.

1) 첫 번째 유월절

유월절은 명백하게 그 기원을 출애굽 사건에 둔다. 출애굽기 12~13장에서 애굽에 열 재앙을 내리시고 이스라엘 백성들을 구원하시던 때, 그 마지막 재앙과 이스라엘의 탈출은 유월절 의식을 통해 절정에 이르렀다. 이스라엘 백성들은 니산월 10일에 가족 단위로 양을 취하였다가 제14일 저녁에 양을 잡고, 그 피를 집 좌우 문설주와 인방에 발라야 했다. 그런 다음 그 집 안에서 고기를 구워 무교병 및 쓴 나물과 함께 급히 먹어야 했다. 애굽의 온 땅에 죽음이 임할 때 집 문설주와 인방에 바른 피를 보시고 하나님께서 그 집을 넘어가셨기 때문에 유월절이라는 이름이 생겨났다. 이스라엘 백성들은 유월절을 지키고서 출애굽을 시작했고, 40년이 지난 다음 가나안 땅에 들어가 그 땅에서 첫 유월절을 지킴으로써 광야생활을 마감했다 수5:11~12.

2) 구약시대의 유월절

처음에 유월절은 가족 단위로 모여서 지켰지만, 후일 유월절은 이스라엘 공동체에서 가장 크고 중요한 민족의 절기로 바뀌었다. 성전 시대가 시작된 이후 이스라엘 백성들은 유월절에 성전으로 가서 절기를 지켰다. 히스기야는 북이스라엘이 멸망한 이후 남북 왕국 전역에 명하여 유월절을 지키도록 했다. 비록 준비된 제사장과 레위인이 없어서 유월절이 한 달 가량 미뤄지긴 했지만, 민족적 정체성을 회복하는 장치로서 유월절은 중요한 역할을 했다. 그 이후 요시야 왕이 이스라엘 역사에서 전무후무한 큰 유월절 행사를 치렀다왕하23:21.

3) 신약시대의 유월절

유월절은 가장 큰 절기 중 하나였다. 많은 사람이 유월절을 지키기 위해 예루살렘으로 향했고, 실제 예루살렘은 수많은 사람으로 인산인해를 이루었다. 역사학자 요세푸스는 유월절에 모인 사람이 270만 명이 넘었으며, 예루살렘에서 도살한 어린양의 숫자가 무려 255,600마리였다고 기록한다.[8] 예수님께서도 잡히시기 전날에 제자들과 함께 유월절 만찬을 나누셨다. 유월절은 가장 큰 축제일이었기 때문에 전통적으로 죄인 중 한 사람을 풀어주기도 했다요18:39. 한편 예수님께서는 유월절 만찬을 통해 성찬을 제정하셨다. 곧 떡을 떼어주시며 이를 그분의 몸이라 하셨고, 또한 잔을 나누시며 이를 그분의 피, 곧 '언약의 피'라고 정의하셨는데, 이는 출애굽기 24장 8절을 그대로 반영한 것이다. 예수님께서 살을 찢고 피를 흘리신 것은 출애굽기의 유월절 어린양의 죽으심을 완성하신 것

---

8. 요세푸스, 『유대전쟁사』, 6.9.3. 이는 지나치게 과장된 숫자일 것이다. 당시 제물의 숫자를 255,600마리로 잡고, 한 마리당 10여명으로 계산해서 대략 270만 명 정도라고 추산한 것이다. 그런데 당시 예루살렘의 거주 인구가 약 10만 명, 그리고 유월절에 찾아온 사람들이 약 20만 명 정도라고 예측할 경우, 유월절에 예루살렘에 모인 사람들의 숫자를 최대한 추산하더라도 약 20만 명 정도밖에 되지 않았을 것이다. 그럼에도 불구하고 유월절은 예루살렘이 연중 가장 붐비는 시간 중 하나였음에는 틀림없다.

이었다. 그러므로 성도는 생명 되신 예수님을 먹고 마심으로써 그리스도 안에 있는 참된 생명을 누릴 수 있다. 예수님의 피를 보고 죽음이 우리를 넘어갈 것이기 때문이다. 이에 관해 권해생은 다음과 같이 요약한다.

> 예수께서 유월절 양으로 숨지시므로 그리스도 안에 있는 자들은 더 이상 유월절을 문자적으로 지키지 않는다. 그리스도께서 성취하신 유월절을 영적으로 기념하며 누릴 뿐이다. 다시 말하면, 유월절이 출애굽을 통해 하나님이 이루신 구원을 감사하고 기념하는 절기라면, 이제 신약의 교회는 그리스도 안에서 이루어진 하나님의 구원을 기념하는 영적 유월절을 누린다. 그리고 다가올 완전한 구원을 소망한다.[9]

(2) 무교절

무교절은 유월절 바로 다음 날, 즉 니산월 15일부터 7일간 지키는 절기이다. 이 기간에 백성들은 무교병을 먹는다. 유월절 바로 다음 날이기 때문에 무교절은 자연스럽게 유월절과 하나처럼 지켜졌다. 유월절에도 무교병을 먹기 때문에 실제로 무교병을 먹는 날은 니산월 14일부터 21일까지 8일간 먹게 된다.

1) 첫 번째 무교절

무교절의 시작 역시 출애굽과 긴밀하게 연결되어 있다. 백성들이 무교병을 먹어야 했던 이유는 급하게 애굽을 탈출해야 하는 상황에서 누룩을 넣고 빵을 부풀릴 시간이 없었기 때문이다. 따라서 이스라엘 백성들은 이 기간에 절대로 누룩이 들어간 음식이나 빵을 먹을 수 없다. 또한 무교절을 지키기 위해서 백성

---

9. 권해생, "요한복음 11:47-53에 나타난 예수 죽음의 배경과 목적: 성전과 유월절, 그리고 하나 됨" 「신약연구」 20/1 (2021), 162.

들은 온 집안을 청소하고 모든 누룩을 완전히 제거해야 한다. 무교절의 첫째 날과 마지막 날은 노동도 금지된다. 안식일에는 모든 일이 금지되는 데 반해, 이 날에는 단순히 노동만 금지되는 것이기 때문에 일상적인 일은 가능한 것으로 볼 수 있다. 하지만 생업을 위한 노동은 금지된다.

2) 유월절과 무교절

두 절기는 시간적으로 붙어 있을 뿐 아니라 역사적 기원의 관계도 동일하기 때문에, 역사적으로 유월절과 무교절을 하나의 절기로 간주했다.

3) 신약시대의 무교절

사도 바울은 "너희는 누룩 없는 자인데 새 덩어리가 되기 위하여 묵은 누룩을 내버리라 우리의 유월절 양 곧 그리스도께서 희생되셨느니라"고 말한다고전 5:7. 구원받은 성도는 죄와 어둠의 속박에서 벗어나서 새로운 삶을 시작해야 한다. 이를 위해 그들은 누룩을 제거하고, 오직 순전함과 진실함의 누룩 없는 떡으로 명절을 지킨다고전5:8. 유사한 맥락에서 예수님께서는 바리새인들과 사두개인들의 누룩을 주의하라고 말씀하셨다마16:11~12. 여기서 누룩은 바리새인들과 사두개인들의 교훈을 의미한다. 이런 점에서 '누룩이 있다'는 말은 잘못된 가르침으로 엉뚱한 영향력을 발휘하는 것을 상징한다고 하겠다.

(3) 초실절

이스라엘 백성들은 처음으로 수확한 곡식을 하나님께 바친다. 그들에게서 처음 것은 항상 하나님의 것이었기에 첫 이삭 역시 그런 고백으로서 하나님께 바치는 것이다. 니산월 15일에 무교절이 시작되면, 그 다음날 첫 이삭의 한 단을 하나님 앞에 가져와 흔들면서 감사를 드린다. 이렇게 첫 이삭을 바치기 전까지는 수확한 곡식을 먹어서는 안 된다.

1) 초실절의 제사

초실절에 첫 이삭을 하나님께 가져올 때, 그와 함께 바칠 제물은 다음과 같다. 번제로 일 년 된 흠 없는 숫양 한 마리, 소제로 기름 섞은 고운 가루 십 분의 이 에바, 전제로 포도주 사 분의 일 힌이다.

2) 신약시대의 초실절

예수님께서는 유월절에 죽임을 당하셨고, 첫 열매를 드리는 초실절에 부활하셨다. 그런 이유로 예수님께서는 죽음에서 다시 살아나시어 잠자는 자들의 첫 열매가 되셨다고전15:20. 예수님께서 첫 열매가 되셨다는 말은 예수님께 속한 자들의 부활을 보증한다고전15:23. 우리는 첫 열매가 되신 예수님으로 말미암아 부활의 소망 가운데서 살 수 있다. 그리스도와 함께 부활의 영광에 참여할 것이기 때문이다.

(4) 칠칠절오순절

큰 틀에서 이스라엘 절기는 음력 1월 니산월의 절기유월절, 무교절, 초실절와 음력 7월 티쉬리월의 절기나팔절, 대속죄일, 초막절로 나뉜다. 칠칠절은 초실절로부터 7주가 지난 다음 날이다. 칠칠절까지를 봄 절기로 보는 것은 초실절에 첫 번째 수확을 하나님께 드리며 시작한 수확의 날이 칠칠절에 가서 마무리되기 때문이다.

1) 명칭

칠칠절이라는 명칭은 초실절로부터 7일이 7번 지난 다음 날을 기념하기 때문에 사용된다7×7. 후대에는 이 날이 50일째 되는 날이기 때문에 오순절이라고도 부른다행2장. 또한 종종 맥추절이라고도 불리는데, 이는 보리와 밀의 추수를 마무리하는 날이기 때문이다.[10] 여기서 사용된 한자어 맥麥은 보리를 뜻한다. 하지만 성경은 그날을 추수의 축제날이라고 말할 뿐, 다른 언급은 없다. 실제 보리 추수는 초실절에 시작되고, 칠칠절의 추수는 밀의 추수이기 때문에 '맥추절'이라는 말은 오해의 소지가 많다.[11] 개역개정 성경은 출애굽기 23장 16절에서 "맥추절"이라고 번역했지만, 대부분의 영어 성경은 "추수절the feast of harvest"이라고 번역한다NIV, ESV, NASB, RSV 등. 또 다른 본문인 출애굽기 34장 22절에서는 개역개정 성경이 "맥추의 초실절"로 번역하지만, 영어 성경은 "밀 추수의 초실"로 번역한다the firstfruits of wheat harvest.[12]

2) 구약시대의 칠칠절

칠칠절에 하나님께 드리는 제사는 어린 양 일곱 마리, 어린 수소 한 마리, 숫양 두 마리, 에바 십 분의 이로 만든 떡 두 개의 소제를 번제로, 숫염소 한 마리를 속죄제로, 그리고 어린 숫양 두 마리를 화목제로 드린다. 초실절에 흠 없는 어린 숫양 한 마리로 번제를 드린 것을 생각하면 칠칠절은 훨씬 더 풍성한 축제의 제사였다고 하겠다. 신명기 8장 8절에는 단순히 추수한 밀과 보리뿐만 아니라, 다른 소산물 즉 포도, 무화과, 석류, 감람나무, 꿀 등도 언급된다. 제단에는 밀, 보

---

10. 류모세, 『열린다 성경: 절기 이야기』 (서울: 두란노, 2009), 139~142. 초실절로부터 칠칠절에 이르는 7주간의 과정을 잘 묘사한다.

11. 한자로는 밀을 소맥(小麥)이라 부르고, 보리는 대맥(大麥)이라 부른다. 분명 다른 식물이지만 그 모양이 유사하기 때문이다. 그 외에도 비슷한 모양의 곡식을 대체로 보리 '맥'자를 써서 부른다. 귀리는 연맥(燕麥) 혹은 작맥(雀麥), 메밀은 교맥(蕎麥)이라 부른다. https://hanja.dict.naver.com/#/entry/ccko/1116b473b2aa4b5f91ef18df49558cda(2022.1.15.)

12. 번역의 문제와 관련해서는 김진규, "맥추절 용어 번역의 문제," 「성경원문연구」 43(2018), 40~57를 참조하라. 오해의 소지가 있는 맥추절이라는 명칭을 그대로 사용함으로써 한국의 다수 교회가 여전히 맥추감사주일을 절기로 지키고 있다. 하지만 실제로 지키는 날은 구약의 맥추절도 아니며, 해석학적 의미도 다르기 때문에 과감한 수정이 필요하다.

리, 포도, 그리고 감람유 등이 바쳐진다.

이날에는 성회가 선포되고 어떤 형태의 노동도 금지된다. 이날이 풍성한 추수의 날이기 때문에 추수할 때 가난한 자와 거류민을 위한 배려도 율법으로 규정하고 있다레23:22. 하나님께 드리는 풍성한 감사는 이웃을 돌보는 사랑으로도 나타나야 한다.[13] 역대하 15장 10절에는 아사 왕이 종교개혁을 일으키면서 셋째 달에 예루살렘에서 축제의 제사와 언약을 갱신하는 장면이 나온다. 이렇게 칠칠절은 후대로 가면서 언약을 갱신하고 신앙을 회복하는 절기로 변화한다.[14]

3) 신약시대의 칠칠절

전통적으로 유대인들은 칠칠절을 오순절로 부르는데, 이날은 출애굽한 이스라엘 백성들이 시내산에 도착해서 율법을 받은 날과 연결시킨다. 유월절 이후 니산월 1월 15일에 출애굽한 이스라엘 백성들은 3번째 달 첫째 날에 시내산에 도착한다출19:1. 그리고 시내산에서 하나님의 말씀을 받기 위해 산으로 오르내리며 사흘을 기다린 후, 하나님께서 시내산에 임하셔서 말씀을 주셨다. 그러므로 출애굽 이후 약 50일째가 되는 날에 시내산에서 율법을 주셨다고 할 수 있다. 이런 이유로 구약의 오순절이 곡물 추수와 연결되었다면, 신약에서는 율법의 수여일로 연결된다. 사도행전 2장에서는 성령님께서 오순절에 강림하셨다. 칠칠절에 하나님께서 허락하신 풍성한 열매를 가지고 와서 제사를 드렸던 것처럼, 이제 신약시대에 성령님께서 강림하심으로 새로운 시대의 새로운 영적 추수를 시작한다.

---

13. 김덕중, 『거룩: 성소와 삶 속에서 만나는 거룩하신 하나님』 (용인시: 킹덤북스, 2018), 578.
14. 기동연, 『성전과 제사에서 그리스도를 만나다』 (서울: 생명의 양식, 2008), 189~190. 기동연은 주빌리에 나타난 칠칠절 용례를 소개하는데, 주빌리에서도 오순절은 노아언약과 언약 갱신의 날로 이해되었고, 또한 쿰란 공동체에서 오순절을 성대하게 치르면서, 모세 율법에 따라 언약을 갱신하는 날로 정착하고 있음을 밝힌다.

5. 가을 절기티쉬리

가을 절기는 티쉬리월에 집중되어 있는데, 음력 7월이다. 가장 크고 중요한 절기들이 7월에 집중되어 있다는 점에서 여기서도 7이라는 숫자가 반복적으로 역할을 한다. 새해로쉬 하사나가 되는 7월 1일은 나팔을 불어 새해를 선포한다. 새해의 가장 큰 첫 번째 의식은 7월 10일에 지키는 대속죄일이다. 이날은 지난 한 해를 돌아보며 모든 죄와 부정을 해결하는 가장 거룩한 날이요 안식일 중의 안식일, 즉 큰 안식일이다. 대속죄일에 속죄를 이루고 나면, 곧이어 7월 15일부터 22일까지 가장 성대하게 치러지는 초막절 행사가 진행된다. 7월이면 거의 한 달 동안 이스라엘 백성들은 축제를 즐긴다고 봐야 한다.

이런 장면은 느헤미야 8장에서도 나타난다. 일곱째 날 초하루월삭에 에스라가 수문 앞 광장에서 율법을 선포하고, 큰 영적각성이 일어났다. 곧이어 일주일간의 초막절 절기를 지키고 마지막 8일에 성회를 열었다느8:18. 그달 24일에 회중들은 다시 만나서 금식하며 회개하고, 하나님께 예배하며 언약을 맺는다느9:1~3. 이로써 느헤미야 공동체는 7월 1일부터 한 달 동안 연속되는 절기를 지키며, 언약 백성 공동체를 회복하게 된다.

(1) 나팔절

이날은 음력 7월 1일이며, 이스라엘의 공식적인 새해 첫날이다. 이스라엘에는 크게 종교력과 민간력이 혼용되고 있다. 물론 역사적으로는 달력 사용에 변화를 가져오기도 하지만, 음력 7월은 지금까지도 계속되는 새해의 시작이다. 나팔절이라고도 불리지만, 성경에는 이에 관한 뚜렷한 명칭이 나타나지 않는다. 따라서 '나팔을 부는 절기' 정도로 이해하면 된다.

나팔절은 이스라엘 백성들이 어떤 노동도 하면 안 되는 성일이다. 대신 유월절이나 칠칠절에 바친 제물의 내용과 동일하게 제사를 드린다. 이날에 이스라엘은 성회로 모이고 하나님께 화제를 드린다. 이날에 드릴 제물은 수송아지 한 마리와 숫양 한 마리, 일 년 되고 흠 없는 숫양 일곱 마리를 번제로 드리고, 고운 가루에 기름을 섞어서 수송아지에게는 십 분의 삼, 숫양에게는 십 분의 이, 어린 양 일곱 마리에게는 각각 십 분의 일을 소제로 드린다. 또 숫염소 한 마리도 속죄제로 드린다민29:1~6.

유대인들뿐만 아니라 신년을 기념하고 축제하는 것은 고대 근동에서 대단히 중요한 의식이었다. 나팔절은 신약에 와서 예수님의 재림과 연결되곤 한다. 예수님께서는 나팔 소리와 함께 재림하시고, 온 우주적인 심판을 행하실 것이다.

(2) 대속죄일

대속죄일은 음력 7월 10일 하루 동안이며, 이스라엘에게서 가장 중요한 날이다. 레위기 16장에 대속죄일의 규례가 자세히 소개된다. 특히 여기서는 대제사장이 해야 할 제의에 초점을 맞춘다. 즉 제사장은 자기 자신을 위한 속죄와 이스라엘 백성을 위한 속죄, 그리고 한 해 동안 더러워진 성소를 정결케 하는 의식을 치러야 한다.

반면 레위기 23장에서는 대속죄일에 이스라엘 백성들이 어떻게 해야 하는지가 자세히 소개된다. 백성들에게 요구되는 가장 중요한 명령 두 가지는 스스로 괴롭게 하는 것과 어떤 노동도 할 수 없다는 것이다. 두 가지를 여러 차례 반복하면서 이를 어기는 사람은 백성 중에서 끊어질 것이라는 경고도 반복적으로 주어진다레23:26~32. 여기서 '스스로 괴롭게 하다'라는 말은 외적으로는 철저한 금식을 실행한다는 것이다. 환자나 임산부를 제외하고는 마시는 것조차 금지된다. 내적으로 '스스로 괴롭게 하다'라는 말은 스스로 지난 한 해를 돌아보며 하나님 앞에 회개하고 겸손한 마음으로 엎드리는 것을 의미한다.

(3) 초막절

1) 명칭

이날은 세 가지 이름으로 소개된다. 첫째는 초막절인데, 이 이름은 초막을 짓고 생활한다는 뜻으로 사용되었다the Feast of booths. 이날 이스라엘 백성들은 나뭇가지를 엮어 임시로 초막을 지어서 일주일간 생활했다. 둘째는 장막절인데, 초막으로 지은 집을 텐트장막로 이해하고 읽으면 된다The Feast of Tabernacles. 마지막으로 이날은 추수한 과일을 저장하는 날이기 때문에 수장절이라고도 부른다. 초막절은 이스라엘의 절기에서 가장 중요한 지위를 가지고 있었기 때문에 성경에서 '그 절기'라고 표현하면 대개 초막절을 의미한다왕상8:2; 대하5:3. 혹은 이날을 '여호와의 절기'라고도 불렀다레23:39.[15]

2) 초막절 제사

초막절의 가장 뚜렷한 특징은 7월 15일부터 시작해 일주일 동안 엄청나게 많은 짐승을 제물로 바친다는 것이다. 시작일인 15일과 8일째 되는 22일은 거룩한 성회로 모였다. 초막절의 7일 동안 번제를 위해 매일 어린 양 14마리, 염소 2마리, 그리고 송아지를 드렸다민29:12~16. 송아지는 첫째 날에 13마리를 바치고, 그 다음날부터는 한 마리씩 줄어서 마지막 7일째에는 7마리의 송아지를 드리도록 했다. 따라서 초막절의 7일 동안 무려 70$7×10$마리의 송아지를 드렸고, 어린 양은 98$7×7×2$마리, 숫양은 14$7×2$마리, 숫염소는 7마리를 각각 드렸다.

다른 것은 차치하고 이날에 무려 70마리나 되는 소를 바친 것에 주목할 필요가 있다. 1년 동안 이스라엘 백성들이 하나님께 드리는 제사에서 수송아지는 드

---

15. 기동연, 191~192.

물게 드려졌다. 월삭에 번제로 2마리, 무교절에 각각 2마리씩, 칠칠절에 2마리, 나팔절과 속죄일에 각각 1마리씩 드린 것을 생각하면, 초막절 기간에 드린 70 마리의 송아지는 어마어마한 숫자가 아닐 수 없다. 기동연 교수는 탈무드나 유대인들의 해석에서 이에 관한 답을 찾는데, 곧 초막절에 수송아지로 제물을 드린 그 70이라는 숫자는 세상의 모든 열국의 숫자와 맞닿아 있다는 주장이다.[16]

3) 구약시대의 초막절

초막절은 먼저 이스라엘의 광야 생활을 기념하기 위한 절기다. 이스라엘 백성들이 출애굽을 한 이후 처음으로 광야에서 잠을 잔 곳이 숙곳이었다_{히브리어} 로 초막은 '수카'. 이날 이스라엘은 일주일간 초막에서 불편하게 생활해야 했는데, 이는 그런 가운데서 광야의 힘들었던 시간을 되돌아보고, 하나님께서 공급하신 모든 것들을 기억하며, 지금까지 인도하신 하나님의 은혜에 감사하게 하는 신앙 고백적인 장치였다. 당시 광야의 뜨거운 햇살 아래 초막으로 지은 집이 얼마나 견딜 수 있었겠는가! 하지만 하나님께서 그들을 보호하셨고, 그들의 옷이 해어지지 않고 신발이 닳지 않도록 은혜를 베푸셨다. 바로 이 점을 기억하는 것이다.

4) 신약시대의 초막절

초막에서 지내는 7일 동안 백성들은 아름다운 나무 실과와 종려나무 가지, 무성한 나뭇가지와 시내 버들을 취하고, 그것들을 함께 묶어이를 룰라브(lulav)라고 한

---

16. 기동연, 194~195. 기동연은 유대인의 탈무드와 주후 2세기 주석인 조할의 주석을 예로 들고 있는데, 실제로 모세오경에서 70이라는 숫자가 열국의 숫자로 등장하는 예들도 있다. 가령 창세기 10장은 노아의 세 아들로 말미암아 나온 열국의 숫자가 70이다. 신명기 32장 8절에는 하나님께서 민족들에게 기업을 주시고, 인종을 나누실 때 이스라엘 자손의 수효를 따라 주셨다고 말씀하시는데, 여기서 언급된 이스라엘의 수효는 애굽으로 내려간 야곱의 70자손들을 일컫는 것이기에, 열국의 숫자를 70이라고 규정한 것이다. 이스라엘의 수효에 열국의 숫자를 맞춘 것은 아마도 열국을 향한 이스라엘의 사명을 강조하기 위함일 것이다.

다 들고 다니면서 즐거워한다. 마지막 8일째에는 이 룰라브를 던지면서 메시아께서 신속하게 강림하시길 소망하며 호산나를 외쳤다고 한다.[17] 이런 점에서 초막절은 광야와 같은 삶을 살아가는 성도들에게 예수님의 재림을 소망하게 하는 장치라 하겠다. 예수님께서는 요한복음 7~8장에서 직접적으로 초막절에 말씀을 전하신다. 초막절에 행해졌던 제단에 물 붓기 행사와 관련해서 예수님께서는 그분이 직접 생수의 근원이 되신다고 강조하셨다. 또한 초막절에 소망했던 메시아의 강림이 바로 예수님 자신이심을 밝히 드러내셨다. 그와 함께 세상의 빛이 되신 예수님의 모습을 강조하신 것도 초막절의 완성을 뜻하는 것이다. 무엇보다 예수님께서는 그분의 백성들 사이에 오셔서 장막을 치셨다요1:14. 예수님께서 예루살렘으로 승리의 입성을 하실 때, 사람들은 모두 종려나무 가지를 들고서 호산나를 외쳤다. 이 또한 초막절의 룰라브를 염두에 둔 기록으로 볼 수 있다.

4. 현대의 절기 설교

(1) 절기의 완성이신 예수님

초대교회 당시, 예수님의 복음을 받아들인 이방인들이 그리스도인이 되기 위해서는 구약의 율법을 받아들여야 한다는 주장이 있었다. 이렇게 주장하는 이들을 소위 유대주의자들이라 하는데, 그들은 구약의 여러 규범들을 지키는 것이 여전히 신약교회의 그리스도인에게 요구되는 일이라고 주장했었다. 베드로조차도 이방인 고넬료를 만나기 전까지는 거룩한 것과 속된 것을 구별하며 살아왔다. 하지만 사도 바울은 갈라디아서에서 이들을 향해 예수 그리스도의 복음을

---

17. 기동연, 『레위기』, 852~853.

변하게 하는 자들이라며 다음과 같이 강력한 경고의 메시지를 전했다.

"그러나 너희가 그 때에는 하나님을 알지 못하여 본질상 하나님이 아닌 자들에게 종 노릇 하였더니 이제는 너희가 하나님을 알 뿐 아니라 더욱이 하나님이 아신 바 되었거늘 어찌하여 다시 약하고 천박한 초등학문으로 돌아가서 다시 그들에게 종 노릇 하려 하느냐 너희가 날과 달과 절기와 해를 삼가 지키니 내가 너희를 위하여 수고한 것이 헛될까 두려워하노라"갈4:8-11

"그러므로 먹고 마시는 것과 절기나 초하루나 안식일을 이유로 누구든지 너희를 비판하지 못하게 하라 이것들은 장래 일의 그림자이나 몸은 그리스도의 것이니라 …… 너희가 세상의 초등학문에서 그리스도와 함께 죽었거든 어찌하여 세상에 사는 것과 같이 규례에 순종하느냐"골2:16~20

구약의 안식일, 월삭, 절기 등은 하나의 그림자로서 예수님을 지시한다. 따라서 예수님께서 이 땅에 오셔서 승리하심으로써 그 모든 것들이 온전히 이루어졌다. 그러므로 구약적인 사고를 가지고 구약의 율법을 지키는 것은 예수 그리스도께서 이루신 놀라운 은혜의 복음을 변개시키는 것이라고 단정할 수 있다. 예수님께서는 모든 믿는 자에게 의를 이루시기 위해 율법의 마침이 되셨다 롬10:4. 따라서 이제 우리는 더 이상 율법의 속박 아래 있지 않다. 가령 우리는 구약의 음식법에 제한되지 않기 때문에, 삼겹살도 먹을 수 있고 선짓국도 먹을 수 있다. 마찬가지로 예수님의 희생제물이 완전히 드려졌기 때문에, 우리는 더 이상 교회에 올 때 양을 잡지 않아도 된다. 이런 맥락에서 현대의 우리는 구약의 절기들을 재해석할 필요가 있다.

그러면 구약의 절기들은 모두 폐기되었는가? 더 이상 우리는 레위기 23장의 메시지를 읽을 필요가 없는가? 그렇지 않다. 구약의 절기는 폐기된 것이 아니라 완성되었다. 구약의 메시지들은 예수 그리스도의 완성된 복음의 관점으로 재해석되어야 한다. 구약의 본문은 그 당시의 시대와 문화의 옷을 입고 있는데, 그 옷을 벗기고 예수님 이후를 살아가는 현대인에게 적합한 문화의 옷을 입혀야 한다. 변하지 않는 것은 구약의 율법 안에 주어진 그분의 백성을 향한 하나님의 뜻이다. 시대가 변해도 영원하신 하나님의 말씀은 여전하다. 그러므로 우리는 영원히 변하지 않는, 그리고 신약적으로 완결된 진리의 말씀을 찾아서 전해야 한다. 다시 말해, 비록 오늘날 우리가 유월절을 지킬 필요는 없지만, 유월절의 어린양으로 오신 예수님의 관점에서 유월절에 나타난 하나님의 은혜와 구원의 손길은 찾을 수 있어야 한다. 그것이 우리가 전해야 하는 것이다. 곧 구약의 절기에 관해 구원 역사적으로 이해하는 것이다!

(2) 개혁주의 신학 전통

신약교회는 구약의 절기를 그리스도 중심적으로 재해석했고, 그리스도의 사역에 기초해서 교회력을 정착시켜 왔다. 가장 먼저 자리 잡은 부활절을 기점으로 성탄절, 성령강림절, 사순절 등이 자리 잡았다. 하지만 종교개혁가들은 이런 절기들에 대해 통일된 의견을 가지고 있었다. 그들에게서 최고의 절기는 주일이었다. 교회력을 따라 예수님의 생애를 묵상하는 것은 의미 있고 유익한 일이겠지만, 이런 것들은 특별한 절기가 아니라 주일을 통해 행해져야 한다는 것이 그들의 일관된 견해였다. 하나님께서는 구약에서 제사, 할례, 절기 등으로 은혜 언약을 시행하셨지만, 신약에 이르러서는 오직 '말씀의 설교와 세례 및 성찬, 즉 성례'를 통해 은혜 언약을 시행하신다『웨스트민스터 대요리문답』제34~35문.

(3) 목회적 관점에서 절기를 어떻게 할 것인가?

그렇다면 교회는 주일을 제외한 모든 절기들을 없애는 것이 유익한가? 목회적인 입장으로 볼 때, 이는 결코 간단한 일이 아니다. 칼빈은 제네바 목회를 하는 동안 절기를 간소화했고, 절기 자체도 따로 지키기보다 주일 오전예배의 예전을 따랐다. 하지만 그가 있는 제네바는 여전히 성탄절, 할례일, 수태고지일, 승천절 등이 법적 공휴일이었고, 이날에 노동하는 것이 허락되지 않았다.[18] 어떻게 보면 이상과 현실 사이의 괴로운 동행이 있었던 셈이다. 이후로 수태고지일이나 할례일 등이 폐기되기까지는 무려 10년의 세월이 더 지나 1550년에 이르러서야 비로소 폐기되었다.

1) 주일 중심

오늘날 교인들은 특별한 날을 더 소중하게 여기는 것 같다. 성탄절예배나 송구영신예배 등에 사람들의 마음이 주일예배보다 훨씬 더 많이 열려 있다는 느낌을 받는다. 따라서 성경적 가르침과 개혁자들의 가르침을 따라 우리는 주일의 중요성을 지금보다 더 강조할 필요가 있다. 물론 주일예배에 대한 강조는 단순한 설교뿐만 아니라 또 다른 은혜의 방편인 성례를 정기적으로 시행하는 것에서도 진행되어야 한다. 일부 종교개혁가들이 그랬던 것처럼, 성탄절보다는 성탄절이 있는 앞선 주일을 더 성대하게 지키는 식의 변형된 노력이 필요할 수도 있다.

2) 교회력

구약의 절기 사이클을 지키는 것보다 오히려 교회력을 일관되게 따르는 것이 더 유익하다. 사람은 기억해야 하는 존재이다. 그러므로 매년 지나가는 시간 중에 특별한 날을 정해서 예수 그리스도께서 이루신 구원과 동행의 은혜를 다시 한 번 되새기고 은혜를 누리는 일은 신앙적으로 많은 유익을 준다. 따라서 연중

---

18. 엘시 맥키, "칼빈의 창조적인 교회력 수정" 황대우 역. http://reformedjr.com/board05_03/8021

그리스도의 오심과 죽으심과 부활, 승천에 이르기까지 일반 시민력이 아닌 교회력을 중심으로 예배를 계획하고 은혜를 나누는 것이 좋다.

물론 역사적으로 교회력 안에 들어온 잘못된 요소들도 균형 있게 평가하고 조정이 필요하다. 사순절이나 송구영신예배, 신년예배 등은 지혜롭게 접근할 필요가 있다. 구약적인 맥락을 신약적 재해석의 렌즈 없이 무작정 가져와서 예배의 정당성을 확보하려고 해서는 안 된다. 가령, 신년예배를 드리면서 이를 나팔절과 동일시한다든지 하는 것은 가능은 하지만 바람직하지는 않다.

① 성령강림주일 회복하기: 지금까지 맥추감사절에 대한 인식 때문에 소홀히 다뤄왔다고 판단되는 성령강림주일을 제자리로 돌리는 것이 필요하다. 초대교회 이후 부활절, 성탄절, 그 다음이 성령강림절인데, 이에 대해서는 언급만 하거나 설령 하더라도 간단히 설교하는 정도로만 그치는 경우가 많다. 따라서 이와 관련해 보다 의미 있는 설교와 예전, 행사 등이 진행되면 좋을 것이다.

② 만일 교회력을 따라 교회의 연중 예배를 이끌기를 원한다면, 승천주일, 삼위일체주일 등에 대해서도 긍정적인 시도가 필요하다.[19]

③ 기념주일이 필요한가?: 교단에서만 해도 여러 기념 주일을 지키도록 공문이 온다. 교단 총회에서 정한 것뿐만 아니라 노회나 기관들에서도 기념 주일을 요청하는데, 무엇보다 먼저 주일예배 자체의 중심이 분산되지 않도록 해야 한다. 다만 교회의 정서와 상황에 따라 기념 주일을 지킬 수는 있다.

3) 맥추감사주일을 어떻게 할 것인가?

맥추감사주일은 현재 한국교회에서 가장 고민되는 부분이다. 한국교회는 유월절은 지키지 않으면서 이상하게 맥추감사절을 잘 지킨다. 레위기 23장의 본

---

19. 송영목, 윤석준, 『목회를 위한 교회론』 (부산: 향기, 2021), 16~76. 두 편의 논문이 실려 있다. 송영목, "성경신학에서 본 교회력," 그리고 윤석준, "절기의 의미와 개혁교회의 절기 이해."

문을 읽고서 버젓이 '하나님께서 맥추절을 지키라'고 명하셨다고 설교한다. 이것은 예수님의 대속적 사역을 변개하는 것이라고까지 감히 말할 수 있다. 위에서 말한 바와 같이, 일단 맥추절이라는 언어 자체가 맞지 않다. 게다가 신학적으로도 해석학적인 오류가 있다. 심지어 구약에서 말한 맥추절도 아니다. 대부분의 교회가 7월 첫 주를 맥추절로 지키는데, 맥추절은 유월절 이후 50일 후에 오는 날이다. 교회는 50일이 지난 날, 곧 오순절에 성령님께서 강림하셨으므로 그 날을 기념하여 성령강림절로 지킨다. 부활절을 지킨다면, 성령강림절도 지키는 것이 일관성이 있다.

교단 총회에서도 이를 그대로 용인하고 있는데, 반드시 수정되어야 할 필요가 있다. 그럼에도 불구하고 목회적인 고민도 함께 병행해야 한다. 우리 교회는 맥추감사주일이라는 표현을 삭제하는 데 만 2년이 걸렸다. 지난 6개월을 돌아보며 감사하는 주일을 지키는 것은 당연히 권장할 만한 일이다. 하지만 그날을 맥추절이라고 해서는 안 된다. 목회자가 의지를 가지고 있다 하더라도 성도들 다수의 의식을 바꾸어 가는 일이니만큼 장기적인 계획을 가지고 변화를 시도해야 한다. 칼빈이 그러했던 것처럼 말이다.

4) 한국적 초막절_{추수감사절}은 가능한가?

같은 맥락에서 더 성대하게 치르는 추수감사주일 역시 성경적으로 아무런 근거가 없다. 추수감사주일은 미국의 절기를 그대로 받아들인 것일 뿐이다. 즉 미국의 절기를 따라, 그것도 11월 셋째 주를 기준으로 지키는 것이다. 메이플라워호 이야기는 매년 듣는 레퍼토리 중 하나다. 추수에 대한 감사, 즉 한해를 결산하며 감사의 주일을 보내는 것은 바람직한 일이다. 많은 교회가 초막절/수장절 본문을 근거로 추수감사절을 이야기하려 하는데, 차라리 성경에 나와 있는 대로 음력 7월 15일 혹은 8월 15일을 추수감사절로 지키는 것이 어떨까? 지금의 11월 셋째 주보다는 오히려 우리나라의 추석 명절에 맞춰서 감사 예배를 드리는 것도 검토해볼 만하다.

7. 나오면서

시중에 나와 있는 다수의 절기 설교들은 교회력을 중심으로 구성되어 있다. 그리고 그것은 대개 성탄절, 부활절, 신년예배, 송구영신예배 등에 집중되어 있다. 이런 상황에서 구약의 절기들을 제대로 이해하고, 또 그것들을 신약적으로 재해석하고, 이를 설교에 적용하려는 연구와 노력들이 좀 더 절실하게 요구된다. 우선 구약 자체에서 하나님의 영원하신 뜻과 계획을 발견하려는 진지한 노력이 필요하다. 또한 이것은 비단 구약을 설교하는 문제에 국한되지 않고 신약을 이해하는 데서도 매우 중요하다. 심지어 요한복음은 구약의 절기를 이해하고 읽을 때 훨씬 더 풍성해짐을 알 수 있다.

구약은 구원역사의 흐름을 통해 신약 안에서 그 의미가 더 온전하게 드러나고 꽃을 피운다. 때문에 신약은 구약을 통해 더 풍성해지고, 구약은 신약을 통해 더 온전한 의미를 드러내는 것이다. 구약의 절기는 그 자체로도 영원하신 하나님의 뜻과 계획을 보여주고 있으며, 21세기를 살아가는 현대 교회와 성도에게도 적실한 은혜를 제공한다.

2장 하늘과 바다·강, 어떻게 설교할 것인가?

강대훈. 『마태복음 주석』 (서울: 부흥과개혁사, 2019).

권은중. "멸치, 로마제국을 먹여살리다." 「인물과 사상」 235 (2017), 122~140.

기민석. "성서 히브리어 마임(물)과 솨마임(하늘)의 쌍수 형태에 대한 어원적 의미 고찰." 「복음과 실천」42/1(2008), 41~62.

김선욱. "마가복음에 나온 바다의 문학적 기능과 신학적 의미, 그리고 마가복음 7:31 번역 재고." 「신약연구」 16/2 (2017). 38~69.

김선욱. "마가복음의 배 모티프의 문학적 기능과 신학적 의의: 문학적 접근 방법을 통한 막 4:35-8:21 연구." 「신약논단」 26/1 (2019), 35~78.

김정하. "지중해, 다문화 문명의 바다." 「통합유럽연구」 5/2 (2014), 25~52.

로벗슨, P. 『성경지리 이해』 (서울: CLC, 2003).

박경은. "마가복음의 바다평정 이야기(4:35-41)에 대한 그리스-로마적 이해." 「Canon & Culture」 12/1 (2018), 103~133.

베이커즈 (Baker's) 『신학사전』 (서울: 엠마오, 1986).

베일리, K. E. 『지중해의 눈으로 본 바울: 고린도전서의 문예-문화적 연구』 (서울: 새물결플러스, 2017).

보스, H. F. 『성경지리개론』 (서울: CLC, 1999).

보이스마드, M. E. & 김경환. "성서어휘사전, 물," 「신학전망」 41 (1978), 106-110.

송영목. "공공선교신학에서 본 갈릴리, 지중해, 그리고 부산항" 초록.

_____. "공공신학에서 본 요한계시록의 하늘과 바다." 「한국동남성경연구원」 (2022년) 초록.

_____. 『요한계시록』 (서울: SFC, 2013), 234.

신디 파커. "갈릴리 바다 '건너편'으로 가심." 『LEXHAM 성경지리주석 사복음서』 (서울: 죠이북스, 2021).

아가페 『성경사전』 (서울: 아가페, 1991).

유정섭. "구약에 기록된 바다의 다층적 의미 연구." 박사학위 논문, 아세아연합신학대학원대학교, 2007.

윤용수. "고대 지중해 문명 교류의 거대사적 해석." 「지중해지역 연구」 18/4 (2016), 99-129.

이필찬. "요한계시록에서 '하늘'의 개념과 그 기능: 4:1-8을 중심으로." 「성경과 신학」 50 (2009), 121~155.

이희성. "고대 근동과 구약의 우주지형도 비교연구." 「구약논집」 17/2 (2020), 32~66.

정덕희. "사도행전에서의 복음의 공간 이해: 지역과 길을 중심으로." 「장신논단」 51/5 (2019), 120~140.

정수일. "지중해 문명과 지중해학." 「지중해지역 연구」 5/1 (2003), 1~23.

차영길. "지중해는 로마 제국을 새롭게 이해하게 되었는가?" 「지중해지역 연구」 7/1 (2005), 61~81.

최천경. "셋째 하늘에 나타난 바울의 세계관적 상황화에 대한 이해." 「학문과 기독교 세계관」 1 (2010), 123~141.

크리스토퍼, K. D. 『한눈에 보는 성경인물, 지리, 사건』 (서울: 선한청지기, 2016).

한요한. "마태복음의 '하늘 나라'에 대한 이해와 '하늘'의 특수성에 관한 연구." 석사논문, 장신회신학대학교, 2020.

Malina, B. J. *The New Testamen World: Insight from Cultural Anthropology*. Louisville: W/JNP, 1993.

Niemandt, C. J. P. "Rooted in Christ, grounded in neighbourhoods – A theology of place." *Verbum et Ecclesia* 40/1 (2019), 1~10.

Peppard, C. Z. "Troubling waters: the Jordan River between religious imagination and environmental degradation." *J Environ Stud Sci* (2013-3), 109~119.

Gowler, D. B. "The Development of Socio-Rhetorical Criticism." in D. B. Gowler (ed), *New Boundaries in Old Territory: Form and Social Rhetoric in Mark*. New York: Peter Lang, 1994.

Dozeman, T. B. "The yam-sup in the Exodus and the Crossing of the Jordan River." *Catholic Biblical Quarterly* 58/3, 407~416.

Robbins, V. K. *Jesus the Teacher: A Socio-Rhetorical Interpretation of Mark*. Philadelphia: Fortress, 1984.

_____. *Exploring the texture of texts: A guide to socio-rhetorical interpretation*. Valley Forge: Trinity International, 1996.

_____. *The Tapestry of early Christian discourse: Rhetoric, society, and ideology*. London: Routledge, 1996.

3장 산과 동산, 어떻게 설교할 것인가?

이강택. "이스라엘의 언약 이야기 관점에서 본 마태복음의 율법." 「Canon & Culture」 6/1(2012), 163~192.

Alison(Jr.), D. C. *The New Moses, A Matthean Typology*. Minneapolis: Fortress Publishing, 1994.

Beale, G. K. 『성전신학』. 강성열 역. 서울: 새물결플러스, 2014.

_____. *The Book of Revelation*. NIGTC. Grand Rapids: Eerdmans, 1999.

Davies, W. D. "Matthew 5 17, 18." *Christian Origins and Judaism*. London Darton: Longman & Todd, 1962.

Fletcher-Louis, C. H. T. "The Destruction of the Temple and the Relativization of the Old Covenant: Mark 13:31 and Matthew 5:18." in K. E. Brower and M. W. Elliott ed., *"The Reader Must Understand": Eschatology in the Bible and Theology*. Leicester: Apollos, 1997, 145~169.

France, R. T. 『마태복음』. 권대영, 황의무 역. 서울: 부흥과개혁사, 2019.

Gallington, D. "The better righteousness: Matthew 5:20." *Bulletin for Biblical Research* 20.4 (2010), 479~502.

Gopelt, L. 『모형론, 신약의구약해석』. 최종태 역. 서울: 새순출판사, 1991.

Hoekema, A. A. 『개혁주의 인간론』. 이용중 역. 서울: CLC, 1990.

Hutchinson, F. N. "Notes on our Lord's Tomb." *Palestine Exploration Quarterly* (1870), 379~381.

_____. "Surveys in Palestine by Captains Mieulet and Derrien, of the French Etat Major." *Palestine Exploration Quarterly* (July 1873), 113~115.

Jordan, J. *Through New Eyes: Developing a Biblical View of the World*. Eugene: Wipf and Stock Publishers, 1999.

Kunkel, E. J. *Pharaoh's Pump*. Columbiana, Ohio: Peg's Print Shop, 1973.

Leithart, P. *House for My Name, A Survey of the Old Testament*. Moscow, ID: Cannon Press, 2000.

Kusio, Matuesz. "Apocalypse on the Mount the Relationship between Matthew 5:18 and 27:45, 51b." *BibAn* 11/1 (2021), 79~97.

Martin, E. *The Place of Christ's Crucifixtion: Its Discovery and Significance*. Pasadena, Calif: Foundation for Biblical Research, 1984.

_____. *Secrets of Golgotha: the forgotten history of Christ's Crucifixion*. Alhambra, Calif: ASK Publication, 1988.

Sanders, E. P. "On the Question of Fulfilling the Law in Paul and Rabbinic Judaism." in D. David, E. Bammel and C. K. Barrett ed., *Donum Gentilicium: New Testament Studies in Honour of David Daube*, Oxford: Oxford Univ. Press, 1978, 103~126.

Song, J. *Paul's Disinterest in the Fulfilling of the Law - A New Reading of Pauline Theology*. Bloemfontein: UFS, 2015.

Thayer, J. H. "παράδεισος," *A Greek-English Lexicon of the New Testament*. New York: American Book, 1889, 480.

Thielman, F. *Theology of the New Testament A Canonical and Synthetic Approach*. Grand Rapids: Zondervan, 2005.

Walton, J. H. *Genesis*, NIVAC. Grand Rapids: Zondervan, 2001.

4장 도시와 제국, 어떻게 설교할 것인가?

비스케르커, J. R. 『그래도 하나님은 승리하신다』. 에스더서 강해. 고재수역. 서울: SFC, 1989.

월튼, 존 H. 『고대근동사상과 구약성경』. 신득일, 김백석 역. 서울: CLC, 2017.

Augustine of Hippo. "The City of God." in *St. Augustin's City of God and Christian Doctrine*. ed. Philip Schaff, trans. Marcus Dods, vol. 2, A Select Library of the Nicene and Post-Nicene Fathers of the Christian Church, First Series. Buffalo, NY: Christian Literature Company, 1887.

Delitzsch, Fridrich. *Babel und Bibel*: Ein Vortrag. Leipzig: Hinrichs, 1902.

Eissfeldt, Ott. *TDOT*, 51~67.

Hallo, William W. and Younger, K. Lawson. *Context of Scripture*. Leiden; Boston: Brill, 2000.

Hiebert, Theodore. "The Tower of Babel and the Origin of World's Culture." *JBL* 126/1 (2007), 29~58.

Ludwig Koehler et al. *The Hebrew and Aramaic Lexicon of the Old Testament*. Leiden: E.J. Brill, 1994~2000.

Matthews, Victor Harold, Chavalas, Mark W. Walton, John H. *The IVP Bible Background Commentary*: Old Testament. electronic ed. Downers Grove, IL: InterVarsity Press, 2000.

Murnane, William J. "Egypt, History of: New Kingdom (Dyn. 18-20)." ed. David Noel Freedman, *The Anchor Yale Bible Dictionary*. New York: Doubleday, 1992.

Moo, Douglas J. *The Epistle to the Romans*. The New International Commentary on the New Testament. Grand Rapids, MI: Wm. B. Eerdmans Publishing Co., 1996.

Moran, William L. *The Amarna Letters*. English-language ed. Baltimore: Johns Hopkins University Press, 1992.

Robertson, O. Palmer. *Understanding the Land of the Bible*: A Biblical-Theological Guide. Phillipsburg, NJ: P&R Publishing, 1996.

Shin, Deuk-il. *The Ark of Yahweh in Redemptive History*. Eugene, Oregon: Wipf & Stock, 2012.

Timmer, Daniel C. "Nahum's Representation of and Response to Neo-Assyria: Impreialism as a Multifaceted Point of Contact in Nahum." *Bulletin for Biblical Research* 24/3 (2004), 349~362.

Yamauchi, Edwin M. "Persians." in *Peoples of the Old Testament World*, ed. Alfred J. Hoerth and Gerald L. Mattingly. Grand Rapids, MI: Baker Books, 1998.

Walton, John H. *Genesis*. The NIV Application Commentary. Grand Rapids, MI: Zondervan, 2001.

Wenham, Gordon J. *Genesis 1-15*, WBC, Volume 1. Dallas: Word, Incorporated, 1987.

5장 광야, 어떻게 설교할 것인가?

강대훈. 『마태복음 주석-상』. 서울: 부흥과개혁사, 2019.

채영삼. "마태복음에 나타난 예수의 치유와 새 언약 모티프." 「신약연구」, 제16권 4호 (2017): 81~82.

Aune, David E. *Revelation 6-16*. Word Biblical Commentary 52B. Dallas: Word, 1998.

Beale, G. K. *Revelation*. New International Greek Testament Commentary, Grand Rapids; Eerdmans, 1999.

Christensen, Duane L. *Deuteronomy 1-21:9*. Rev. ed. Word Biblical Commentary 6A. Dallas: Word, 2001.

Cooper, Lamar E. *Ezekiel*. New American Commentary 17. Nashville: Broadman & Holman Publishers, 1994.

Driver, S. R. *Deuteronomy*. The International Critical Commentary. Edinburgh: T&T Clark, 1902.

Fox, M. V. "Jeremiah 2.2 and the Desert Ideal." *The Catholic Biblical Quarterly* 35 no 4 (1973): 441~450.

Garrett, Duane A. *Hosea, Joel*. New American Commentary 19A. Nashville: Broadman & Holman Publishers, 1997.

Hagner, Donald A. *Matthew 1-13*. Word Biblical Commentary 33A. Dallas: Word, Incorporated, 1993.

Hossfeld, Frank-Lothar., and Erich Zenger. *Psalms 2: A Commentary on Psalms 51-100*. Hermeneia. Minneapolis: Fortress Press, 2005.

Koester, Craig R. *Hebrews*. Anchor Bible 36. New Haven; London: Yale University Press, 2008.

_____. *Revelation*. Anchor Bible 38A. New Haven; London: Yale University Press, 2014.

Macintosh, A. A. *Hosea*. The International Critical Commentary. Edinburgh: T&T Clark International, 1997.

Mathews, K. A. *Genesis 11:27-50:26*. New American Commentary 1B. Nashville: Broadman & Holman Publishers, 2005.

Smith, Gary. *Isaiah 40-66*. New American Commentary 15B. Nashville: Broadman & Holman Publishers, 2009.

Stuart, Douglas. *Hosea-Jonah*, Word Biblical Commentary 31. Dallas: Word, 1987.

Treacy-Cole, Diane "Women in the Wilderness: Rereading Revelation 12." In *Wilderness: Essays in Honour of Frances Young*. Edited by R. S. Sugirtharajah. London: T&T Clark, 2005.

Wall, Lynne. "Finding Identity in the Wilderness." In *Wilderness: Essays in Honour of Frances Young*. Edited by R. S. Sugirtharajah. London: T&T Clark, 2005.

Watts, John D. W. *Isaiah 34-66*. Rev. ed. Word Biblical Commentary 25. Dallas: Word, 2005.

Wenham, Gordon J. *Genesis 16-50*. Word Biblical Commentary 2. Dallas: Word, 1994.

Wolff, Hans W. *Hosea: A Commentary on the Book of the Prophet Hosea*. Hermeneia. Philadelphia: Fortress Press, 1974.

Zimmerli, Walther. *Ezekiel 1: A Commentary on the Book of the Prophet Ezekiel, Chapter 1-24*. Hermeneia. Philadelphia: Fortress Press, 1979.

6장 천상 공간, 어떻게 설교할 것인가?

강대훈. "마태복음의 우주론: 하늘 표상과 상징성의 역할을 중심으로."「Canon&Culture」 8/2 (2014). 239~268.

기동연.『성전과 제사에서 그리스도를 만나다』. 서울: 생명의 양식, 2008.

_____.『창세기 1-11장 주석: 창조부터 바벨까지』. 서울: 생명의 양식, 2009.

김성수. "고려신학대학원의 구약신학: '하나님나라' 관점으로 구약 읽기."「개혁신학과 교회」 32 (2018), 61~98.

김진수.『창조의 목적과 하나님의 나라』. 수원: 영음사, 2018.

변종길.『요한계시록』. 대구: 말씀사, 2017.

송영목.『요한계시록』. 서울: SFC, 2013.

_____.『요한계시록과 구약의 대화』. 서울: CLC, 2014.

이필찬.『요한계시록: 40일 묵상 여행』. 고양: 이레서원, 2005.

_____.『요한계시록 어떻게 읽을 것인가』. 2판. 서울: 성서유니온, 2019.

Alexander, T. D. *From Eden to the New Jerusalem: An Introduction to Biblical Theology*. Grand Rapids: Kregel Academic, 2009.

_____. "Temple." *NIV Biblical Theology Study Bible*. Grand Rapids: Zondervan, 2018.

Alexander, T. D., and S. J. Gathercole, eds. *Heaven on Earth*. Carlisle: Paternoster Press, 2004.

Beale, G. K. "The Final Vision of the Apocalypse and Its Implications for a Biblical Theology of the Temple." In *Heaven on Earth*. Carlisle: Paternoster Press (2004), 197~199.

_____. *The Temple and the Church's Mission: A Biblical Theology of the Dwelling Place of God*. ESBT. Downers Grove: IVP Academic, 2021.

Beale, G. K., and M. Kim. *God Dwells Among Us: Expanding Eden to the Ends of the Earth*. Downers Grove: InterVarsity, 2014.

Beale, G. K., and S. M. McDonough. "Revelation," in *Commentary on the New Testament Use of the Old Testament*. Grand Rapids: Baker Academic, 2007.

Enns, P. *Exodus*. NIVAC. Zondervan, 2000.

Fishbane, M. A. *Biblical Text and Texture: A Literary Reading of Selected Texts*. Oneworld Publications, 1998.

Gao, M. *Heaven and Earth in Luke-Acts*. Langham Monographs, 2017.

Garrett, D. A. *A Commentary on Exodus*. Grand Rapids: Kregel Publications, 2014.

Hamilton, V. P. *Handbook on the Pentateuch*. Grand Rapids: Baker Academic, 2005.

_____. *The Book of Genesis, Chapters 1-17*. NICOT. Grand Rapids: Eerdmans, 1990.

Hausoul, R. R. *The New Heaven and New Earth: An Interdisciplinary Comparison between J. Moltmann, K. Rahner, and G. Beale*. Eugene: Wipf and Stock, 2020.

Hays, J. D. *The Temple and the Tabernacle: A Study of God's Dwelling Places from Genesis to Revelation*. Grand Rapids: Baker Books, 2016.

Kearney, P. J. "Creation and Liturgy: The P Redaction of Ex 25-40." *ZAW* 89.3 (1977), 375~387.

Köstenberger, A. J. "Heaven in John's Gospel and Revelation." In *Heaven*. Wheaton: Crossway (2014), 139~158.

Laansma, J. "Heaven in the General Epistles." In *Heaven*. Wheaton: Crossway (2014), 111~138.

Lunde, J. "Heaven and Hell." *Dictionary of Jesus and the Gospels*. Grand Rapids: InterVarsity, 1992.

Mathewson, D. *A New Heaven and a New Earth: The Meaning and Function of the Old Testament in Revelation 21.1-22.5*. JSNTSup 238. Sheffield Academic, 2003.

Middleton, J. R. *A New Heaven and a New Earth: Reclaiming Biblical Eschatology*. Grand Rapids: Baker Academic, 2014.

Morales, L. M. *Who Shall Ascend the Mountain of the Lord?: A Biblical Theology of the Book of Leviticus*. NSBT. Downers Grove: InterVarsity, 2015.

Morgan, C. W., and Robert A. P., eds. *Heaven*. Theology in Community 6. Wheaton: Crossway, 2014.

Naselli, A. D. "Does the Bible Have One Central Theme?" In *40 Questions About Biblical Theology*. Grand Rapids: Kregel (2020) 147~158.

_____. "What Is a Biblical Theology of the Temple?" In *40 Questions About Biblical Theology*. Grand Rapids: Kregel (2020), 267~272.

Ortlund, R. C. "Heaven in the Old Testament." In *Heaven*. Wheaton: Crossway (2014), 43~62.

Pennington, J. T. *Heaven and Earth in the Gospel of Matthew*. Leiden: Brill, 2007.

_____. "Heaven in the Synoptic Gospels and Acts." In *Heaven*. Wheaton: Crossway (2014), 63~82.

Peterson, R. A. "Pictures of Heaven." In *Heaven*. Wheaton: Crossway (2014), 159~184.

Postell, S. D. *Adam as Israel: Genesis 1-3 as the Introduction to the Torah and Tanakh*. Pickwick, 2012.

Tabb, Brian. *All Things New: Revelation as Canonical Capstone*. 김귀탁 역. 『요한계시록 성경신학』. NSBT. 서울: 부흥과 개혁사, 2020.

Vogels, W. "The Cultic and Civil Calendars of the Fourth Day of Creation (Gen 1:14b)." *SJOT* 11.2 (1997): 163~180.

Walton, J. H. *Genesis*. NIVAC. Grand Rapids: Zondervan, 2001.

Weinfeld, M. "Sabbath, Temple and the Enthronement of the Lord: The Problem of the Sitz Im Leben of Genesis 1:1-2:3." *Mélanges bibliques et orientaux en l'honneur de M. Henri Cazelles*. Edited by André Caquot and M. Delcor. Butzon & Bercker, 1981.

Wellum, S. J. "Heaven in Paul's Letters." In *Heaven*. Wheaton: Crossway (2014), 83~110.

Wenham, G. J. *Genesis 1-15*. WBC. Thomas Nelson, 1987.

_____. "Sanctuary Symbolism in the Garden of Eden Story." *PWCJS* 9 (1986), 19~25.

Williamson, P. R. *Death and the Afterlife: Biblical Perspectives on Ultimate Questions*. 김귀탁 역. 『죽음과 내세 성경신학』. NSBT. 서울: 부흥과 개혁사, 2020.

Wittmer, M. E., ed. *Four Views on Heaven*. Grand Rapids: Zondervan, 2022.

7장 구약의 시간, 어떻게 설교할 것인가?

강성열. "구약성서의 시간과 종말, 그리고 생태학." 「한국기독교신학논총」 30 (2003), 9~50.

람베르, M. J. & 그릴로, P., 김경환. "시간." 「신학전망」 44 (1979), 84~95.

박영준. "전도서에서의 종말론적 개념에 대한 연구: 미쉬파트/심판의 의미를 중심으로." 「구약논단」 18 (2012), 105~128.

소광희. 『시간의 철학적 성찰』. 서울: 문예출판사, 2001.

최태영. "시간의 본질과 죽은 자의 시간." 「신학과 목회」 13 (1999), 93~112.

최승정. "성경의 시간." 「Catholic Theology and Thought」 58 (2007), 7~43.

Arnold, Bill T. *NIDOTTE*, Volume 3, 1025~1028.

Augustini, S. Aurelii. *Confessionum*. 『고백록』. 최민순 역. 서울: 바오로딸, 1996.

Bosman, Hendrik L. *NIDOTTE*, Volume 2, 871~873.

Enns, Peter. *NIDOTTE*, Volume 4, 191~193.

Hanson, Paul D. *The Dawn of Apocalyptic: The Historical and Sociological Roots of Jewish Apocalyptic Eschatology*. Philadelphia: Fortress Press, 1979.

Hill, Andrwe E. *NIDOTTE*, Volume 1, 361~362.

Hill, Andrew E. & Matties, Gordon H. *NIDOTTE*, Volume 3, 955.

Jenson, P.P. *NIDOTTE*, Volume 3, 874~875.

Koch, K. "Qaedaem. Heilsgeschichte als mythische Urzeit im Alten (und Neuen) Testament." *Spuren des Hebraeischen Denkens*. Neukirchen-Vluyn, 1991.

Krueger, H. *Kohelet*. BK 19; Neukirchen, Vluyn, 2000.

Muilenburg, James. "The Biblical View of Time." in *Harvard Theological Review* 54 (1961): 225~252.

Petersen, David I. "Eschatology, Old Testament." *ABD*, Volume 2, 575~579.

Rad, G. von. "The Origin of The Concept of The Day of Yahweh." in *Journal of Semitic Studies* 4 (1959), 97~108.

Rylaarsdam, J. C. "Passover and Feast of Unleavened Bread." *IDB*, Volume 3, 663~672.

_____. "Booths, Feast of." *IDB*, Volume 1, 455~458.

Schmidt, W. H. 『역사로 본 구약 신앙』. 강성열 옮김. 서울:나눔사, 1989.

Tomasino, Anthony. *NIDOTTE*, Volume 3, 345~351.

Westermann, C. 『창조』. 황종렬 옮김. 왜관: 분도출판사, 1991.

8장 신약의 시간, 어떻게 설교할 것인가?

김동수. "요한복음의 시간: 현대식이냐 유대식이냐?" 「신약논단」 17/4 (2010), 901~924.

송영목. 『간본문적 신약읽기』. 서울: CLC, 2017.

_____. 『신약신학』. 서울: 생명의 양식, 2016(개정증보판).

양용의. 『마태복음 어떻게 읽을 것인가』. 서울: 성서유니온선교회, 2006.

최승정. "성경의 시간." 「Catholic Theology and Thought」 58 (2007), 7~43.

Amesbury, R. "Secularity, Religion, and the Spatialization of Time." *Journal of the American Academy of Religion* 86/3 (2018), 591~615.

Bauer, W. *BDAG*. Chicago: The University of Chicago Press, 2003.

Brown, C. *NIDNTT*. Volume 3. 1986.

Cullmann, O. 『그리스도와 시간』. 김근수 역. 서울: 도서출판 나단, 1993.

Culpepper, R. A. 『요한복음 해부』, 권종선 역. 서울: 요단, 2000.

Deterding, P. E. "The New Testament View of Time and History." *Concordia Journal* 21/4 (1995), 385~399.

Du Rand, J. A. *Die Einde: Die A-Z van die Bybelse Boodskap oor die Eindtyd*. Vereeniging: CUM, 2013.

Forster, D. and Oostenbrink, J. W. "Where is the Church on Monday?: Awakening the Church to the Theology and Practice of Ministry and Mission in the Marketplace." *In die Skriflig* 49/3 (2015), 2~7.

Gentry Jr., K. L. *The Divorce of Israel: A Redemptive-Historical Commentary on the Book of Revelation*. Volumes 1-2. Dallas: Tolle Lege, 2017.

Glasswell, M. E. "New Testament View of Time." *Communio Viatorum* 16/4 (1973), 249~255.

Gosse, B. "The 42 Generations of the Genealogy of Jesus in Matt 1:1-17, and the Symbolism of Number 42, Curse or Blessing, in the Bible and in Egypt." *Studia Biblica Slovaca* 10/2 (2018), 142~151.

Green, J. B. "Narrating the Gospel in 1 and 2 Peter." *Interpretation* 60/3 (2006), 262~277.

Klink III, E. W. John. *ZECNT*. Grand Rapids: Zondervan, 2016.

Koopman, N. "The Unifying and Catholizing Love of Christ in a Time of Pandemic." *Ecumenical Review* 72/4 (2020), 569~580.

Le Poidevin, R. "Once for All: The Tense of the Atonement." *European Journal for Philosophy of Religion* 8/4 (2016), 179~194.

Luz, U. *Matthew 1-7*. Hermeneia. Minneapolis: Fortress, 2007.

Meylahn, J. A. "Talk of Time." *HTS Teologiese Studies* 71/3 (2015), 1~8.

Mininger, M. A. "Defining the Identity of the Christian 'I' between the Already and the not Yet: In Review of Will N. Timmins's Romans 7 and Christian Identity." *Mid-America Journal of Theology* 31 (2020), 133~154.

Moloney, F. J. *The Gospel of John*. Collegeville: The Liturgical Press, 1998.

Osborne, G. R. *Matthew*. ZECNT. Grand Rapids: Zondervan, 2010.

Overstreet, R. L. "Time within Eternity: Interpreting Revelation 8:1." *Journal for Baptist Theology & Ministry* 10/2 (2013), 18~36.

Piotrowski, N. G. "After the Deportation: Observations in Matthew's Apocalyptic Genealogy." *Bulletin for Biblical Research* 25/2 (2015), 189~203.

Schreiner, T. R. *Galatians*. ZECNT. Grand Rapids: Zondervan, 2010.

Sproul, R. C. 『예수의 종말론』. 김정식 역. 서울: 좋은 씨앗, 2019.

Thielman, F. *Ephesians*. BECNT. Grand Rapids: Baker, 2010.

Van Houwelingen, P. H. R. *Johannes: Het Evangelie van het Woord*. CNT. Kampen: Kok, 1997.

Wallace, D. B. *Greek Grammar beyond the Basics*. Grand Rapids: Zondervan, 1996.

Wright, N. T. "Jesus in Space, Time, and History: Natural Theology and the Challenge of Talking about God." *Crux* 55/4 (2019), 2~11.

9장 절기, 어떻게 설교할 것인가?

가스펠서브. 『성경문화 배경사전』. 서울: 생명의 말씀사, 2018.

권해생. "요한복음 11:47-53에 나타난 예수 죽음의 배경과 목적: 성전과 유월절, 그리고 하나 됨." 「신약연구」 20/1(2021): 152~187.

기동연. 『레위기』. 서울: 생명의 양식, 2019.

_____. 『성전과 제사에서 그리스도를 만나다』. 서울: 생명의 양식, 2008.

김경열. 『레위기의 신학과 해석』. 서울: 새물결플러스, 2016.

김덕중. 『거룩: 성소와 삶 속에서 만나는 거룩하신 하나님』. 용인시: 킹덤북스, 2018.

김진규. "맥추절 용어 번역의 문제." 「성경원문연구」 43(2018): 40~57.

드보, 롤랑. 『구약시대의 종교풍속』. 이양구 역. 서울: 나단출판사, 1993.

류모세. 『열린다 성경: 절기 이야기』. 서울: 두란노, 2009.

맥키, 엘시. "칼빈의 창조적인 교회력 수정." 황대우 역.
http://reformedjr.com/board05_03/8021.

송영목, 윤석준. 『목회를 위한 교회론』. 부산: 향기, 2021.

요세푸스. 『유대전쟁사』

웬함, 고든. 『레위기』. 김귀탁 역. 서울: 부흥과 개혁사, 2015.

이성훈, 『새롭게 보는 이스라엘 절기』. 서울: 대한기독교서회, 2014.

Armerding, C. E. "Festivals and Feasts." Pages 300-13 in *Dictionary of the Old Testament: Pentateuch*. Edited by T. Desmond Alexander and David W. Baker. Downers Grove, IL: InterVarsity Press, 2003.

한국동남성경연구원 약사

1. 2000년대

2007년 10월 15일(월) 오후 1:00에 부산 모자이크교회당에서 한국동남성경연구원(Korea South East Bible Institute: KOSEBI) 창립총회를 가지다. 창립총회에는 회원 8명(구약: 김하연, 김호관, 신득일, 심형권, 신약: 송영목, 정연해, 황원하, 황창기)과 옵저버 2명이 참석하다. 임원으로 원장에 황창기교수를 박수로(만장일치) 추대하고, 총무에는 김하연목사, 서기에 황원하목사, 회계에 심형권목사를 선출하다.

2007년 12월 8일(토) 오전 10:30에 고신대학교 4401세미나실에서 Emanueal Tov교수(예루살렘 히브리대학교)를 초청하여 "Dead Sea Scrolls and the Old Testament"라는 제목으로 개원기념 세미나를 개최하다(고신대학교와 공동 개최).

2008년 2월 11일(월) 오후 2:00에 모자이크교회당 4층 세미나실에서 제1차 월례 발표회를 가지다. 구약은 신득일교수가 "다윗과 미갈의 다툼"(삼하6:20~23)을, 신약은 황창기교수가 "그리스도 중심의 성경 이해 원론"을 발표하다.

2008년 3월 3일(월)에 모자이크교회당 4층 세미나실에서 2008학년도 1학기 강의를 시작하다(수강인원: 사역자 A, B, 비전반을 합하여 77명).

2008년 3월 10일(월) 오후 5:30에 모자이크교회당 4층 세미나실에서 제2차 월례 발표회를 가지다. 구약은 김호관목사가 "여호와의 소리"(시29)를, 신약은 정연해박사가 "십자가에 달리신 그리스도는 어떤 분인가?"(눅23:32~43)를 발표하다.

2008년 4월 7일(월) 오후 5:30에 모자이크교회당 4층 세미나실에서 제3차 월례 발표회를 가지다. 구약은 심형권박사가 "교회의 수호자 예수 그리스도"(시2:1~12)를, 신약은 황원하박사가 "귀신들린 사람을 고치신 예수님"(막5:1~20)을 발표하다.

2008년 5월 19일(월) 오후 5:30에 모자이크교회당 4층 세미나실에서 제4차 월례 발표회를 가지다. 구약은 김하연박사가 "종의 노래"(시53:1~12)를, 신약은 송영목박사가 "에베소교회의 종말론적 변혁자, 성령님"(행19:1~7)을 발표하다.

2008년 6월 16일(월) 오후 5:30에 모자이크교회당 4층 세미나실에서 2008학년도 1학기를 종강하면서 제5차 월례 발표회를 가지다. 정근두목사(울산교회, Th.D.)가 "강해설교 준비법"에 대해서 강의하다.

2008년 8월 19일(화) 오후 2:00~6:00에 모자이크교회당 4층 세미나실에서 제6차 월례 발표회(방학 중 세미나를 겸함)를 가지다. 구약은 신득일교수가 "사사기의 신학"을, 신약은 송영목교수가 "세 선지자(에스겔, 다니엘, 요한)의 간본문적 대화: 계 1장을 중심으로"를, 정연해박사가 "오순절 성령 강림 사건에 대한 구속사적 해석"을, 황창기교수가 "기독론적 예표론"을 발표하다(참석인원: 76명).

2008년 9월 1일(월)에 모자이크교회당 4층 세미나실에서 2008학년도 2학기 강의를 시작하다(수강인원: 사역자 A, B, 비전반을 합하여 78명).

2008년 9월 22일(월) 오후 5:30에 모자이크교회당 4층 세미나실에서 제7차 월례 발표회를 가지다. 구약은 신득일교수가 "모세의 선지자적 권위"(민12장)를, 신약은 황창기교수가 "신약에 나오는 이적을 어떻게 설교할 것인가?: 마 20:29~34의 눈을 뜬 두 맹인을 중심으로"를 발표하다.

2008년 10월 20일(월) 오후 5:30에 모자이크교회당 4층 세미나실에서 제8차 월례 발표회를 가지다. Dr. Peter J. Leithart(New St. Andrews College, Trinity Reformed Church in Moscow)가 "Exegesis, Eisegesis, and the Music of the Text"라는 주제로 강의하다(통역: 황원하).

2008년 11월 10일(월)에 오후 5:30에 모자이크교회당 4층 세미나실에서 제9차 월례 발표회를 가지다. 박정근목사(영안침례교회, 달라스 신학교 Ph.D. Cand.)가 "본문 연구에 있어서 문화적 연구의 중요성과 그 방법"이란 주제로 강의하다.

2008년 12월 1일(월)에 연구원 저널 『본문과 설교』(TEXT AND SERMON) 창간호를 발행하다(개혁주의신행협회, 1000부).

2009년 3월 2일(월) 오후 5:30에 사직동교회당 2층 예찬홀에서 개강 특강(무료 공개특강)을 시작으로 2009년 1학기를 시작하다. 채경락박사(남침례신학교 Ph.D)가 "본문연구와 설교작성"이란 제목으로 강의하다(수강인원: A, B, 비전반을 합하여 49명).

2009년 4월 6일(월) 오후 5:30에 사직동교회당 2층 예찬홀에서 제11차 월례 발표회를 가지다. 구약은 김호관목사가 "모세얼굴의 광채와 수건"(출34:29~35)을, 신약은 정연해박사가 "하나님의 의의 복음"(롬3:21~31)을 발표하다(참석인원: 25명).

2009년 5월 11일(월) 오후 5:30에 사직동교회당 2층 예찬홀에서 제12차 월례 발표회를 가지다. 구약은 김하연박사가 "강하고 담대하라"(수1:1~9)를, 신약은 황원하박사가 "벧전1:3~12 주해와 설교대지 구상"을 발표하다(참석인원: 38명).

2009년 9월 21일(월) 오후 5:30~7:00에 9월 정기 발표회를 개최하다. 구약은 신득일교수가 "반석을 친 모세의 죄"(민20:2~13)를, 신약은 송영목교수가 "여호와의 날에 죽으신 예수님의 부활"(마27:50~56)을 발표하다(참석인원: 40명).

2009년 10월 26일(월) 오후 2:30~5:40에 사직동교회당 2층 예찬홀에서 제3회 세계 석학초청 특강을 개최하다. James B. Jordan(Biblical Horizons 원장)이 "The Same Story Again and Again?: Music and Hermeneutics"라는 주제로 강의하다(통역: 이기업; 참석인원: 100명)

2009년 10월 31일(토) 오후 1:00~6:00에 대구성동교회당에서 대구경북지방 SFC 주최로 열린 개혁주의특강에서 황창기, 신득일, 김하연, 송영목, 황원하박사가 "구약과 신약에 나타난 교회"를 주제로 강의하다.

2009년 11월 23일(월) 오후 5:30~7:00에 11월 정기 발표회를 개최하다. 구약은 이기업목사가 "하나님의 재창조"(출3:1~5)를, 신약은 문장환박사가 "지상의 가시와 천상의 계시"(고후12:1~10)를 발표하다(참석인원: 38명).

2009년 11월 25일에 『본문과 설교』(TEXT AND SERMON) 제2호를 발행하다(1000부).

2. 2010년대

2010년 3월 22일(월) 오후 2:30~5:00에 사직동교회당에서 제15차 정기 발표회를 개최하다. 구약은 김호관박사가 "언약의 마을로 가라"(렘31:33; 겔16:59~63; 렘32:39~41)를, 신약은 신봉철박사가 "예수님보다 더 귀한 것은 없네"(히1:1~4)를 발표하다(참석인원: 40여명, 마산분원에서도 참가함).

2010년 4월 26일(월) 오후 2:30~5:00에 사직동교회당에서 2010년 1학기 개강특강을 하다. 현광철목사(아펄도른신학대학원 Th.D. Cand. 부산동교회 담임)가 "바울의 기도 우리의 기도"(빌1:9~11)라는 제목으로 강의하다(참석인원 약 30명).

2010년 5월 31일(월) 오후 2:30~5:30에 사직동교회당에서 제16차 정기 발표회를 개최하다. 구약은 김하연박사가 '도피성'을, 신약은 황원하박사가 "모든 사람을 위하여 기도하라"(딤전2:1~15)를 발표하다(참석인원 약 30여명). 마산분원은 당일 오후 7:00~8:50에 또감사교회당에서 구약은 이기업목사가 "이동신앙"(출25:1~9)을, 신약은 송영목교수가 "하나님 나라의 사회정의"(계18:12~13)를 발표하다(참석인원 약 60명),

2010년 6월 7일(월)에 2010년도 1학기를 종강하다. 부산본원의 교역자반은 구약 9명, 신약 11명이 수료하며, 비전반은 구약 13명, 신약 9명이 수료하다. 마산 분원은 교역자반 19명, 비전반 18명이 수료하다. 대구분원은 모두 12명이 수료하다.

2010년 9월 13일(월) 오후 4:20~5:30에 사직동교회당에서 2학기 개강특강을 하다. 김홍석목사(안양일심교회 담임)가 "당신의 사역을 날게 하라"(Let your ministry take flight)를 발표하다(참석인원: 22명).

2010년 11월 22일(월) 오후 2:00~5:00에 사직동교회당에서 제17차 정기 발표회를 개최하다. 구약은 신득일교수가 "정탐꾼에 의한 백성의 반란"(민14:1~24)을, 신약은 황창기박사가 "천국시민은 여기서 지금 큰 자"를 발표하다(참석인원 20여명) 마산분원은 당일 오후 7:00~8:50에 또감사교회당에서 동일한 내용으로 발표하다(참석인원 약 50여명).

2010년 12월 6일(월)에 2010년 2학기를 종강하다.

2011년 3월 7일(월)에 2011학년도 1학기를 사직동교회당에서 개강하다. 마산분원은 당일 또감사교회당에서 개강하다. 대구분원은 당일 동일교회당에서 개강하다.

2011년 5월 23일 오후 7시(사직동교회), 24일 오후 7시(또감사교회당)에 제4회 세계석학초청 세미나를 개최하다. Jan A. du Rand(요하네스버그대학교 명예교수)박사가 "요한계시록의 초월적인 하나님의 관점"이라는 주제로 강의하다(통역: 송영목; 참석인원 약 100명)

2011년 6월6일(월)에 2011년 1학기를 종강하다.

2011년 9월 5일(월) 2011학년도 2학기를 개강하고, 2011년 12월 5일(월)에 종강하다.

2012년 2월 13일(월)에 오후 1시~2012년 2월 14일(화) 오후 3시에 부곡 로얄관광호텔에서 제1회 한국동남성경연구원 Winter Seminar를 "신·구약에 나타난 '구원', 어떻게 설교할 것인가?"라는 주제로 개최하다. 총회를 개최하여 다음과 같이 임원진을 구성하다. 원장-황창기교수, 부원장-신득일교수, 행정부원장-김영락목사, 회계-송영목교수, 편집위원장-황원하목사.

2012년 3월 5일(월)에 2012학년도 1학기를 개강하고, 2012년 6월 4일(월)에 종강하다.

2012년 9월 3일(월)에 2012학년도 2학기를 부산 동교회당에서 개강하고, 2012년 12월 3일(월)에 종강하다.

2013년 2월 18일(월) 오전 11시~2월 19일(화) 오후 5시에 부곡 레이크힐스 호텔에서 제2회 한국동남성경연구원 Winter Seminar를 "구·신약에 나타난 '종말', 어떻게 설교할 것인가?"라는 제목으로 개최하다.

2013년 3월 4일(월)에 2013학년도 1학기를 부산 동교회당에서 개강하고, 2013년 6월 3일(월) 오후 7시에 종강하다. 종강은 제5회 세계석학초청세미나로 대체하다. James B. Jordan(Biblical Horizons 원장)이 "성경 상징주의 어떻게 이해할 것인가?"라는 주제로 강의하다(통역: 송영목; 참석인원: 108명).

2013년 9월 2일(월)에 2013학년도 2학기를 개강하고, 2013년 12월 2일(월)에 종강하다.

2014년 2월 10일(월) 오후 1시~2월 11일(화) 오후 5시에, 부곡 로얄관광호텔에서 제3회 Winter

Seminar를 "구·신약에 나타난 '교회', 어떻게 설교할 것인가?"라는 주제으로 개최하다.

2014년 12월 8일 오후 7시에 부산동교회당에서 열린 제6회 해외석학초청 세미나에 Glen Taylor(토론토대학교 위클리프칼리지 구약학)교수가 "시편의 기독론적 주석"이라는 주제로 강의하다(통역: 신득일; 참석인원: 100명)

2015년 1월 26일(월) 오후1시~1월 27일(화) 오후5시에 부곡 로얄관광호텔에서 제4회 Winter Seminar를 "구·신약에 나타난 '성령', 어떻게 설교할 것인가?"라는 주제로 개최하다.

2016년 1월 18~19일에 제5회 Winter Seminar를 "구·신약에 나타난 '하나님 나라', 어떻게 설교할 것인가?"라는 주제로 경주 코오롱호텔에서 개최하다. 총회를 개최하여 2월부터 섬길 새 임원진을 구성하다. 원장-김하연목사, 부원장-문장환목사, 총무 및 편집위원장-송재영교수, 회계 및 서기-송영목교수.

2016년 7월 8일에 제7회 해외석학초청 세미나를 E. Tov교수를 초청하여 대구 삼승교회당에서 개최하다(통역: 김하연).

2017년 2월 6~8일에 제6회 Winter Seminar를 "구·신약에 나타난 '윤리', 어떻게 설교할 것인가?"라는 주제로 경주 코오롱호텔에서 개최하다(『본문과 설교』 제8호 출간).

2018년 2월에 총회를 개최하여 새 임원진을 구성하다. 원장-문장환목사, 부원장-김하연목사, 총무 및 편집위원장-송재영교수, 회계 및 서기-송영목교수.

2019년 1월 14~16일에 제7회 Winter Seminar를 "구·신약에 나타난 '칭의와 성화', 어떻게 설교할 것인가?"라는 주제로 경주 코오롱호텔에서 개최하다(『본문과 설교』 제10호 출간).

2019년 11월 7일(목)에 고신대 대학교회당에서 석학초청 세미나를 P. Eveson(전 런던신학교 교장)교수를 초청하여 "마틴 로이드 존스 설교의 신학적 배경"이라는 주제로 개최하다(통역: 최윤갑; 고신대 기독교사상연구소와 공동 주최).

2020년 2월 17~19일에 제8회 Winter Seminar를 "구·신약에 나타난 '고난', 어떻게 설교할 것인가?"라는 주제로 경주 코오롱호텔에서 개최하다(『본문과 설교』 제11호 출간).

2020년 6월 2일에 제일영도교회당에서 실시간 유투브로 "성경의 전염병"이라는 주제로 세미나를 개최하다(발표자: 신득일, 강화구, 최만수, 송재영, 송영목).

2020년 11월 5일에 제1회 박사학위 논문발표회를 제일영도교회당에서 실시간 유투브로 개최하다. 이원재박사(에든버러대학교 Ph.D.)가 "에덴동산의 죽음 경고: 창세기 2:17의 초기 수용사"라는 주제로 발표하다(논평: 강화구박사).

2021년 2월 1~3일에 제9회 Winter Seminar를 "구·신약에 나타난 '선교(적 교회),' 어떻게 설교할 것인가?"라는 주제로 진주삼일교회에서 개최하다(『본문과 설교』 제12호 출간).

2021년 7월 5~6일에 특별 Summer Seminar를 "위드 코로나시대의 교회와 목회"라는 주제로 진주삼일교회에서 개최하다(발표자: 기조강연 및 목회자의 설교[문장환], 목회자의 소명과 현실적 이슈[송재영], 교회교육[이현철], 코이노니아[김명일], 성경의 교회와 예배[김하연], 교회의 공교회성[송영목], 심방 상담 기도[권기현]).

2021년 11월 15일에 고신대학교에서 이기업 목사의 신간 도서, 『엘리야-엘리사 내러티브』의 소개 및 세미나를 온라인(줌)으로 가지다.

2022년 1월 24~26일에 제10회 Winter Seminar를 "구·신약에 나타난 공간과 시간, 어떻게 설교할 것인가?"라는 주제로 진주삼일교회에서 개최하다(『본문과 설교』 제13호 출간 예정).

필자 소개

문장환 목사(원장)

연세대에서 사회학을 전공한 후, 고신대 신대원(M.Div.), 스텔렌보쉬대학교에서 수학했다(M.Th. cum laude, D.Th.). 바울서신과 사회수사학적해석을 전공하며, 현재 진주삼일교회 담임목사로 사역하고 있다.

강화구 목사

트리니티복음주의신학교에서 창세기 전공으로 학위를 받았다. 현재는 부산의 제일영도교회에서 목회하며, 고신대학교에서 가르치고 있다. 저서로는 『성경 내러티브 읽기』와 Reading the Wife/Sister Narratives in Genesis(pickwicks)가 있다.

김명일 목사

성균관대에서 중어중문학을 전공한 후 고신대 신대원(M.Div.)을 거쳐, 미국 칼빈신학교(Th.M.), 그리고 남침례신학교(Ph.D.)에서 신약학을 전공했다. 고신대 신대원 초빙교수와 학생신앙운동(SFC)간사로 사역하고 있다. 2020년에 박사논문을 Wipf & Stock에서 출판했고, 역서로 『바울에 관한 새로운 탐구』(이레서원)가 있다.

김성진 목사

부산대와 서울대 대학원에서 경영학을 전공한 후, 고신대 신대원(M.Div.), 미국 고든콘웰신학대학원(Th.M.)과 남침례신학대학원에서 구약학을 전공했다(Ph.D.). 현재 고신대 신대원에서 구약학 조교수로 섬기고 있다.

김하연 목사

건국대와 고신대 신대원(M.Div.)을 거쳐, 예루살렘 유니버스티 칼리지와 히브리대학교에서 구약본문비평(Ph.D.)을 전공했다. 2020년에 박사학위 논문을 Brill에서 *Multiple Authorship of the Septuagint Pentateuch*을 출판했다. 대구 삼승교회 담임목사이며, 고신총회성경연구소 소장으로 섬기고 있다.

송영목 목사(서기)

고신대를 졸업한 후, 포쳅스트룸대학교와 요하네스버그대학교에서 누가복음과 요한계시록을 전공하여 학위를 받은 후, 대학교회에서 목회했다. 현재 고신대 신학과 신약학 교수이자 선교목회대학원장이며, 부산범천교회 협동목사이다.

송재영 목사

동아대(B.S; 전자공학), 고신대 신대원(M.Div), 남아공 프리스테이트대학교에서 수학했다(M.Th. cum laude; D.Th. 갈-롬 율법론 전공[교의학 부전공]). 경성대에서 교수했다. 현재는 광신대 신학과 교수(신약학)이자 엘리향교회 협동목사로 섬기고 있다.

신득일 목사

고신대학교 신학과 교수(구약학)이다. 고신대학교와 신학대학원을 졸업하고 네덜란드 캄펜신학대학원(Drs)과 남아공 노스웨스트대학교(Ph.D.)에서 구약주석을 전공했다.

최윤갑 목사

구약의 이사야서와 그 외 전반적인 분야(해석학, 석의, 성령론, 구약 성경신학, 교의학, 교회사)에 관심이 많다. 개혁주의 전통에 기반하여 구약성경의 통전적인 해석을 추구하면서 교회를 건강하게 섬기는데 힘쓰고 있다. 고든콘웰신학대학원(Th.M.)과 트리니티복음주의신학교(Ph.D.)에서 수학했으며, 고신대 신학과 구약학 교수이다.